한국인을 위한
중국어 교육법

– 언어요소편

《国别化:对韩汉语教学法(上)—语言要素教学篇》

(Methods of Teaching Chinese to the Korean Speakers〈I〉 : Language Elements)

한국인을 위한
중국어 교육법

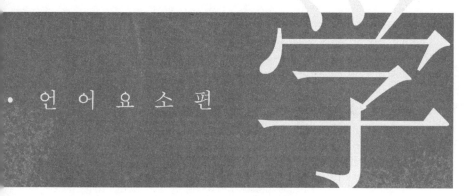

· 언 어 요 소 편

본서는 실제 한국 학생들을 대상으로 진행한 중국어 교육의 결과물을 분석, 귀납하여 이론화한 것으로, 풍부하고 구체적인 실례를 중심으로 구성하여 중국어 교사들이 교육의 현장에서 바로 적용할 수 있도록 하였다. 중국어 교사들에게 살아있는 교육 지침서 역할을 할 뿐만 아니라 나아가 더 좋은 중국어 교육 방법의 연구를 위해 중요한 역할을 할 것으로 보인다.

왕해봉(王海峰) 지음 | **최우석(崔宇錫) · 박원기(朴元基)** 옮김

(주)박이정

저자 소개

왕해봉(王海峰)

    언어학 및 응용언어학 전공 박사로 북경대학 대외한어교육대학 부교수로 재직 중이다. 주로 대외한어교육 및 현대한어 어법 연구에 종사하고 있고 국내외 주요 학술지에 30여 편의 논문을 게재한 바 있다. 아울러『現代漢語離合詞離析形式功能研究』라는 저서와 다수의 공구서 및 교재를 출판한 바 있다.

    대외한어교육 방면에 십 수 년 종사해오고 있으며, 일찍이 한국의 인하대, 경희대, 이화여대 등에서 교수로 재직하면서 중국어교육 및 국제한어교육 전공 대학원생과 중국어 교사 양성에 힘쓰면서, 한국인을 위한 중국어 교육, 중국어 교사 양성 경험을 쌓은 바 있다.

역자 소개

최우석(崔宇錫)

약력 및 연구분야

우송대학교 글로벌듀얼디그리학부 중국학전공 조교수

고려대학교 중어중문학과 졸업, 國立臺灣大學 중문학 석사, 고려대학교 대학원 중문학 박사

중국고전문학 및 중국고전시가 연구에 종사

주요 논문 및 저서

박사학위 논문으로「심전기 송지문의 시가연구」(2005)이 있으며 그 외 다수의 소논문이 있으며, 저역서로는『중국인문지리의 즐거움』(2012, 차이나하우스/최우석 공저),『漢韓學習詞典』(2011, 北京大學出版社/최우석 공저),『魏晉四言詩研究』(2006, 巴蜀書社/최우석 저) 외 다수의 저서가 있음.

박원기(朴元基)

약력 및 연구분야

원광대학교 중어중문학과 조교수

고려대학교 한문학과 졸업, 고려대학교 대학원 중문학 석사, 中國 上海 復旦大學 중문학 박사

중국 근대한어어법 및 중국어 교육 등 중국어문학 연구에 종사

주요 논문 및 저서

박사학위 논문으로「"水滸傳"述補結構研究」(2007)이 있으며 그 외 다수의 소논문이 있으며, 저역서로는『중국어와 문법화: 현대중국어의 탄생』(2012, 학고방/박원기 저),『중국언어학입문』(2012, 한국문화사/최규발 · 박원기 · 조경환 · 정지수 역) 등이 있음.

저자 서문

　개혁 개방 이래로 중국의 세계무대에서의 영향력이 부단히 증가함에 따라 세계 각국에서의 '중국어 열풍'은 지속적으로 뜨거워졌으며, 이로 인해 세계 각국에서 중국으로 유학 오는 유학생의 숫자는 꾸준히 증가해 왔다. 상대적으로 비교해 볼 때, 중국어를 배우고자 중국으로 유학 오는 한국의 학생 수 증가 폭은 가장 가파르며 맹렬했다. 2009년 상반기에 중국에 거주하는 정식 한국 유학생은 5만 4천명에 다다르며, 중국의 수많은 대외한어 교육기관은 한국 유학생이 절대 다수를 차지하고 있으니, 한국은 이미 중국에 가장 많은 유학생을 보낸 국가가 되었다.

　한국의 중국어 학습자 수가 급증하고 그 요구치 또한 부단히 높아지고 있는 상황에 직면하여, 어떻게 한국 학생을 잘 가르치고 중국어 교사의 한국 학생에 대한 중국어 교육 수준을 높일 것인가 하는 것은 이미 중국내 중국어 교육학계의 당면 과제가 되었다. 현재 중국어 교육학계에서 중국어 교사의 수는 현실적인 수요를 만족시킬 수 없을 정도이며, 기존 중국어 교사 또한 한국인에 대한 중국어 교육 수준 역시 천차만별이다. 따라서 중국어 교사를 배양함에 있어 한국인을 위한 중국어 교육 방법을 잘 섭렵한 교사를 배양하는 일은 대단히 시급한 과제이다.

　한국의 국내 사정에 대해서 말하자면, 한국은 이미 명실상부한 중국어 교육 대국이 되었다. 한국은 중국의 공자학원을 가장 많이 개설한 나라 가운데 하나인데, 현재 17개소(이밖에, 공자학당 1개소가 더 있다)에 이르며, 전국 100여개의 대학에서 모두 중국어 과목을 개설하고 있다. 어떤 대학에서는 중문과의 학생 수가 넝문과의 학생보다 더 많기도 하다. 주목할 만한 사실은, 한국에서 중국어 학습이 바로 저령화 추세를 보여 준다는 점인데, 현재 초중고교에서 개설한 중국어 반은 2,000여개가 있으며 학생 수는 6, 7만 명에 이르고 있다. 이밖에, 한국의 중국어 학원 수 또한 이루 헤아릴 수가 없을 정도여서 수많은 한국 학습자를 끌어 모으고 있다. 중국의 사정을 소개하는 인터넷 웹사이트나 중국어 인터넷 상의 대화방 및 인터넷 카페 역시 그러한 상황이다.

한어수평고시 역시 한국의 각계에서 광범위한 인정을 받고 있다. 현재 한국의 많은 중국어 학습자들은 모두 공인된 언어 시험을 통해 자신의 언어 능력을 점검받고 싶어 하기 때문에, 이를 통해 한어수평고시는 사회의 인정을 받게 된 것이다. 수많은 회사와 기업에서도 역시 HSK, BCT 등의 시험 성적으로 학습자의 중국어 수준을 평가하는 기준으로 삼고 있다. 현재 한국에서는 매년 십여 차례에 걸쳐 각종 한어수평고시를 실시하고 있으며 응시자 또한 5만 명을 넘어서고 있어 세계에서 가장 많은 수를 자랑하고 있다.[1]

한국에서 지속적으로 높아가는 중국어 열풍은 중국어 교육학계에 일종의 특수한 '스트레스'를 주고 있다. 과거 오랜 동안 한국의 중국어 교육은 주로 '가르치는(敎)' 것에만 편중하고 '배우는(學)' 것에는 소홀히 했으며, 단지 지식의 전달에만 치중하고 교육 스킬의 배양은 경시했었다.[2] 교육방법은 주로 전통적인 어법번역법을 채용했으며, 학생들의 의사소통적 훈련은 그다지 중

---

1) 〈國外漢語敎學動態〉, 2004년 제2기
2) 姜美子, 〈韓國'漢語熱'成因分析〉, ≪人民論壇學術前沿≫2009년 총제260기.

시하지 않았다. 이러한 전통적인 교육 모델의 영향아래 한국 학생들의 중국어 수준의 향상은 불균형을 이루게 되었다.

서울 공자학원 원장 이충양 교수는 신화사 기자와의 인터뷰 도중 감개어린 목소리로 말했다. 학생들의 중국어 수준이 큰 폭으로 향상됨에 따라 "한국에서 중국어를 가르치는 선생님들은 수업하기가 더욱더 어렵게 되었다." 라고 말이다. 따라서 한국 학생들의 중국어 습득 규칙을 이해하고 한국 학생에게 중국어를 가르치는 방법을 파악하는 것은 한국의 수많은 중국어 교사에게 있어 절실한 요구사항이 되었다.

근래에 들어, 대외한어교육 사업이 심도 있게 발전함에 따라, 대외한어교육의 국가별 연구 역시 이미 크게 유행하고 있으며, 이것은 또한 탁월한 성과를 낼 수 있는 관련 연구를 위한 아이디어와 연구방법으로 이용되고 있다. 현재의 중한 양국의 여러 출판사에서는 많은 중국어 교육 관련 서적을 출판하고 있으나, 필자가 조사한 자료들로 볼 때, 전문적으로 한국 학생들을 대상으로 한 중국어 교육 저작은 비교적 드물게 보인다. 이것은 의심할 바 없이 한국의 중국어 교육이라는 거대한 수요를 소홀히 한 것이라 본다.

필자는 일찍이 여러 차례 한국의 인하대학교, 경희대학교, 이화여자대학교 등의 지명도 있는 대학에서 교편을 잡아 중국어를 가르치고, 국제 중국어 교육 전공 대학원생을 양성하며 중국어 교사를 훈련시킨 바 있어 중국어 교육과 중국어 교사 양성 방면에 일정한 경험과 체득을 쌓아왔다.

본서는 한국인을 위한 중국어 실습수업의 강의, 중국어 교육법 강의, 중한 어법 비교 강의의 기초 위에 반복된 수정을 통해 완성된 것으로, 그 가운데 대부분의 내용은 이화여자대학교 대학원생 및 한국인을 위한 중국어 교사 양성반의 수업 중에 수차례 강의하고 토론했던 것들이며, 책을 완성 할 때 한국의 교사들과 학생들의 소중한 의견을 수렴하였다. 葉恩賢, 林恩愛, 郭褘, 吳三葉, 李喜珍 등의 대학원생들은 번역과 부분적인 한국어 구문의 교열을 도와주었고, 북경대학교의 대외한어교육학원 한국어 전공 박사 姚駿 교수와 대학원생 秦曦 동학은 각각 한국어 예문과 본문 전체에 대해서 정성을 다해 교열을 해 주었다. 중한 비교의 전문가인 북경어언대학교의 崔健 교수는 흔쾌 히 서문을 써 주었으며, 북경대학교 출판사의 沈浦娜, 歐慧英, 焦晗 선생들은 본서의 출판을 위해 물심양면으로 애를 써주셨기에 삼가 감사의 뜻을 전한다.

본서는 중한 중국어 교사의 한국인을 위한 중국어 교육에서의 난점과 내 재된 문제점을 충분히 고찰하고, 한국 학생들의 언어 습득 특징을 연구하였 다. 그리고 중한 언어 비교 연구를 통해 한국인을 위한 중국어 교육의 규칙 을 탐구하였으며, 실제 상황에 근거하여 일련의 실행 가능한 교육방법을 제 시하였다. 이러한 방법들은 여러 차례의 실습을 통해 간편화, 실용화, 고효 율화 하였기에 중한 중국어 교사의 교육 수준을 향상 시키는데 일정한 도움 을 줄 것으로 보인다.

본인의 학식에 한계가 있기에 책 가운데 잘못된 점이나 누락된 점이 없을 수 없으므로 삼가 독자의 비평과 지적을 바란다.

역자 서문

　해방 이후 한국의 중국어 교육은 지금까지 끊임없이 이어져 왔으며 특히 한중 수교를 기점으로 큰 전환점을 맞이했다. 사회의 급격한 수요로 인해 국내 대학들에서 전공 및 교양으로 중국어 강좌를 증설하게 되었고 중국어 학원들도 호황을 누리게 되었다. 그러면서 우리나라에는 중국어를 전문적으로 가르칠 수 있는 중국어 교사들이 대폭 증가하게 되었고 아울러 각종 중국어 교재들도 홍수처럼 범람을 하게 되었다. 그야말로 중국어 교육의 대 전성기인 셈이다. 당연히 학생들 입장에서는 보다 쉽고 재미있게 배울 수 있는 다양한 교재들이 출현하기를 원하게 되었으며 마치 이를 기다렸다는 듯이 국내 출판업계에서는 난이도 및 용도에 따라 다양한 중국어 교재들을 출판하게 되었다. 학생들은 무엇으로 공부해야 좋을지 망설여질 정도로 교재의 홍수 속에서 허우적거리고 있다.

　그런데 중국어 교사들의 입장은 어떠한가? 국내의 중국어 교사들은 대부분 자신의 중국어 구사능력과 교육 경험에만 의존하여 학생들을 가르치고 있다. 물론 시중에 중국어 교육관련 서적들이 일부 출판되어 있기는 하나 그 종류가 매우 적고 대개는 다분히 이론에 치우쳐 있어 중국어 교사들의 가려운 부분을 유효적절하게 긁어주지 못하고 있다. 이러한 상황에서 역자는 최근 북경대학 출판사에서 나온 '한국인을 위한 중국어 교육법'이라고 하는 책을 접하고 놀라움을 금할 수 없었다. 이 책이야말로 국내 중국어 교사의 가려운 곳을 아주 속 시원히 긁어줄 수 있을 것이라 생각되었다. 그 이유는 바로 이 책의 서술 방식에 있다. 이 책은 상권과 하권으로 나뉘어 상권에서는 '발음', '문법', '어휘', '한사'라고 하는 '언어요소'의 교육을 다루고 있고, 하권에서는 '말하기', '읽기', '듣기', '쓰기'라고 하는 '언어기능' 교육을 다루고 있다. 상하권 모두 교사들이 실제 교실에서 학생들을 가르치면서 발생할 수 있는 각종의 상황을 정리, 귀납한 것으로 철저한 실례 중심으로 직접 실제 상황에 적용할 수 있게 되어 있다. 이중 특히 상권은 한국학생들의 오류 사례를 대량으로 소개하고 있어서 교사들이 이를 직접 확인하고 적용할 수 있게 되어 있다. 따라서 역자는 먼저 상권을 번역하여 국내 교사들에게 우선적인 도움을 주고자 한다.

어떤 언어를 교육하는 방법론은 반드시 실제 교육 현장의 각종 사례를 기반으로 형성되어야 한다. 본 저서의 장점이 바로 여기 있으며 이것이 한국의 중국어 교육학 발전에 조금이나마 도움이 되길 바란다. 그리고 교육 현장의 일선 교사들에게 실질적인 도움이 될 수 있기를 바란다.

마지막으로 본 저서의 번역과 출판을 흔쾌히 허락하고 지원해주신 북경대학교 출판사와 한국 박이정 출판사에 감사드리며 바쁜 가운데 꼼꼼히 교정을 도와준 고려대학교 중문과 박사과정 김희경 동학께도 감사의 말씀을 전한다.

2012년 6월 역자 일동

차 례

일러두기

1. 한자어는 각 장에서 최초에 등장할 경우에 한하여 한글과 한자를 병기한다. 그 이후에 중복 출현할 경우 한글만을 표기한다.

   예시) 성모(聲母)

   단, 강조나 구분을 위한 경우엔 중복 출현하더라도 한자를 병기한다.

2. 한자어 중 중국어와 한국어 표기가 다른 경우는 '한국어[중국어]' 형식으로 병기한다.

   예시) 모음[元音]

제 1 장
중국어 음성 교육의 기술과 방법

음성, 즉 말소리는 언어의 물질적인 외형이고, 말소리는 의사소통과 직접적으로 관련되어 있다. 그래서 발음이 정확하고 표준적이어야만 의사소통이 순조롭게 이루어질 수 있는 것이다. "음성(말소리)은 모든 것과 관련되어 있다.", "문법과 어휘는 모두 소리를 통해서 표현되기 때문에 발음이 틀리면 문법도 틀리고 어휘도 틀리게 된다."라는 말이 있다(盛炎, 1990). 음성 교육은 언어교육의 첫걸음이자 가장 중요한 요소이며 이전의 전통적인 벙어리식 외국어 학습법은 이미 시대에 걸맞지 않는 방법이 되었다. 한국 학생들이 중국어 발음을 배울 때 여러 가지 어려움들을 느끼기 때문에, 한국 학생이 어떻게 중국어 말소리의 정확도와 유창함을 향상시킬 수 있느냐는 오래전부터 한국인들에게 중국어를 교육하는 이들의 관심사가 되어왔다.

一. 한중 음성 비교

중국어는 한-티베트[漢藏] 어족에 속하고 한국어는 알타이어족에 속한다. 이렇게 중국어와 한국어는 각기 다른 어족에 속하기 때문에 음절구조나 각 단음의 형태, 혹은 그것의 발음 특징 등 여러 방면에서 차이가 있다.

(一) 한중 음성의 음절 비교

중국어와 한국어 모두 음절형 감지 언어에 속한다(申東月, 2010). 그래서 한자 하나는 기본적으로 한 음절이고, 한국어의 한 글자 역시 한 음절에 대응한다.

중국어의 음절은 '성모(聲母)-운모(韻母)-성조(聲調)'로 구성되는데 하나의 음절에서 자음[輔音]과 모음[元音]은 서로 간격이 있고 성조는 음절 전체에 적용된다. 중국어의 한 음절은 최대로 많을 때 4개의 단음으로 구성되고, 가장 적을 때는 단지 하나의 단음으로 구성된다. 성모는 일률적으로 자음으로 충당되며 'ng' 이외의 모든 자음은 성모로 충당될 수 있다. 모음은 음절에서 아주 중요한 위치를 차지하여 지극히 예외적인 것 이외에 모든 음절은 다 모음을 갖는다. 그리고 한 음절 내에 모음은 많을 경우 세 개까지도 존재할 수 있으며 게다가 연속적으로 배열되어 각각 운두(韻頭), 운복(韻腹), 운미(韻尾) 역할을 한다. 자음이 없는 음절도 있으며, 자음이 있는 음절의 경우 그 자음의 개수가 2개 이상을 초과할 수 없다. 그리고 그 자음은 단지 음절의 시작과 끝에만 출현할 수 있다. 즉, 두 자음이 함께 연결되어 출현하는 '복자음'은 없다는 것이다. 한편, 모든 음절은 성모·운두·운미가 없을 수 있으나 운복과 성조는 반드시 있어야 한다.

한국어와 중국어는 음절에 있어서 서로 유사한 면이 있다. 즉, 한국어는 '자음+모음'으로 구성되며 자음은 모두 단자음이어야 하는데 이는 중국어의 성모에 상당한다.[3] 또한 모음의 구성은 중국어 운모의 구성과 유사하다. 그래서 중국어의 성조와 운모가 서로 결합하는 원리는 한국 학생들에게 있어 비교적 익숙하다고 할 수 있다.

그러나 한국어에는 의미구분의 작용을 하는 성조가 없다. 그래서 일반적으로 한국 학생들은 성조를 익히는데 있어 애로사항이 많다. 이로써 성조의 훈련은 바로 한국인을 위한 중국어 교육에 있어 핵심적인 사항이라 할 수 있다.

(二) 한중 성모(자음) 비교

중국어 보통화는 21개의 자음(성모)이 있으나 한국어에는 19개의 자음이 있다. 중국어 성모는 발음 부위에 따라 쌍순음(雙脣音), 순치음(脣齒音), 설첨음(舌尖音), 설면음(舌面音), 설근음(舌根音) 등으로 나누고, 발음 방법에 따라서는 파열음[塞音], 파찰음[塞擦音], 비음(鼻音), 설측음[邊音], 마찰음[擦音] 등으로 나뉜다.

한국어 자음은 발음 방법에 따라 파열음과 파찰음(각기 평음, 경음, 격음의 3세트로 구성됨), 마찰음(평음, 경음으로 구성됨), 비음, 단전음(單顫音)으로 구분되고, 발음 부위에 따라 양순음, 치조음(齒槽音), 경구개음(硬口蓋音), 연구개음(軟口蓋音), 후음(喉音)으로 나뉜다.

아래의 표를 보자.

---

3) 역주) 여기서 말하는 한국어의 자음과 모음은 어두자음과 주요모음을 말하는 것으로 어두 자음이 바로 중국어 성모에 상당한다.

표1 중국어 자음 발음 특징

방법＼부위		양순음	순치음	설첨음	설면음	설근음	권설음
파열음	무기음	b		d		g	
	유기음	p		t		k	
파찰음	무기음			z	j		zh
	유기음			c	q		ch
마찰음			f	s	x	h	sh
비 음		m		n		ng	
설측음				l			r

표2 한국어 자음 발음 특징

방법＼부위		양순음	치조음	경구개음	연구개음	후음
파열음	평음	ㅂ	ㄷ		ㄱ	
	경음	ㅃ	ㄸ		ㄲ	
	격음	ㅍ	ㅌ		ㅋ	
파찰음	평음			ㅈ		
	경음			ㅉ		
	격음			ㅊ		
마찰음	평음		ㅅ			ㅎ
	경음		ㅆ			
비음		ㅁ	ㄴ		ㅇ	
단전음			ㄹ			

이를 통해 중국어와 한국어 성모(자음) 계통의 발음 특징 간에 일정한 차이가 존재함을 확인할 수 있다. 한국 학생들이 중국어 성모를 학습할 때, 특히 발음 부위 측면에서 나타나는 실수는 주로 순치음과 양순음의 발음을 혼동해 하거나 설첨음(즉, z, c, s)과 권설음(zh, ch, sh)의 발음을 혼동해 하는 경우이다. 그리고 발음 방법 측면에서는 무성음[淸音]을 유성음[濁音]처럼 발음하거나 유기음의 기음을 충분히 내지 못하는 경우이다. 이에 대해 발음 교육 시 발음 부위와 발음 방법을 충분히 장악하고 운용할 수 있도록 연습시켜야 할 것이며 한중 발음 간의 비교 연습도 강화해야 한다.

(三) 한중 운모(모음) 비교

중국어 운모에는 단운모(單韻母, 모음이 하나인 것), 복운모(複韻母, 雙韻母(이중모음)나 三韻母(삼중모음) 포함), 비음운모(鼻韻母, -ㆍ, -ㄴ 등)가 있으나 한국어에는 그중 삼운모(三韻母 즉, 삼중모음)가 없다. 한국어의 단모음은 모두 설면모음이나, 중국어에는 7개의 설면모음 및 3개의 설첨모음이 있으며 이 중 er은 권설음이다.

※ 현대중국어 운모표

	개구호	제치호	합구호	촬구호
	-i[ı][ɿ]	i[i]	u[u]	ü[y]
단모음운모	a[ɑ] o[o] e[ɤ] ê[ɛ] er[ɚ]	ia[iɑ] ie[iɛ]	ua[uɑ] uo[uo]	 üe[yɛ]
복모음운모	ai[ai] ei[ei] ao[au] ou[ou]	 iao[iau] iou[iou]	uai[uai] uei[uei]	
비음운모	an[an] en[ən] ang[aŋ] eng[əŋ]	ian[iɛn] in[in] iang[iaŋ] ing[iŋ]	uan[uan] uen[uən] uang[uaŋ] ueng[uəŋ]	üan[yɛn] ün[yn]
			ong[uŋ]	iong[yŋ]

중국어의 복운모는 운두·운복·운미(쌍운모 중 어떤 것은 '운두+운복'인 것이 있고, 어떤 것은 '운복+운미'인 것이 있다.)로 구성되며 모음의 조합은 주요한 것과 부차적인 것의 구분이 있다. 일반적으로 운복이 주요모음이 되기 때문에 발음할 때 충분히 해 주어야 한다. 이에 비해 한국어의 모음 조합에는 주요한 것과 부차적인 것의 차이가 없어서 단지 대체적으로 모음 조합의 경향을 보여주기만 하면 된다(中東月, 2010).

한국 학생들이 중국어 운모를 학습하는 과정에서 여러 가지 실수가 발생한다. 그 중 먼저 단운모 측면에서는 입술의 원순, 평순 정도를 잘 조절하지 못해서 문제가 발생하기도 하고, 단운모를 복운모처럼 발음해서 문제가 생기기도 한다. 복운모 방면에서는 연이어 발음되는 모음을 부드럽게 잘 발음하지 못해 문제가 발생하기도 하고 또 복운모를 단운모처럼 발음하여 문제가 발생하는데 심지어 복운모를 2개의 음절처럼 발음하기도 한다. 그리고 복운모에 있는 개음(介音)을 잘 처리하지 못해 문제가 발생하기도 하는데 어떤 경우는 발음할 때 개음을 빼먹기도 하고 어떤 경우는 개음을 첨가하기도 하며 또 해당 개음을 다른 개음으로 바꾸어 발음하기도 한다.

(四) 한중 발음 특징의 비교

한국어는 표음문자로 발음과 그 형태가 동일하다. 그리하여 그 형태를 알면 바로 그 발음을 읽어낼 수가 있다. 따라서 발음과 그 글자의 모양을 앎과 동시에 그 의미도 함께 결합시켜 낼 수 있다. 반면, 중국어는 그 발음과 글자의 형태가 분리되어 있다(즉, 글자를 보고서는 발음을 읽어내지 못한다). 비록 한어병음방안이란 것이 있어 일종의 음표와 유사한 역할을 하지만 이것은 단지 주음작용(발음기호 역할)만 하기 때문에 한어병음방안을 학습하는 것은 단지 정확하게 글자의 발음을 읽어내기 위한 보조 수단이 될 뿐이다. 이렇게 중국어는 그 발음과 그 글자가 따로 분리되어 있기 때문에 학습자들이 한 글자 혹은 한 단어를 학습할 때 '발음-의미의 연결', '글자-의미의 연결', '발음-글자의 연결'이란 세 방면에서 연습해야 한다. 따라서 이를 교육할 때 청각 및 시각자료를 충분히 이용하여, 한 단어의 발음과 글자형태를 실물 또는 머릿속에 이미 있는 개념과 연결시켜 반복적으로 훈련·자극시켜야 한다.

二. 한국 학생들이 중국어 발음을 학습할 때 발생하는 난점과 대책

馬燕華(2006)에 따르면, 외국인을 위한 중국어 발음 교육에서는 발음의 난점과 중점을 구분하여 이를 집중적으로 교육하고 훈련 시켜야만 발음 교육의 효율을 증가시킬 수 있다고 한다. 한국 학생의 경우 중국어 발음을 학습할 때 일차적으로 언어 간의 간섭 현상, 즉 모국어의 영향이 존재하고, 이차적으로는 중국어내의 간섭 현상, 즉 중국어 자체의 내부적 요인 영향이 존재한다. 그런데 전체적으로 볼 때 이중에서도 언어 간의 간섭 현상이 더 크게 작용한다. 본 절에서는 중국어 발음 특징과 한국 학생의 모국어 간섭 작용에 대해 분석을 하여, 이를 통해 한국 학생들이 중국어 발음을 학습하는 과정에서 보편적으로 존재하는 발음 원리상의 난점에 대해 초보적인 설명을 할 것이다. 아울러 기존 연구를 충분히 참고하고 흡수하여 이 문제의 처리 방법에 대해 몇 가지 견해와 방법을 제시하고자 한다.

(一) 성모의 난점과 해결방법

중국어 보통화에는 22개의 자음이 있다. 이 가운데 후비자음[後鼻輔音] 'ng'는 보통 운모의 뒤에 출현하며 성모로는 쓰이지 않는다. 이를 제외한 21개의 자음이 곧 21개의 성모가 된다.

한국어에는 19개의 자음(성모)이 있는데 그 중 12개의 자음이 중국어의 성모와 발음이 유사하다. 이는 각각 다음과 같다.

| ㄱ - g | ㅋ - k | ㄷ - d | ㅌ - t | ㅁ - m | ㄴ - n |
| ㅂ - b | ㅍ - p | ㅈ - z | ㅊ - c | ㅅ - s | ㅎ - h |

일반적으로 중국어 교사가 위의 성모들 간의 미세한 차이점만을 잘 지적해 준다면 학생들은 상대적으로 쉽게 이들을 장악할 수 있다. 예컨대, 'b'는 'ㅂ'를 발음할 때보다 좀 더 힘을 주어 세게 발음해야 한다. 그리고 'ㅎ'은 '후음'이고 'h'는 '설근무성마찰음'이란 차이가 있는데 둘의 발음 특징은 아래와 같이 구별된다.

표3 중국어 자음 'h'와 한국어 자음 'ㅎ'의 발음 특징 비교

성모	발음부위	발음방법
h[x]	설근무성 마찰음	혀의 뿌리(설근)를 연구개에 접근시키되 약간의 구멍을 남긴다. 연구개가 위로 올라가 비강 통로를 막고 성대는 진동하지 않는다. 기류는 설근과 연구개가 만든 좁은 구멍을 통해 빠져 나와 마찰을 하며 소리를 만든다.
ㅎ[h]	후음	발음할 때 발음 부위가 중국어 h[x]보다 더 뒷부분이고 기류는 성문으로부터 빠져 나와 성대가 마찰이 되어 소리를 형성한다.

중국어 보통화 자음 중 다음의 7개는 한국어에 없는 것이다.

순치음: f[f]
설면음: j[tɕ], q[tɕ'], x[ɕ]
설첨후음(권설음): zh[tʂ], ch[tʂ'], sh[ʂ]

그리고 한국어의 'ㄹ' 발음은 중국어의 'r[ʐ]' 또는 'l[l]'과 비슷해 보이나 완전히 같지는 않아서 한국 학생이 배우기가 비교적 어려운 편이다. 아래에서 이러한 문제들에 대해 각각 토론하고자 한다.

1. 순치음 f[f]의 지도방법

한국어에는 순치음 'f[f]'가 없고 단지 양순음인 'ㅂ[p]'와 'ㅍ[p']'만이 있다. 그래서 일부 한국 학생들은 성모 'f[f]'를 배울 때 이러한 순치음을 잘 발음하지 못해 양순음인 [p]나 [p']로 발음하게 된다. 그래서 "风景(fēng jǐng)"을 "pēng jǐng"으로, "吃饭(chī fàn)"을 "chī pàn"으로 , "方法(fāng fǎ)"를 "pāng pǎ"로 발음하곤 한다. 그리고 어떤 경우에 한국 학생들은 'f[f]'를 배운 후에 이를 'b[p]', 'p[p']'와 헛갈리기도 하여 "本子(běn zi)"를 "fěn zi"로, "朋友(péng you)"를 "féng you"로 말하기도 한다.

한국 학생들이 이렇게 'f', 'b', 'p'를 헛갈려하며 사용하는 이유는 바로 한국어 발음 특징의 영향을 받았기 때문이다. 한국어 발음과 중국어의 옛 발음은 아주 밀접한 관련이 있다. 중국어엔 이른바 "古無輕脣音(옛 중국어 발음엔 경순음(즉, 순치음)이 없었다.)"이란 말이 있으며 『절운(切韻)』시기에 이르러서도 중순음(重脣音, 즉 '쌍순음')에서 아직 경순음이 분화해 나오지 않아 중순음과 경순음이 서로 반절(反切)되곤 하였다. 그리하여 '便, 房連切'이란 반절이 가능했다.4) 한국어에는 수천 년 간 많은 한자어 어휘가 유입되어 사용되어 왔으며 그 발음은 중국의 고대 한자음 발음이 계속 반영된 것이다. 그리고 현재까지 한국어엔 여전히 중국 고대의 "古無輕脣音"의 전통이 남아 그것이 한국어 고유 발음 현상이 되어 버렸다. 그리하여 한국 학생들은 이러한 모국어의 발음 원리에 영향을 받아 종종 [f], [p], [p']를 구분하지 못한다.5)

---

4) 역주) '反切'은 중국 고대시기에 한자음의 발음을 표기하기 위해 만든 일종의 한자 발음 표기법이다. 두 개의 한자를 이용해 앞의 한 글자는 성모를, 뒤의 한 글자는 운모와 성조를 표시하게 된다. 이를테면, 위의 '房'은 성모 'f-'를 '連'은 운모와 성조인 '-ian평성'을 나타내는데 이를 합쳐 'fian평성'이 된다. 위의 얘기는 '便'자가 중순음 성모를 갖고 있는데도(즉, bian) 당시에 아직 경순음이 없었기 때문에 '房'이란 글자(당시엔 아직 중순음)로 중순음을 표기하고 있다는 것이다. 그래서 당시 발음은 사실상 'bian'처럼 하지 'fian'처럼 하지 않는다.

5) 역주) "古無輕脣音"은 원래 상고음과 중고음 사이의 관계를 말하는 것이다. 상고음은 주, 진, 한(周, 秦, 漢)왕조시대의 고음이고 중고음은 위진남북조와 당송시기의 중국어 발음이

한국 학생들로 하여금 경순음 f[f]를 정확하게 발음하게 하려면 먼저 그 발음부위를 구분하게 만드는 일이 관건이다. 즉, f[f]는 순치음이고, b[p], p[p']는 양순음이라는 사실을 주지시켜야 한다. f[f]의 발음은 아래와 같은 방법을 참고하면 된다.

(1) 발음을 지도할 때 발음하는 과정을 느리게 하고 발음 동작을 과장하여 음량을 증대시켜서 학생들로 하여금 모방하게끔 해야 한다.

(2) 학생들로 하여금 의식적으로 윗니로 아랫입술을 깨물게 한 후 입술과 치아를 천천히 마찰하며 분리하게끔 하여 f[f]를 발음하게 한다. 연습 할 때 학생들이 윗니로 너무 힘껏 아랫입술을 깨물지 않게 하고 윗니로 가볍게 아랫입술을 '터치'하게 한 후 기류를 입술과 치아 사이로 마찰시켜 나가게 한다.

(3) 이른바 "윗입술 당겨 올리기 법"(宋春陽, 1998)을 채용한다. 즉, 학생으로 하여금 볼펜대로 윗입술을 들어 올리거나 오른손 엄지와 식지로 윗입술을 들어 올려 윗입술이 아랫입술과 접촉하지 않게 한 후, 다시 윗니로 아랫입술을 가볍게 깨물게 하여 기류를 마찰시켜 나가게 한다. 이 방법은 비교적 간단하고 조작도 쉽다.

이 세 가지 방법을 통해 학생들이 f[f] 발음을 정확히 장악할 수 있을 것이다.

한편, 한국 학생들은 f, b, p 발음을 하나씩 발음할 경우에는 구분할 수 있다가도 다른 음과 함께 발음할 경우엔 다시 원점으로 돌아오기도 한다. 따라서 지도 시에 단음의 연습 뿐 아니라 단어, 문장 중에서의 연습도 함께 시켜서 학생 스스로 어감이 생기게 해야 한다. 예를 들어, 다음과 같이 b,

---

다. 당 중기 이후 위에서 언급한 경순음[f]가 출현하여 지금까지 쓰이고 있다. 그러나 우리나라 한자음의 경우 비록 중국 당왕조 시기의 한자음을 받아들였지만 한국 한자음 발음엔 여전히 [f]음이 존재하지 않는다.

p와 f를 교체 훈련케 한다.

【단어】
奔波　表白　标兵　百倍　北部　宝贝 (성모가 b인 경우)

乒乓　品牌　爬坡　琵琶　偏僻　澎湃　匹配 (성모가 p인 경우)

芬芳　仿佛　非法　夫妇　房费　反复　丰富 (성모가 f인 경우)

皮肤　平凡　病房　分别　发表　佩服　飞跑　部分　拌饭　分配

废品　扶贫　发票 (b, p, f가 교체되는 경우)

【문장】: 교사는 학생에게 아래와 같은 문장을 낭독케 하여 말의 흐름 속에서 순치음의 발음 어감을 익히게 할 수 있다.
旁边的房间住着一对平凡的夫妇。

【잰말놀이(绕口令)】: 잰말놀이를 이용해 학생들의 발음부위에 대한 융통성을 단련시킬 수 있다.
粉红墙上画凤凰，凤凰画在粉红墙。红凤凰、粉凤凰，红粉凤凰、花凤凰。

2. 설면음 j[tɕ], q[tɕ'], x[ɕ]의 지도방법

한국 학생들은 'j', 'q', 'x' 발음의 학습을 역시 어려워한다. 한국어에는 단지 설첨파찰음 'ㅈ[ts]', 'ㅊ[ts']' 및 설첨마찰음 'ㅅ[s]'만 있고 중국어의 설면파찰음 j, q와 설면마찰음 x와 같은 자음이 없다. 따라서 한국 학생들은 이것들을 잘 발음해내지 못한다.

이 외에 한국 학생들은 'ji', 'qi', 'xi'를 연습할 때, 한국어 'ㅣ'[i]의 영향을 받게 된다. 한국어의 'ㅣ'[i]는 중국어의 모음 'i' 보다 혀의 위치가 다소 뒤에 위치하며 혀끝이 아랫니 뒤에 꽉 붙지 아니한다. 그래서 분명한 중설모음의 음색을 갖는다. 따라서 한국 학생들이 중국어 음절 'ji', 'qi', 'xi'를 발음할 때 약간 설엽음(舌葉音) 음색이 나타나며 혀의 위치가 좀 뒤로 가고 혀끝이 아랫니의 뒤를 지탱하지 않게 된다. 그렇기 때문에 가르칠 때는 정확히 문제점을 짚어 가르쳐서 학생들이 정확한 발음 부위를 찾을 수 있게 해주어야 한다.

(1) **도시법** : 먼저 학생들에게 혀의 위치 그림을 확대하여 보여주면서 설명한다. 이때 발음 과정을 과장되게 하며 천천히 보여준다. j를 발음할 때 혓바닥 앞부분이 올라가 경구개 앞에 꽉 붙게 된다. 그런 다음 다시 혓바닥이 살짝 떨어져서 경구개와 함께 좁은 구멍을 형성하여 기류가 그 좁은 틈으로 빠져 나가게 하고 성대는 떨지 않게 한다.

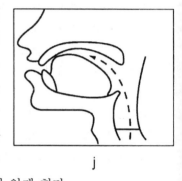

j

(2) **손동작 시연법** : 아래 손등으로 혀의 바닥을 표시하고 위 손바닥으로 경구개를 대신한다. 아래 손 손가락을 살짝 구부려 손의 마디 부분을 손바닥의 가운데에 붙이고 아래 손의 마디 부분을 다시 아래로 조금 이동시켜 위 손바닥과 떨어뜨려 기류가 통과함을 나타낸다.

(3) **순차연결법** : i발음을 통해 j발음으로 옮겨간다. 먼저 학생으로 하여금 중국어의 i를 정확히 발음하게 한다. 그런 다음 i를 발음할 때 학생들에게 혀끝을 계속 유지하게 하고 혓바닥을 약간 들어 기류를 통과하게 하면 그대로 j발음을 할 수가 있다. q와 j는 발음부위가 완전히 같고 다만 유기음 여부의 차이만 있다. 이처럼 발음부위도 같은데다가 마찰음은 파찰음보다도 쉽기 때문에 먼저 j, q를 장악한 후 x로 가면 더 쉽게 배울 수 있다(陶嬋, 2009). 즉, 아래와 같이 나타낼 수 있다.

$$i \rightarrow j \rightarrow q \rightarrow x$$

(4) 발음연습

【단어】

季节　拒绝　经济　焦急　解决　进军　金橘　艰巨　将军　健将

结晶　取钱　请求　欠缺　亲切　七巧　亲戚　巧取　前驱　确切

轻巧　齐全　新鲜　相信　详细　虚心　喜讯　习性　纤细　先行

现象　鲜血　歇息

【잰말놀이】

七加一，再减一，加完减完等于几? 七加一，再减一，加完减完还是七。

3. 설첨후음(즉, 권설음) zh[tʂ], ch[tʂʻ], sh[ʂ]의 지도방법[6]

(1) 횡향법(橫向法)

한국어에는 단지 중국어 설첨전음 z, c, s와 유사한 발음인 'ㅈ[ts]', 'ㅊ[tsʻ]', 'ㅅ[s]'만 있고 설첨후음, 즉 권설음인 zh, ch, sh는 없다. 중국어의 z, c, s와 zh, ch, sh의 발음 방법은 완전히 같다. 다만, 전자의 발음부위는 '설첨전'인 반면 후자는 '설첨후' 라는 차이만 있다. 그래서 교사는 한국 학생들에게 z, c, s 발음을 먼저 가르쳐 준다. 일반적으로 'ㅅ[s]'는 한국 학생들이 비교적 쉽게 여기기 때문에 s→z→c의 순으로 연습을 진행한다.[7] 설첨전음을 다 장악하고 나면 비교적 쉽게 설첨후음을 가르칠 수 있다.

---

6) 陶嬋(2009) 참고.

7) 한국어의 'ㅅ'과 중국어 병음의 's'는 발음이 비슷하다. 다만 틈을 형성하는 측면과 발음 방법상에 있어서 둘은 서로 구별된다. 'ㅅ'는 한국어에서 '마찰음, 평음'에 속한다. 그래서 발음할 때 위아래 치아가 접근해 틈을 만들고 혀끝은 경구개에 붙이지 말아야 한다. 그리고 혀몸도 평평하게 놓아 기류가 혓바닥에서 흘러나가는 동시에 혀몸을 약간 앞으로 보내 기류가 치아 사이를 통과하기에 편하게 한다. 'ㅅ'는 치아의 마찰을 통해 나오는 설첨마찰음이다. 반면, 중국어의 's'를 발음할 때는 혓바닥과 경구개 사이에 형성된 틈이 'ㅅ'를 발음할 때 간격보다 더 좁고, 발음부위는 'ㅅ'를 발음할 때보다 더 긴장된다. 'ㅅ'를 발음할 때는 중국어의 's'를 발음할 때 처럼 그렇게 혀끝이 윗잇몸에 붙지 않는다.

(2) 종향법(縱向法)

's-sh', 'z-zh', 'c-ch'의 순서로 학습한다. 먼저 설첨전음의 발음을 완성한 후 혀끝을 윗니 뒤에 멈추게 하고 천천히 경구개 앞쪽으로 혀끝을 옮겨가면 설첨후음을 발음할 수 있다.

(3) 시연법

발음부위와 과정을 시연하는 것은 비교적 직관적인데 그 요령은 다음과 같다. 먼저 오지를 모으고 두 손 바닥을 서로 마주한 후 위에 있는 손의 손가락을 약간 구부려 구강의 윗천장을 만든다. 손가락의 앞, 가운데, 뒤로 각각 윗니, 치아 뒷부분(또는 잇몸), 경구개, 연구개를 표시한다. 그리고 아래에 있는 손은 혀를 표시하는데 손가락을 위로 향하거나 펴는 행위로 혀의 동작을 나타낸다. 아래 손의 손가락을 앞에서 뒤로 이동시켜 여러 부위를 접촉하는 식으로 여러 가지 발음을 표시한다. 동시에 과장되게 입을 벌리고 혀끝을 위로 들어 경구개 앞부분에 대고 발음을 시범한다. 그런 다음 학생들에게 이를 따라하도록 한다. 학생들이 혀끝을 들어 올려 계속 유지하게끔 하여 설첨전음이 되지 않도록 주의한다.

(4) 강제법(强制法)

학생들로 하여금 식지를 펴서 입안에 넣고 식지로 혀끝의 뒷면을 지지하여 치아로 살짝 식지의 첫 번째 마디를 깨물게 한다. 이렇게 하여 학생이 혀의 앞부분을 들어 올려 경구개 앞부분에 지지하게끔 강제하고 설첨후음을 발음하도록 연습시킨다.

(5) 구별법

학생들이 정확하게 발음부위를 찾아내어 zh, ch, sh 발음을 하게 하는 것 외에 이들과 z, c, s 와의 가장 큰 차이점을 설명해준다. 즉, 혀와 입의 윗부분(앞니, 잇몸, 입천장 등)이 접촉하는 위치가 앞인지 뒤인지를 설명한다.

z, c, s를 발음할 때는 혀끝이 약간 앞으로 가서 윗니 뒤 혹은 잇몸부위를 지탱, 접근하여 혀가 펴지게 된다. 반면, zh, ch, sh를 발음할 때는 혀끝이 약간 위로 올라가 경구개의 앞부분을 지탱, 접근하게 되어 발음 부위가 약간 뒤로 가게 된다.

(6) 발음연습
발음 원리를 잘 설명한 후에는 다음과 같이 발음 연습으로 보충한다.

【단어】

自制　　组织　　杂志　　制造　　追踪　　财产　　错处　　操场　　炒菜

吃醋　　私事　　死水　　杀手

【잰말놀이】

① 四是四，十是十，十四是十四，四十是四十，谁能说四十、十四、
　　四十四，谁来试一试。
② 老师撕试纸，试纸紫纸。

4. 설첨후유성마찰음 r[ʐ]의 지도방법

설첨후유성마찰음 'r' 역시 한국 학생들이 발음할 때 어려워하는 것 중 하나이다. 한국어에는 'ㄹ[l]'란 발음이 있는데 이것과 중국어의 l[l], r[ʐ]는 서로 유사한 점이 있다. 그래서 한국 학생들은 항상 "软弱(ruǎn ruò)"를 "luǎn luò"처럼 발음하고, "如果(rú guǒ)"를 "lú guǒ"처럼, "容易(róng yì)"를 "lóng yì"처럼 발음하곤 한다. 그러나 한국어의 'ㄹ[l]'와 중국어의 l[l], r[ʐ]의 발음은 서로 다르다. 아래의 표를 보자.

표4 중국어 자음 l, r와 한국어 자음 'ㄹ'의 발음특징 비교

자음	발음부위	발음방법
l[l]	설첨중음	혀끝으로 윗니 잇몸을 지탱하고 기류는 혀의 양쪽 틈으로 통과시킨다. 그런 다음 혀끝이 윗니 잇몸에서 떨어진다.
r[ʐ]	설첨후음	혀끝을 위로 올려 경구개를 지탱하거나 접근하여 좁은 틈을 만든다. sh의 발음부위와 같으나 기류를 보낼 때 약간 성대를 떤다.
ㄹ[l]	설첨전단전음	발음 시 먼저 혀끝과 윗니 잇몸을 접근시키고 그런 다음 기류를 구강으로 통과시킨다. 이때 혀끝을 가볍게 튕겨 소리를 낸다.

중국어의 zh, ch, sh, r는 모두 설첨후음이고, sh, r는 모두 마찰음이다. 그래서 순차연결법으로 sh부터 r까지 이르게 할 수 있다. 학생들로 하여금 먼저 sh[ʂ]를 정확히 발음하게 한 후 발음부위를 계속 유지시킨다. 이렇게 음정을 연장하여 성대가 떨리게 하면 r[ʐ]음을 발음할 수 있다.

우리는 위에서 언급한 z, c, s, zh, ch, sh, r를 결합하여 가르쳐 하나의 시리즈로 구성할 수 있는데 그 경로는 아래의 그림과 같이 나타낼 수 있다.

$$[ㅅ] \rightarrow s \rightarrow z \rightarrow c$$
$$\downarrow \quad \downarrow \quad \downarrow$$
$$sh \rightarrow zh \rightarrow ch$$
$$\downarrow$$
$$r$$

이렇게 한국어 가운데 중국어와 같거나 서로 비슷한 발음부위 및 발음방법을 통해서 자연스럽게 발음하도록 유도한 다음 다시 연습으로 보충하면 학습 속도를 높일 수 있고 학생의 학습 난이도도 경감시킬 수 있다.

5. 설측음 l[l]의 지도방법

중국어의 l[l]발음 역시 난점 중 하나이다. 그것은 한국어에는 이러한 설측음이 없기 때문인데 그렇기 때문에 한국 학생들이 l[l]를 학습할 때는 자연히 모국어에 있는 ㄹ[l] 발음 특징을 참조하게 된다.

(1) 건너가기법[過渡法]

한국 학생들이 모국어의 간섭을 벗어나고 한국어 'ㄹ'가 중국어 l[l]에 주는 영향을 철저히 없애기 위해서는 모국어에 있는 'ㄹ'를 제쳐두고 l[l]를 하나의 새로운 발음으로 삼아 가르쳐야 한다. 교사는 학생이 새로운 발음 참조표준을 확립하게끔 도와줘야 하는데 예컨대 다음과 같이 할 수 있다. 한국인의 성씨 중 가장 많은 성씨가 바로 '이(李)'이다. 이 '이'는 영어로 'Lee'로 쓴다. 한국 학생들은 대부분 영어를 할 줄 알기 때문에 이것을 일종의 교량'으로 삼아 'Lee'로부터 중국어의 'li'로 건너가면 된다. 여기서 영·중두 개의 l[l] 발음은 기본적으로 일치한다.

구체적인 방법으로는 학생으로 하여금 먼저 영어의 'Lee'를 발음하게 하고 다시 중국어의 l[l]를 발음하게 한다. 이렇게 하면 학생 스스로 하나의 발음 참조기준이 생기게 되고 이로써 그들은 자기도 모르게 모국어에 있는 전음 'ㄹ'의 간섭에서 벗어나게 된다(陶嬋, 2009). 단계는 다음과 같다.

Lee → li → l

(2) 순차연결법

d[t] 발음을 이용하여 l[l] 발음을 이끌어 낼 수도 있다. 중국어 d[t]의 발음부위는 l[l]와 같아 모두 '설첨중'이다. 게다가 한국어의 ㄷ[t] 발음 역시 그 발음부위와 발음방법이 중국어의 d[t]와 동일하다. 교사는 학생으로 하여금 먼저 'd'를 발음하게 하고 이 '막혀있는' 혀의 위치를 계속 유지시켜 기류가

혀의 양쪽으로 나오게 해 중국어의 ㄹ를 발음하게 한다. 연습 시 주의할 점은 혀의 위치가 약간 앞으로 이동하게 하고 혀끝이 움직이지 않게 하는 것이다. 처음 연습 시엔 '막혀있는' 시간을 좀 길게 하여 학생 스스로 중국어 ㄹ의 발음 특징을 이해하고 장악하게 한다(陶嬋, 2009).

이상의 두 가지 방법(건너가기와 순차연결법)은 학생으로 하여금 모국어의 간섭을 벗어나 ㄹ발음을 하게끔 유도할 수 있다.

(3) 발음연습

위절의 r[z] 지도와 결합하여 아래와 같이 연습을 보충한다.

【단음절 연습】

| 日(r) | － | 力(l) | 然(r) | － | 兰(l) | 肉(r) | － | 漏(l) |
| 乳(r) | － | 鲁(l) | 润(r) | － | 论(l) | 入(r) | － | 路(l) |

【단어】

利润 - 立论	天然 - 天蓝	荣华 - 龙华	入口 - 路口
出入 - 出路	容颜 - 龙颜	热了 - 乐了	果然 - 果篮
湿润 - 诗论	弱势 - 落市	日子 - 栗子	生日 - 生力
日落 - 利落	日益 - 利益	日场 - 立场	

【잰말놀이】

① 有个懒汉本性阮, 提个篮子卖鸡卵, "卖卵""卖卵"使劲喊, 谁都不来买鸡卵, 不是鸡卵品种乱, 而是鸡卵皮太软。

② 玲珑塔, 塔玲珑, 玲珑宝塔有两层。

(二) 운모의 난점 및 그 해결 방법

한국어의 모음은 비교적 많아 다 합치면 21개가 된다. 한국어의 단모음은 모두 설면모음이나 중국어에는 7개의 설면모음과 3개의 설첨모음이 있고, 그 가운데 'er'은 권설모음이다. 권설모음 er은 훈련을 통해 충분히 장악할 수 있고, 두 개의 설첨모음인 -i₁, -i₂[8] 역시 z, c, s, zh, ch, sh를 연습하면서 동시에 학생들에게 연습시킬 수 있다. 이들 외의 다른 단모음들의 경우, 한국어의 8개 설면모음으로 중국어의 6개 단모음들을 포괄할 수 있는데(ü제외) 발음부위가 기본적으로 일치하여 학습하는데 큰 문제가 없다(陶嬋, 2009).[9]

1. 단운모 ü[y]의 발음 문제 및 그 해결 방법

한국인들이 ü[y]를 학습하는 것은 비교적 어려운 일이다. 한국인들은 종종 ü[y]를 [u]나 [ui]로 발음하곤 하는데 이것은 한국어에는 ü[y]발음이 없기 때문이다. 이것과 약간 유사한 발음으로 [ㅟ]가 있긴 하나 이 역시 완전히 같은 것이 아니다.

(1) 순차연결법

ü[y]는 '전고원순단모음[前高圓脣單元音]'으로 전고평순모음인 [i]와 발음부위가 같다. 그래서 i[i]를 발음하는 기초에서 ü[y]로 옮겨가면 된다. 방법은 먼저 i[i]를 발음하고 난 후, 두 입술로 작은 구멍처럼 원을 만들어 성대를 진동시키면 ü[y]가 발음된다. 한국 학생들이 양순 마찰 반모음인 [w]에 [i]가 붙은 [wi]처럼 발음하지 않도록 하기 위해 ü[y]발음 시 상하 입술이 접촉하지 않게끔 즉, 입이 움직이지 않게끔 주의시킨다. 학생들이 충분히 ü[y]의 발음 요령을 이해하도록 하기 위해 교사는 발음부위 동작과 성대진동 두 동작을 준비하고 ü[y]의 전체 발음을 다 발음한 후에도 둥그런 입술모양을 계속 유

---

8) 역주) 설첨모음이란 혀끝과 윗니로 내는 발음으로 z, c, s와 결합하는 [ɿ], zh, ch, sh와 결합하는 [ʅ] 두 가지가 대표적이다. 이 모두 한국어의 [으]처럼 발음되나 발음방법 등이 약긴 달리 주의헤야 한다.

9) 역주) 한국어와 일치하는 중국어 단모음에는 [i], [a], [u], [o], [ə], [e] 등의 6개가 있다.

지하여 학생들이 이를 보고 모방하게 한다. 연습은 i[i]로부터 ü[y]까지 한번 하고, 다시 ü[y]에서 i[i]까지 하게 하면 학생들이 보다 쉽게 이해하고 장악할 수 있다(宋春陽, 1998; 陶嬋, 2009). 구체적인 단계는 아래와 같다.

$$i \rightarrow ü \rightarrow i \rightarrow ü$$

(2) 발음연습

【단어】

雨具　呂剧　区域　豫剧　序曲　女婿　旅居　须臾　曲剧　栩栩

絮语　聚居　居于　渔具　语序　玉宇　寓居　玉女　屈居

【잰말놀이】

山前有个严圆眼，山后有个严眼圆，二人山前来比眼，不知是严圆眼 的眼圆，还是严眼圆比严圆眼的眼圆？

2. 단모음 e[ɤ]의 발음문제 및 해결방법

한국어의 모음 가운데에는 중국어의 e[ɤ]발음과 적당히 맞아떨어지는 발음이 없다. 이 때문에 한국 학생들이 e[ɤ]를 발음하면서 발생하는 오류비율이 비교적 높은 편이다. 어떤 경우, e[ɤ]와 발음이 유사한 한국어 발음 '으[ɯ]'로 하기도 하고, 어떤 경우는 '어[ə]'로 발음하기도 한다.

(1) 미끄러지기법[滑動法]

중국어의 e[ɤ]발음은 한국어의 '으'도 아니고 '어'도 아니다. '으'에서 '어'로 연속적으로 미끄러져 가는 동태적 발음이다. 바로 이 점을 장악한 후, 교사는 학생들에게 먼저 익숙한 '으[ɯ]'발음을 하게 하여 이것으로 위치를 정하고, 이어서 다시 '으[ɯ]'에서 '어[ə]'를 향해 미끄러지듯 움직여 발음하게 하면 된다. 이를 아래와 같이 표시할 수 있다.

$$e[ɤ]$$
$$으[ɯ] \longrightarrow 어[ə]$$

연습할 때 e[ɤ]발음이 하관의 이동을 통해서 완성이 되며, '어'나 '으'의 정태적인 어떤 발음 하나가 아니라는 사실을 반드시 주지시켜야 한다. 중국어 발음 e[ɤ]는 보기엔 단운모처럼 보이지만 사실 그 발음은 일정한 동태성 (動態性)을 갖고 있다.

(2) 순차연결법

우리는 또 o[o]를 이용하여 학생들이 e[ɤ]를 발음하게끔 유도할 수 있다. e[ɤ]와 대응하는 원순모음이 바로 o[o]이기 때문이다. e[ɤ]를 가르치기 전에 먼저 o[o]를 발음하게 해 혀의 위치를 고정시키고 그런 다음 두 입술의 양쪽을 펴게 하면 e[ɤ]가 발음된다. 아래와 같이 표시할 수 있다.

$$o[o] \text{ 혀의 위치 불변} \longrightarrow \text{두 입술 펴기 } e[ɤ]$$

(3) 발음연습

【단어】

哥哥　可乐　这么　折射　舍得　菏泽　折合　特设　热河
客车　合格　车辙　隔热　割舍　特色　色泽　苛刻　歌德

【잰말놀이】

坡上立着一只鹅，坡下就是一条河。宽宽的河，肥肥的鹅，鹅要过河，河要渡鹅。不知是鹅过河，还是河渡鹅？

3. 복운모, 비운모의 발음

복운모란 두 개 혹은 세 개의 모음이 함께 결합하여 구성된 동태적인 운모를 말하고, 비운모는 하나 혹은 두 개의 모음과 비음 자음운미가 결합되어 구성된 운모를 말한다. 그들의 발음 특징은 앞의 음에서 뒤의 음으로 미끄러지듯 움직인다는 것으로 그 사이에 과도음(過渡音)이 있어 그 움직임이 느리지만 끊어지지는 않는다. 발음상 주요한 것과 부차적인 것의 차이가 있으며 이 가운데 주요모음은 소리가 크고 입의 모양도 변화가 있다.

한국어에도 복합모음이 있으나 중국어에 비해 구성방식이 단순하고 삼중 모음도 없다. 그래서 한국 학생들이 복운모 uo, ou, ui, iu 및 비운모 un, ün을 학습할 때 종종 발음이 연결되지 않거나 독음이 누락되는 오류를 범하곤 한다.

(1) 동태(動態)적 발음의 문제

교사는 복운모, 비운모의 특징을 학생에게 주지시켜야 하는데 그 특징이라 함은 한 음을 읽고 나서 다시 다른 음을 읽는 것이 아니라 "한 음에서 다른 음으로 마치 미끄러지듯 이동한다"는 것이다. 교사는 시범을 보일 때도 주의해야 하는데 비교적 과장된 방법을 써서 학생이 입 모양의 변화를 이해하게 해야 한다. 예컨대, uo[uo]의 개구도는 작은 것에서 큰 것으로의 변화이고, ou[ou]의 개구도는 큰 것에서 작은 것으로의 변화이다.

(2) 발음 누락의 문제

일부 중국어 발음의 한어병음 표기 중 -ui, -iu, -un, -ün은 사실 uei, iou, uen, üen의 간략형태이다. 전자는 후자에서 운복을 생략한 것으로 한국 학생들은 중국어 복운모, 비운모의 병음표기법 및 읽기의 특징을 잘 이해하지 못해 ui나 un의 발음을 배울 때, 한국어에 있는 것들과 유사한 정태적 발음 자모에 의지해 표기하곤 한다. 그래서 그들은 한어병음의 'ui'를 한국어 자모표기인 'ㅟ'로 쓰는데, 왜냐하면 'ㅟ'는 'ㅜ'(u)와 'ㅣ'(i)를 합쳐 만든 운모이기 때문이다. 또 한어병음의 'wei'를 한국어 자모의 표기인 'ㅞ'로 쓰는데 이것은 'ㅞ'가 'ㅜ'(u)와 'ㅓ'(e와 유사), 'ㅣ'(i) 세 개가 합쳐져 만들어진 것이기 때문이다.

마찬가지로 한어병음을 표기할 때, 그들은 한국어 자모를 이용해 'un'을 '운'으로 표기하는데 이는 '우'(u)와 운미 'ㄴ'(n)이 합쳐져 만들어진 한국어 글자이기 때문이다. 또 한어병음의 'wen'은 한국어 자모 표기인 '원'으로 표기하는데 이는 '우'(u)와 '언'(en)으로 구성된 글자이기 때문이다.

교사는 간략형 한어병음의 복운모, 비운모를 지도할 때 먼저 학생들에게 이들 운모의 전체 발음을 알려주고 그들에게 전체 발음을 읽도록 하여 그 가운데 있는 변화를 깨닫게 해줘야 한다. 이 외에도 학생들에게 과도음(glide, 滑音)10)의 동태적 발음 훈련을 시켜 한국어 발음에 의지하는 습관에서 벗어나게 해야 한다. 예시) '由'(you – iou), '文'(wen – uen)

(3) 발음연습

【단어】

ui –	水位	回味	摧毁	汇兑	归队	魁伟	追随	归位	吹灰	垂危	追悔
iu –	优秀	牛油	绣球	舅舅	悠悠	久留	犹有	流油	悠久	酒友	旧友
üe –	月夜	学业	确切	血液	确实	虐待	决裂	爵位	攫取	诀窍	绝妙
ou –	购买	楼道	稠密	豆浆	谋求	呕吐	柔和	收缩	搜索	透彻	幼稚
uo –	左右	国防	多余	躲避	妥协	卧室	酌情	椭圆	卓越	琢磨	挫伤
un –	论文	春笋	昆仑	温存	馄饨	温顺	混沌	谆谆	滚滚	蚊子	闻名
ün –	匀称	云雾	允许	军事	俊俏	群众	寻求	骏马	巡逻	运动	运用

【잰말놀이】

① 嘴说腿，腿说嘴，嘴说腿爱跑腿，腿说嘴爱卖嘴。光动嘴不动腿，不如不长腿。

② 牛六妞赶着六头牛，六头牛驮着六篓油。

③ 楼后有狗又有猴，楼上有肉又有藕。瘦猴吃藕不吃肉，馋狗吃肉不

---

10) 역주) 과도음이란 조음 기관이 한 음의 위치에서 다른 음의 위치로 옮겨 갈 때에, 그 자체의 소리가 분명히 드러나지 아니하고 인접한 소리에 곁들어 나타나는 소리. 국어의 반모음 따위이다.

吃藕。

④ 从小学科学，科学从小学。学好科学用科学，用好科学学科学。

⑤ 大郭多大锅，小郭多小锅，大郭拿多的大锅换小郭多的小锅，小郭
拿多的小锅换大锅多的大锅。大郭对小郭说：“咱俩合伙用大锅和
小锅。”

⑥ 小温写论文文不顺，小文谆谆教小温改论文，小温重新润色论文改
通顺，小温拉住小文谢小文。

⑦ 云云看云头晕，不看云不辨白云、乌云。群群看云头不晕，爱看云
能辨白云、乌云。

(三) 성조의 난점 및 대책

한국어에는 의미를 구별하는 성조 음소가 없다. 그렇기 때문에 한국 학
생들에게 있어서 성조의 습득은 성모, 운모보다 훨씬 어렵다. 마찬가지로
중국어 교사들이 한국 학생들에게 성조를 지도하는 것 역시 쉬운 일이 아
니다. 실제 지도 과정에서 볼 때, 한국 학생들은 성조라는 것에 대해 감이
없기 때문에 모방을 통해 발음을 해내도 그다지 정확하지는 않은 편이다.

한국 학생들이 성조를 학습하는 과정에서 나타나는 주요한 문제점은 아
래처럼 간략히 말할 수 있다.

> "一聲不高, 二聲起不來, 三聲不全, 四聲下不去."(제1성은 음이 높지
> 않고, 제2성은 올라가지 않으며 제3성은 완전하지 않고, 제4성은 내려
> 가지 않는다.)

이른바 "一聲不高"는 한국 학생들이 음평조(陰平調)를 발음할 때 조역(調
域)이 높지 않고, 조치(調值) 또한 보통 33 혹은 44 정도에서 머물고 55까지
이르지 못함을 말하는 것이다(余诗隽, 2007). "二聲起不來"는 중승조(中昇
調)를 발음할 때 항시 기점이 너무 낮아 상승폭이 크지 않게 되고 어떤 학

생들은 비록 기점이 높아도 강조(降調)인 31로 발음하게 됨을 말한다. "三聲不全"은 한국 학생들의 성조가 위에서 내려왔다가 다시 위로 올라가는 궤적이 분명치 않아 종종 그 반만을 완성하게 돼 강조로 읽거나 승조(昇調)로만 읽게 되는 것을 말한다. "四聲下不去"는 완전한 강조를 읽을 때 학생들이 종종 그 기점이 높지 않을 때(3도 정도)가 있거나 기점이 높더라도 그 하강폭이 충분하지 않은 경우가 있고, 심지어 어떤 학생은 한국어 입성(入聲, 즉 ㄱ, ㄷ, ㅂ 등의 받침으로 끝나는 것)의 영향으로 제4성을 발음할 때 입성의 색채를 갖는 것을 말한다.[11]

한국 학생들은 상대적으로 제1성이나 제4성을 배우는 것이 비교적 용이한 편이며 제3성이 가장 어렵고, 제2성이 그 다음으로 어려운 편이다.

(1) 기본 성조 정하기[定調]

한국 학생들은 성조에 대한 어감이 없다. 그래서 각 성조의 조치에 대해서도 심리적인 기준이 없어 각종의 오류가 발생하곤 한다. 다년간의 지도 경험으로 볼 때, 성조 지도 시에 학생들에게 각 성조의 조치를 알려주는 것은 필수이나 이것 말고 중요한 것은 바로 기본 성조 정하기이다. 먼저 고평조(高平調, 즉 높고 일정한 성조)를 발음하게 하는데 이것은 일차적으로 학생들이 제1성을 쉽게 배우기 때문이고 이차적으로는 제1성이 바로 기타 성조 학습의 기초가 되기 때문이다(宋春阳, 1998). 즉, 학생들이 가장 높은 조치가 어느 정도인지를 알아야만 기타 성조 발음의 기준이 정해지는 것이다. 이렇게 먼저 음평(陰平)의 조치를 학생들로 하여금 반복적으로 연습하여 터득케 한 후 기타 성조 지도로 들어간다.

---

11) 역주) 陰平調: 음평성, 즉 제1성이다.
　　　調域: 성조의 구역, 한 성조가 발음될 때의 전체 구역.
　　　調値: 성조의 음가.
　　　中昇調: 중간에서 올라가는 성조
　　　昇調: 올라가는 성조 / 降調: 내려가는 성조

(2) 순차연결식 방법

중국어의 성조를 가르칠 때, 사람들은 보통 "陰平(ˉ) - 陽平(ˊ) - 上聲(ˇ) - 去聲(ˋ)"의 순서에 따라 가르치는데 실제로 이러한 방식은 그다지 효과적이지 못하다. 왜냐하면 이 방법은 단계가 혼란스러워 학생들이 발음의 기준점을 잡을 수가 없어 각 성조의 조치를 장악하기가 어려워지고 학습상의 어려움을 가중시키게 된다. 胡炳忠(1979)은 성조 교육에 있어 이른바 "반교식(反橋式)"방법("陰平(ˉ) - 去聲(ˋ) - 上聲(ˇ) - 陽平(ˊ)")[12]을 제기했는데 실제로 이 방법이 한국 학생들에게 매우 적합하며 전통적인 순서에 따라 사성(四聲)을 연습하는 것 보다 훨씬 더 효과적이라고 한다.

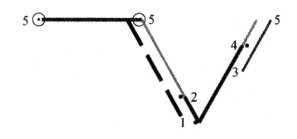

반교식 성조 교육

이러한 반교식 교육 방법의 특징은 성조의 시작과 끝이 서로 연결되어 앞의 성조가 뒷 성조의 출발점(定調)이 된다는 것이다. 그렇기 때문에 학생들은 기준점이 있어서 발음이 훨씬 더 쉽게 된다. 그 다음은 먼저 쉬운 것을 하고 나중에 어려운 것을 하는 순서로 되어 있어서 막힘없이 자연스럽게 연결될 수 있다. 전통적인 "陰平(ˉ) - 陽平(ˊ) - 上聲(ˇ) - 去聲(ˋ)"의 배열법은 사실 매번 그 다음 성조를 발음할 때마다 새롭게 출발점을 잡아야

---

12) 역주) 胡炳忠은 성조 교육방법으로 "桥式"(上声—阳平—阴平—去声)과 "反桥式"(阴平—去声—上声—阳平)의 두 가지 방법을 제시했는데 反桥式은 그 중 하나이다. 桥式은 전체 성조의 이어지는 모양이 마치 교량의 모양 같다고 그렇게 이름한 것 같고, 反桥式은 교량을 거꾸로 엎은 모양 같아 붙인 이름으로 보인다.

하는 결점이 있는데 바로 이러한 문제점을 충분히 극복해낼 수 있는 것이다. 더욱이 이러한 연습을 통해 '제3성+제2성'이 '반3성+제1성'으로 되거나 '제1성+제4성'이 '반3성+제1성' 혹은 '제4성+반3성'이 되는 문제에 대해 매우 유효적절하게 설명해줄 수가 있다(宋春阳, 1998).

(3) 성조 기억의 매개체 제시

실제 교육 과정에서 교사는 단순히 중국어 성조를 가르치는 것만으로는 학생들이 빠르게 이를 장악해내기가 어렵다는 것을 잘 알고 있다. 이것은 바로 학생들이 성조를 기억하는데 있어서 어떤 매개물이 필요하다는 것이다. 교사는 한국어에 있는 발음을 가지고 흉내를 내며 기억을 도와줄 수가 있다. 예컨대 한국 학생의 제2성 발음이 만족스럽지 못할 경우, 한국어 대화 시 상대방의 말을 잘 못 알아들었을 때 하는 말인 "네?╱"가 마치 중국어의 제2성 발음과 비슷하므로 이것을 이용하여 가르쳐 줄 수 있다. 또한 제4성의 경우는 다른 사람을 각성시키기 위해 하는 말(주로 어른이 아랫사람에게)인 "야!╲"를 이용할 수 있다.13)

이 외에도 의미가 있는 매개체를 찾을 수도 있다. 모두 알다시피 의미가 없는 소리는 사실 기억하기가 더 어렵다. 그래서 간단한 방법은 바로 학생으로 하여금 단어와 형태소의 성조를 결합하여 기억하게 하는 것인데 일상생활의 아주 쉬운 어휘를 갖고 시작한다. 예컨대,

제1성 : 妈妈　哥哥
제2성 : 白的　学习
제3성 : 姐姐　买东西
제4성 : 爸爸　弟弟

---

13) 역주) 이 밖에 제1성의 경우는 '야~호~!'고, 제3성의 경우는 트림할 때 하는 '꺼~억~'으로 보충해줄 수 있다.

이 단어들은 자주 사용하는 어휘이기에 훨씬 더 잘 기억할 수가 있게 되고, 아울러 각 성조의 조치를 정확히 파악하는 행위를 더욱더 공고히 할 수가 있다. 그리고 심지어 이들과 같은 성조의 다른 어휘에까지 확장시켜 적용할 수 있게 된다.

일부 학생들의 경우 이러한 훈련을 통해 한 글자의 성조에 대해서는 기본적으로 장악이 되었지만 단어나 문장 단위 속의 성조에 대해서는 오류가 발생하곤 했다. 아래와 같은 성조 조합들은 바로 한국 학생들이 성조를 배울 때 어려워하는 것이다.

제1성+제2성 : 西门　　高明
제2성+제2성 : 学习　　韩国
제3성+제2성 : 起名　　以前
제1성+제4성 : 高兴　　希望
제2성+제4성 : 名片　　回校
제2성+경　성 : 朋友　　容易
제4성+제4성 : 错误　　重视

이러한 상황에 직면했을 때는 더 강화된 연습을 통해 반복적으로 교정을 해주어 학생들이 가능하면 빨리 단어나 문장 등에 출현하는 성조 조합의 발음요령을 장악할 수 있게 해줘야 한다.

지금까지의 내용을 종합하자면, 발음 학습의 매 단계마다 학생들이 어려워하는 점을 잘 파악하여 이에 대한 대책을 찾고 중점적으로 연습을 시키면 보다 효율적인 결과를 가져올 것이라 생각된다.

三. 중국어 발음의 지도 방법과 기술

앞에서 우리는 한국 학생들이 중국어 발음을 학습할 때 발생하는 어려운
점과 중요한 점에 대해 살펴보았다. 이 문제의 해결을 위해 앞에서 소개했
던 대책들도 필요하지만 여기서는 기존의 연구 성과들을 참고하여 교실에
서 진행되는 발음 교육 방법과 형식에 대해 계속 소개하고자 한다.

(一) 중국어 발음 지도의 기본 방법

1. 시범·모방 교육법

음성학은 일종의 '口耳之學'(입과 귀로 하는 학문), 즉 발음을 듣고 또 입
으로 해보는 학문이다. 그렇기 때문에 어법이나 어휘 등의 교육에 비해서
발음 교육은 소리에 대한 모방에 중점을 두게 된다. 교사는 지도 과정에서
학생들에게 정확한 발음 시범을 보여주어 학생들이 중국어 발음을 보다 정
확하게 이해하고 모방할 수 있게 해야 하고 학생들 발음의 문제점을 교정
해주어 발음 수준을 향상시켜야 한다.

지도 과정에서 교사는 반드시 학생은 물론 자신에게까지 엄격한 요구를
해야 한다. 그래서 일차적으로 교사 자신의 발음이 정확해야 하는데 이렇
게 해야만 학생들이 그 표준 발음을 모방하여 따라할 수가 있다. 예를 들
어, f[f]발음의 경우, 교사는 먼저 이를 발음하고 나서, 학생들에게 윗니로
아래 입술을 가볍게 깨물어 기류가 입술과 치아 사이로 마찰되어 나온다고
알려줘야 한다. 그래야만 학생들이 모방을 하면서 동시에 그것의 발음요령
을 상익힐 수 있게 된다. 또한 학생들이 모방을 할 때, 교사는 입술을 오므
려야 한다거나 펴야 한다는 등, 학생들의 틀린 발음을 비로잡아주도록 신

경을 써야 한다. 이렇게 하여 최대한 학생이 표준적인 발음을 모방하게 해야 한다(屠愛萍, 2007).

2. 그림 설명식 지도법

어떤 경우엔 모방이 문제를 완전히 해결하지 못할 수도 있다. 그래서 이때 교사는 모방의 기초 위에 발음 원리를 알기 쉽게 설명해야 하는데 어떤 경우는 추상적인 발음원리를 말로 표현하기 어려운 경우도 있어 '실물 설명법'을 사용할 수 있다.

예를 들어, 성모의 발음부위, 발음방법, 모음의 혀 위치의 고저·전후 등의 문제를 설명할 때, '발음부위도'나 '혀 위치도' 등을 보여줌과 동시에 자신의 발음부위와 결합하여 그림 설명법을 진행할 수 있다(屠愛萍, 2007).

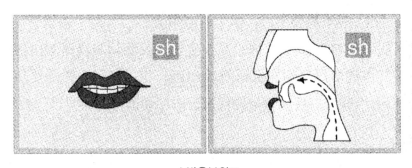

sh발음부위도

'sh'라는 발음을 설명할 때, 우리는 '혀 위치도'(위의 그림)를 보여주어 학생들에게 이 발음의 요령을 다음과 같이 설명해 줄 수 있다 :

"혀끝을 위로 들어 경구개 앞쪽에 대고 좁은 틈을 만들어 기류가 거기를 빠져나오게 하고 성대는 진동하지 않게 한다. r를 발음할 때는 그 발음부위와 발음방법이 sh와 같으며 다만 발음할 때 성대가 진동을 한다."

이러한 그림 설명법은 정확한 발음을 그림으로 보여주는 방법도 있지만

이 외에 교육적인 수요에 따라 기타 모든 수단을 동원해 지도 효과를 더 높일 수가 있다. 예를 들어, 학생들에게 유기음과 무기음의 차이를 설명할 경우, 교사는 얇은 종이 한 장을 들어 입 앞에 놓고 학생들로 하여금 발음할 때 종이가 떨리는지 여부를 확인하게 하여 유기와 무기의 차이를 직접 터득하게 할 수 있다. 또 학생 스스로 자신의 손바닥으로 입 앞에 대고 기류의 강약을 느끼게 할 수도 있다. 지금까지의 현장 지도 결과에 따르면, 이러한 실물 설명법은 학생들이 더 쉽게 이해할 수 있을 뿐 아니라 발음 원리에 대한 인상이 깊게 각인된다고 한다.

3. 비교 지도법

중국어 발음 지도 시, 교사는 학생들로 하여금 중국어 보통화와 한국어 또는 학생들이 익숙한 어떤 언어의 발음을 비교하게 하여 중국어와 한국어 의 발음상의 미세한 차이 및 대응규칙을 설명할 수 있다. 이렇게 하면 학생 들은 중국어 보통화 발음에 대해 이성적인 인식을 갖게 된다(屠爱萍, 2007).

한국 학생들은 중국어 발음을 학습할 때 항상 자신의 모국어의 간섭을 받게 된다. 따라서 한국어 중의 어떤 발음에 근거하여 중국어 발음을 표기 하곤 한다. 앞에서도 언급했듯이 한국 학생들은 한어병음의 'wei'를 한국어 자모인 'ㅞ'로 표기한다. 그러나 엄격하게 말하면 두 언어의 발음에서 완전 히 같은 것은 없다. 설사 중국어와 한국어 두 언어에서 동일한 국제음성자 모로 표기한 것이 있다 해도 그 발음 특징은 여전히 구별된다. 예컨대, 중 국어의 o[o]와 한국어의 'ㅗ[o]'의 경우, 두 음 모두 IPA로 [o]로 표기한다. 그 러나 실제 음가는 달라 발음할 때 입술의 모양이 완전히 같지는 않다. 즉, 한국어의 'ㅗ[o]'는 중국어 운모 'o'보다 입술이 더 앞으로 향하고 더 둥글어 서 듣기에 약간 과상되게 들린다. 그러나 중국어의 'o'는 단운모로 쓰일 때 실제 발음은 'uo'가 된다. 또 하나 두 언어의 발음이 유사한 게 있는데, 중국어의 m[m]와 한국어의 'ㅁ[m]'이다. 이들의 발음부위와 발음방법은 같지만 이들 역시 구별되는 점이 있는데, 'ㅁ[m]'가 폐구음(閉口音)인 반면, 중국어의 m[m]는 폐구음이 아니다. 그래서 교사가 학생들에게 중국어의 m[m]를 가르칠 때 입을 다물지 않아야 한다고 가르치면 학생들이 쉽게 이해할 수 있게 된다.

한국어 어휘 가운데 60% 이상이 한자어이며 이들 한자어와 중국어 대응 어휘 간의 발음은 아주 복잡한 관계로 이루어져 있다. 그리고 이들 가운데 다수의 한자어와 중국어 대응 어휘의 발음이 비슷하거나 같아 교사는 그 발음 교정에 신경을 써야 한다. 그런가 하면 한국어의 한자어와 현대한어의 대응 어휘의 독음 차이를 이용하여 발음지도를 진행할 수도 있다(王庆云, 2002). 예를 들면 다음과 같다.

중국어 가운데 순치음인 f[f]는 한국어 한자어에서 양순음으로 읽힌다. 예) '方法'은 [paŋ pəp]으로 읽고, '饭店'은 [pan tsəm]으로 읽는다.

중국어 성모 d, t는 한국어 한자어에서 모두 [t]로 발음한다. 예) '大学'은 [tɛ hak]으로, '共同'은 [koŋ toŋ]으로 읽는다.

중국어 성모 j, q, g, k는 한국어 한자어에서 모두 [k]로 읽힌다. 예) '江'은 [kaŋ]으로, '群山'은 [kun san]으로, '国家'는 [kuk ka]로 읽는다.

중국어 성모 x는 한국어 한자어에서 대부분 [h]로 읽는다. 예) '向上'은 [hiaŋ saŋ]으로, '保险'은 [po həm]으로 읽는다.

중국어 성모 zh, ch, sh는 한국어 한자어에서 각기 [ts], [tsʻ], [s]로 읽힌다. 예) '政府'는 [tsəŋ pu]로, '成功'은 [səŋ koŋ]으로 읽는다.

중국어 성모 r는 한국어 한자어에서 영성모로 읽힌다. 예) '日记'는 [il ki]로, '主人'은 [tsu in]으로 읽는다.

운모에서는 '운미'가 한자어와 중국어 대응 어휘 간에 비교적 가지런한 대응 규칙을 보여주고 있다. 일반적으로 중국어의 운미 n은 한국 한자어 발음의 [n], [m]과 대응하고 있고, 중국어의 ng은 한국어의 [ŋ]과 대응하고 있다. 예) '銀行'은 '은행'으로 [in hɐŋ]으로 읽는다.

한국 학생들에게 한국의 한자어와 중국어 대응 어휘 간의 발음 차이 규율을 알려주고 이것을 운용하여 중국어를 학습하게 되면 그 효과는 배가 될 것이다.

이렇게 두 언어 간의 발음을 비교하는 것 말고도 중국어 내부의 발음에 대한 비교도 진행할 수 있다. 예컨대, an, en, in과 ang, eng, ing의 두 세트를 비교할 수 있고, z, c, s와 zh, ch, sh 두 세트의 비교도 가능하다. 이렇게 하면 학생들이 좀 더 정확하게 중국어 발음요령을 장악할 수 있다.

4. 순차연결법

학생들에게 먼저 자신들이 익숙하거나 쉽게 또는 정확하게 발음할 수 있는 음을 가르친 다음, 다시 이로부터 그들의 입 모양이나 발음방법을 변화시켜 학생들이 보다 어려운 발음을 발음할 수 있게 유도할 수 있다.

예컨대, 한국어에는 z, c 발음이 없다. 이 두 성모를 가르칠 때, 's→z→c' 의 순서에 따라 가르칠 수 있다(屠愛萍, 2007). 또, 중국어 보통화 성조를 가르칠 때, 胡炳忠 선생이 제기했던 이른바 '반교식' 방법을 운용하여 "陰平(ˉ, 55) - 陽平(ˊ, 35) - 上聲(ˇ, 214) - 去聲(ˋ, 51)"의 순서가 아닌 "陰平(ˉ, 55) - 去聲(ˋ, 51) - 上聲(ˇ, 214) - 陽平(ˊ, 35)"의 순서로 할 수가 있다. 이러한 반교식 방법의 순서로 가르치고 연습을 하면 매우 순조롭게 학생들이 이해하고 받아들일 수가 있다.

5. 개별 사례식 지도법

이 방법은 교사가 학생의 문제점을 바로 발견하여 개별목표를 갖고 훈련을 진행하는 것이다. 일반적으로 수업할 때 교사는 먼저 짧은 시간을 이용해 모든 발음을 한 번씩 가르치게 되는데 그러면서 학생들의 발음 가운데

결함과 오류를 세심히 관찰해 발견하고 학생의 오류를 겨냥해 중점적으로 지도한다.

예를 들어, 교사들은 학생들에게 성모를 다 가르친 후 학생들의 발음 가운데 항상 f, z, c, s, j, q, x, zh, ch, sh, r 등의 발음이 문제가 있음을 발견하게 된다. 이때, 그 다음 단계는 바로 이 일부 문제성 발음들을 중점적으로 지도하는 것이다.

운모를 가르칠 때도 한국 학생들은 특히 ü[y]발음을 'ui'로 발음하거나, ui[uei], iu[iou], un[uen], ün[yen]에서는 그 운복을 빼고 발음한다. 이럴 때 교사는 바로 이러한 특수 상황을 중점적으로 지도하면 된다.

6. 듣고 변별하기 지도법

언어 교육에서 듣기와 말하기는 매우 밀접한 관계가 있다. 그리고 일반적으로 학생들이 듣기 능력이 좋으면 발음 능력도 좋은 편이다. 그래서 발음 지도 중 교사는 듣기와 말하기의 관계를 충분히 이용하여 훈련을 진행할 수 있는데 아래와 같은 두 가지 방식을 채택할 수 있다.

(1) 교사가 발음하고 학생으로 하여금 이를 듣고 발음을 변별하게 한다. 그런 다음 발음을 모방하거나 연습하게 한다.

(2) 한 학생이 발음하고 다른 학생들이 그 발음을 듣고 발음의 오류를 교정한다. 그리고 학생 혹은 교사가 정확한 발음을 시범 보인다.

이러한 방법은 발음을 변별하는 연습에 적합하며 학생들이 변별을 통해 중국어 발음에 대한 감지 능력을 향상시킬 수 있다. 예를 들어, 운모를 가르친 다음 학생들로 하여금 운모의 듣기 변별 연습을 시킬 수 있다. 예컨대 an과 ang을 가지고 한다면, 교사가 음을 읽고 학생은 음을 기억하게 한 뒤 이때 교사는 학생들로 하여금 방금 읽은 것이 an인지 ang인지를 구별하게 한다. 또, 교사가 정확한 음 하나와 틀린 음 하나를 읽은 뒤 학생들로 하여금 그 가운데 정확한 것을 가려내게 한다.

교육에는 어떤 정해진 방법이 없는 법이다. 위의 몇 가지는 단지 상용되는 방법을 소개한 것이며 학생들을 지도하면서 실제 상황에 맞게 다른 여러 가지 방법을 개발할 수도 있다. 예를 들어, 현대의 다중매체 기술이나 동영상 등을 이용하면 보다 입체적이면서 실용적으로 발음 지도를 할 수 있으며 지도 효과 또한 향상시킬 수 있을 것이다.

(二) 중국어 발음 지도의 형식

중국어 발음 수업은 항상 성모, 운모, 성조를 반복 학습하고 교정하는 식으로 이루어지며 배우는 내용은 주로 추상화된 표음부호인데 이 부호들은 대체로 읽거나 기억하기도 쉽지가 않다. 게다가 어떤 스토리도 없고 구체적인 상황이나 정황도 없어 학생들은 수업시간에 쉽게 지루해한다. 중국어 발음 학습은 학생들을 데리고 중국어 학습의 영역으로 들어가는 첫걸음인 셈이다. 그런데 만약 학생이 처음부터 중국어를 배울 용기와 흥미를 잃어 한 발짝도 전진하지 못하게 된다면 이러한 상황은 이후 그 학생의 중국어 학습에 먹구름을 드리우는 일이 된다. 어떻게 해야 중국어 발음 교육을 생동감 있고 흥미 있게 바꿀 수 있는가 하는 것은 바로 수많은 중국어 교사들이 항시 고려해야 할 문제이다.

발음 교육을 생동감 있고 흥미 있게 바꿀 수 있는 방법은 많이 있다. 예를 들자면, 잰말놀이 라든가 우스운 얘기 해주기, 중국어 노래 부르기 등 여러 형식이 있다. 이러한 형식을 운용할 때, 가르칠 내용을 중심으로 무미건조하고 재미없는 것을 흥미진진한 것으로 바꾸면 장악하기 어려웠던 것들도 쉽게 배우고 익힐 수 있게 된다. 또 수업 진도에 맞추어 약간의 게임을 부차적으로 편성하면 교실의 분위기도 긴장과 이완이 교차되어 한편으로 긴장되고 엄숙하면서도 또 편하고 활기차게 변할 수 있다. 아래에서 이러한 지도방법을 몇 가지 소개하고지 한다.

1. 발음을 지도할 때 가능하면 구체적인 스토리를 만든다.

발음을 가르칠 때, 그림이나 모양, 소리를 결합시켜 추상적 발음을 구체화, 형상화하여 학생들의 흥미를 유발할 수 있다.

예컨대, 네 개의 성조를 가르칠 때 다음과 같이 만화를 만들어 스토리를 설정한다.

> : 은희의 아버지가 그녀를 데리고 여행을 가는데 네 개의 길을 거쳐야 한다. 차가 먼저 평탄한 대로를 하나 건너자(第一声调ˉ) 예쁜 꽃들이 보였다; 두 번째 길엔 언덕이 하나 있어서 차가 위로 올라가야 했고(第二声调／) 그녀는 즐거웠다; 세 번째 길은 언덕을 내려왔다가 다시 올라가는데(第三声调ˇ), 그녀는 겁이 나서 곧바로 차를 붙잡았다; 네 번째 길은 산꼭대기에서 산 아래로 내려오는 것이다(第四声调＼), 마침내 도착을 해서 그녀는 매우 기뻤다.

이렇게 하면 학생들은 먼저 심리적인 감각이 생기게 되고, 여기에 다시 기타 수단을 보충해서 가르치면 학생들이 보다 쉽게 성조를 이해하게 될 것이다.

앞에서 언급했듯이 사성을 설명할 때 중요한 것은 바로 성조의 기본 값 정하기이다. 이 가운데 먼저 제1성으로 기본을 정하게 되는데 이때 학생들에게 아래와 같은 이야기 하나를 들려줄 수 있다.

> : "수호가 차를 몰다가 갑자기 앞에 긴급 상황이 발생하여 어쩔 수 없이 경적을 '띠~, 띠~'하고 눌렀다."

이렇게 하면 학생들은 자동차 경적소리를 참고하여 제1성을 높게 내게 된다. 바로 이런 식으로 하면 학생들이 매우 쉽게 이해하게 된다.

이러한 방법을 사용하면 발음을 지도하는 과정에서 건조하고 지루해 지는 것을 어느 정도 피할 수 있고 학생들의 적극성을 유발할 수도 있다.

2. 다양한 형식의 지도방법을 채택한다.

교사는 수업 중 여러 가지 형식의 방법을 채택하여 학생들의 적극성을 유발하고 학습 흥미를 이끌어 낼 수 있다. 대체로 교과서의 삽도나 그림, 카드 등의 보조 교육수단을 이용하여 학습을 도울 수 있다.

발음 지도를 할 때 특히 컴퓨터 보조 자료를 제작할 수 있는데 다음과 같은 예가 있다.

"두 어린이가 뛰면서 자모카드 'm'와 'a'를 밀면서 이를 빠르게 이어서 읽는다. 그럼 교사는 화면에 맞춰 성조를 넣어 한 음절을 만들어 읽는다. 이때 '妈'라는 한자와 함께 '엄마'의 화면이 등장하게 된다."

이러한 보조 자료의 생동감 있는 기능은 학생의 흥미를 유발할 수 있을 뿐 아니라 학생의 뇌와 눈과 입 모두를 움직이게 하고, 화면상에 보여주는 장면을 따라 'mā'라는 음절을 결합해 읽어낼 수 있게 한다.

3. 게임 활동을 통해 학생들을 움직이게 한다.

발음 지도 과정에서 만약 단순히 읽기 연습만을 한다면 매우 무미건조하여 학생들은 쉽게 지루해할 것이고 주의력 또한 집중되지 못한다. 학생들을 최대한 움직이게 하려면 학생들이 사지와 손 등으로 직접 활동하게 해줘야 한다.

예를 들어, 교사가 학생들을 연습시킬 때 네 개의 성조를 "四聲왕자"라고 칭한다. 그런 다음 학생들에게 일종의 쇼를 하게 한다. 즉, 교사가 성조 하나를 읽었을 때 그 성조왕자 역할을 하는 학생이 뛰어 나와 두 손과 팔의 경사도로 그 성조를 나타낸다. 이러한 지도 방법은 학생들이 활동을 좋아하거나 쇼를 좋아하는 심리를 만족시킬 수도 있고 또 한편으로 학생들로 하여금 아주 흥미진진하게 네 가지 성조를 익히게 할 수 있디.

4. 기타 방법

(1) 발음 읽기 시합

반 전체를 몇 개의 팀으로 나눈 후 교사는 성모 혹은 운모 카드를 하나씩 꺼내어 보여준다. 그러면 학생들은 손을 들어 서로 다투어 답을 한다. 교사는 가장 먼저 손을 든 학생에게 그 발음을 읽게 하고, 맞히면 그 조에 10점을 준다. 그렇게 하여 가장 많은 점수를 딴 팀이 우승팀이 된다.

(2) 음절을 듣고 발음 변별하기

모든 학생들에게 성모, 운모 카드를 준 후 교사는 'kao'와 같이 하나의 음절을 읽는다. 그러면 학생들은 그 음절 중의 성모 혹은 운모를 변별하고, 그때 해당 성모, 운모 카드를 갖고 있는 학생이 손을 들어 카드를 보여준다.

(3) 듣고 변별하기 시합

앞의 게임들과 유사한데 다만 경쟁 요소를 가미했다. 교사는 성모 혹은 운모 카드 몇 세트를 준비하고 반 전체를 두 팀 혹은 세 팀으로 나눈 후, 모든 사람에게 카드 한 장씩을 나눠준다. 교사가 신속히 어떤 성모 혹은 운모를 발음하면 그 카드를 갖고 있는 학생이 재빨리 일어난다. 가장 먼저 일어나는 사람은 2점, 그 다음은 1점, 일어나지 않은 사람은 0점을 주어 가장 많은 점수를 딴 팀이 우승이다.

(4) 발음 듣고 카드 떼기 시합

이 또한 학생이 발음을 듣고 변별하는 능력을 키우는 게임이다. 교사는 먼저 배웠던 성모, 운모를 카드에 두 조로 나누어 써서 각각 칠판 위에 붙여 놓는다. 그런 다음 학생들을 두 팀으로 나눈다. 게임이 시작되면 두 팀의 첫 번째 학생이 칠판 앞에서 기다렸다가 교사가 발음 하나를 말하면 이 두 학생은 즉시 교사가 읽은 발음의 카드를 칠판에서 떼어내어 교탁 위에 놓는다. 맞는 카드를 빠르게 떼어 내면 2점을 얻고, 맞긴 한데 느리면 1점을 얻는다. 그리고 틀리면 점수가 없다. 교사가 첫 번째 발음을 읽을 때 각 팀의 두 번째 학생은 앞으로 나와 대기한다. 첫 번째 학생이 카드를 다 떼어 내면 교사가 바로 다른 발음을 읽어 게임이 곧바로 계속 이어지게 한다. 가장 많은 점수를 딴 팀이 우승이다.

(5) 사과 따기

교사는 먼저 칠판 위에다 사과가 많이 매달린 사과나무 그림을 보여준다. 모든 사과에는 bao, dou, duo, po 등이 한 음절씩 쓰여 있다. 그리고 이어서 몇 개의 바구니를 꺼내 보여주는데 모든 바구니 마다 o, uo 등의 운모가 하나씩 붙어 있다. 몇 명의 학생을 앞으로 나오게 한 후, 교사가 한 음절을 읽으면 학생은 사과나무에서 그 음절이 적힌 사과를 따서 그 운모가 포함된 바구니 안에 담는다. 예를 들어, duo, kuo가 적혀 있는 사과는 uo란 운모가 붙어 있는 바구니 안에 담는다. 또 dou, kou가 적혀있는 사과는 ou란 운모가 적혀있는 바구니 안에 담는다. 가장 빠르게 그리고 가장 정확하게 하면 우승이다.

(6) 친구 찾기

학생들을 성모팀, 운모팀, 성조팀의 세 팀으로 나눈 후, 모든 학생 손에 카드 한 장씩 들게 한다. 그리고 그 위엔 음소부호(성모, 혹은 운모, 혹은 성조)가 하나씩 적혀있다. 그런 다음 그들로 하여금 이를 자유롭게 조합하여 매 조마다 공동으로 이 음절을 읽어내게 하는 것을 계속 반복시킨다. 어떤 조합의 경우는 중국어의 음절 시스템에서는 성립되지 않을 수가 있어서 이를 통해 자연스럽게 중국어 음절 조합규칙을 익히게 된다.

요컨대, 발음 교육은 학생과 교사 모두에게 있어 일종의 시험이라 할 수 있다. 중국어 교사는 실제상황과 결합하여 학생의 특징에 맞게 창조적으로 교실 활동을 만들어내야 하고 이로써 발음 수업이 부담 없고 활발하며 스피드가 있고 효율적인 것이 되게끔 해야 한다.

1. 중국어 발음 부위도

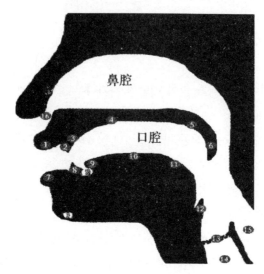

1. 上唇
2. 上齒
3. 上齒齦
4. 硬腭
5. 软腭
6. 小舌
7. 下唇
8. 下齒
9. 舌尖
10. 舌面
11. 舌根
12. 会厌 (喉盖)
13. 声带
14. 气管
15. 食道
16. 鼻孔

2. 중국어 발음표

(1) 성모표

병음자모	국제음표	병음자모	국제음표	병음자모	국제음표
b	[p]	l	[l]	z	[ts]
p	[p‘]	g	[k]	c	[ts‘]
m	[m]	k	[k‘]	s	[s]
f	[f]	h	[x]	zh	[tʂ]
d	[t]	j	[tɕ]	ch	[tʂ‘]
t	[t‘]	q	[tɕ‘]	sh	[ʂ]
n	[n]	x	[ɕ]	r	[ʐ]

(2) 단운모표(아래 운모는 홀로 쓰이거나 자음 뒤에만 쓰인다.)

병음자모	국제음표	병음자모	국제음표	병음자모	국제음표
a	[ɑ]	e	[ɤ]	u	[u]
o	[o]	i	[i]	ü	[y]

(3) 복운모표

병음자모	국제음표	병음자모	국제음표	병음자모	국제음표
ai	[ai]	ia	[ia]	ua	[ua]
ei	[ei]	iao	[iau]	uo	[uo]
ao	[au]	ie	[ie]	uai	[uai]
ou	[ou]	iou	[iou]	ui(uei)	[uei]
				üe	[ye]

(4) 비운모표

병음자모	국제음표	병음자모	국제음표	병음자모	국제음표
an	[an]	ing	[iŋ]	uan	[uan]
en	[ən]	ian	[iæn]	uang	[uaŋ]
in	[in]	iang	[iaŋ]	un(uen)	[uən]
ang	[aŋ]	iong	[yŋ]	ueng	[uəŋ]
eng	[əŋ]			üan	[yæn]
ong	[uŋ]			ün	[yn]

【주의사항】

① 한어병음은 일부 축약형식이 있어서 특별히 주의를 해야 하는데 완벽한 형식으로 표기할 수도 있다.

예) ui는 uei의 축약형, un은 uen의 축약형, ü는 j, q, x와 y 뒤에서 u로 표기한다.

② 얼화(兒化)표기는 음절의 맨 끝부분에 한다.

③ 모음의 음성적 표기 기억방법(그 중 대응하는 병음자모로 바꾸면 된다.)

: 한어병음 'a'는 5가지의 음성표기가 있다. ai, an, ia에서는 [a]로 표기하고, 자음 뒤 혹은 단독으로 사용 시엔 [ɑ]로 표기한다. ang, iang, uang, ao, iao, ua에서는 [a]로 표기한다. ian(혹은 yan으로도 쓴다)에서는 [æ]로 표기한다. 얼화에서는 [ɐ]로 표기한다.

: 한어병음 'o'의 특수 표기법으로 두 가지가 가능한데, [uŋ]은 병음으로 ong으로 쓰고, [yŋ]은 iong으로 쓴다.

: 한어병음 'e'는 4가지 음성표기가 있다. 자음 뒤 혹은 단독으로 사용할 땐 [ɣ]로 하고, ei, ui 에서는 [e]로 쓴다. ie, üe에서는 [ɛ]로 하고, en, eng, un, ueng, er에서는 [ə]로 한다.

: 한어병음 'i'는 3가지 음성표기가 있다. z, c, s 뒤에서는 [ɿ]로 하고, zh, ch, sh, r 뒤에서는 [ʅ]로 한다. 기타 자음 뒤에서는 [i]로 한다.

3. 중국어 성모, 운모 발음 방법

(1) 성모

b : 먼저 두 입술을 닫고 공기를 참다가 다시 갑자기 열어 공기가 스스로 뚫고 나가게 한다. 매우 가볍고 짧아 기류가 비교적 약하다.

p : 먼저 두 입술을 닫고 공기를 참다가 다시 갑자기 열어 밖으로 공기를 내뿜는다. 매우 가볍고 짧으나 기류가 비교적 강하다.

m: 두 입술을 닫고 공기를 막은 다음 발음할 때 기류가 비강으로 나오게 하며 성대가 진동한다.

f : 윗니로 아랫입술을 접촉한 후 발음 시에 기류가 치아와 입술 사이의 작은 틈으로 마찰되어 나가게 한다.

d : 혀끝으로 윗잇몸을 지탱하게 해 기류를 막았다가 혀끝을 갑자기 열

면서 미약한 기류를 토해내는데 성대는 떨리지 않는다.

t : 발음 동작은 d와 기본적으로 같으나 다른 점은 구강에서 내보내는 기류가 비교적 강하다는 점이다.

n : 혀끝으로 윗잇몸을 지탱하고 발음 시에 성대가 진동하며, 기류는 비강으로 나온다.

l : 혀끝으로 윗잇몸을 지탱하고 발음 시에 성대가 진동하며, 기류는 혀 양옆으로 나온다.

g : 혀뿌리 쪽을 위로 들어 연구개를 지탱하다가 갑자기 열어 비교적 약한 기류가 나온다. 가볍고 짧은 음이 나온다.

k : g와 발음방법이 대체로 유사하다. 다만 빠져나오는 기류가 비교적 강하다.

h : 혀뿌리를 연구개에 근접시켜 좁은 틈을 만들고 좁은 틈으로 기류를 내보낸다.

j : 혓바닥 앞부분을 들어 올려 경구개 앞쪽에 대고 살짝 떼어 좁은 틈을 만든다. 미세한 기류가 그 틈으로 빠져나온다.

q : 발음동작이 j와 기본적으로 같다. 다만 좁은 틈으로 나오는 기류가 비교적 강하다.

x : 혓바닥이 앞과 위로 향해 경구개 앞쪽에 접근시키고 기류는 혓바닥과 경구개 사이의 좁은 틈으로부터 빠져나온다.

z : 혀끝을 앞으로 평평하게 내밀어 윗니의 뒷부분에 대고 공기를 참았다가 혀끝을 살짝 떼어 좁은 틈을 만들어 기류가 자연스레 좁은 틈으로 빠져나가게 한다.

c : 발음동작은 z와 기본적으로 같으나 다만 좁은 틈으로 빠져나오는 기류가 약간 강하다.

s : 혀끝을 앞으로 평평하게 내밀어 윗니의 뒷부분에 접근시키고 그 사이에 좁은 틈을 만들어 기류가 그 좁은 틈으로 빠져나가게 한다.

zh : 혀끝을 들어 올려 경구개 앞쪽(윗잇몸의 뒷부분)을 지탱하고 살짝 떼어 기류가 좁은 틈으로 **빠져나가게** 한다.

ch : 발음동작은 zh와 대체로 같으나 다만 혀끝을 살짝 떼었을 때 나가는 기류가 비교적 강하다.

sh : 혀끝을 들어 올려 경구개 앞쪽에 접근시켜 좁은 틈을 만들고 기류가 거기로 **빠져나오게** 한다.

r : 발음동작은 sh와 기본적으로 같으나 발음 시에 성대가 진동한다.

(2) 운모

a : 입을 크게 벌려 혀가 가운데 있고 혀 바닥 중간을 살짝 올라오게 한다.

o : 입술을 동그랗게 오므려 혀가 뒤로 수축되고 혓바닥 뒤가 올라오게 한다.

e : 입을 반쯤 벌린 채 입가를 양쪽으로 벌려 혀가 뒤로 수축되고 혀뿌리가 살짝 들어 올려 진다.

i : 입을 작게 벌리고 혓바닥 앞을 높게 들어 입가를 양쪽으로 벌린다.

u : 두 입술을 힘껏 원형으로 오므려 중간에 작은 구멍을 만들고 혀를 뒤로 수축시킨다. u가 홀로 음절을 이룰 땐 'wu'로 쓴다.

ü : 두 입술을 납작하게 하여 원형을 만들고 거의 닫은 다음 혀를 앞으로 하여 아랫니의 뒷부분을 접촉하게 한다. ü 홀로 음절을 이룰 땐 'yu'로 쓴다.

ai : 앞의 a는 a 하나만 읽을 때보다 혀의 위치가 앞으로 가며 더 길고 크게 읽는다. 뒤의 i는 가볍고 짧고 애매하게 읽는데 이것은 단지 혀가 이동한 방향만을 표시할 뿐 실제로 혀가 i의 위치로 간 것은 아니다.

ei : e는 e 하나만 읽을 때보다 혀의 위치가 앞이고, 더 길고 크게 읽는다. 뒤의 i는 가볍고 짧고 애매하게 읽는다.

ui : u와 ei의 결합으로 〈한어병음방안〉의 uei의 축약형이다. 학습의 편의를 위해 일반적으로 단지 ui만을 가르치고 uei는 가르치지 않는다.

ui가 홀로 음절을 이룰 땐 wei로 쓴다.

ao : 먼저 a는 a 하나만 읽을 때보다 혀의 위치가 더 뒤이고 더 길고 크게 발음한다. 이어서 혀를 점점 올려, 입의 모양을 오므려 원을 만든다. o에 가까운 ü가 아니라 u에 가까운 음 ü를 발음한다. 가볍고 짧게 한다.

ou : 먼저 o를 발음한 후 이어서 입술을 점점 오므려 u음을 낸다. o는 길고 크게 발음하고 u는 가볍고 짧고 애매하게 발음한다.

iu : i와 ou가 결합된 것으로 〈한어병음방안〉의 iou의 축약형이다. iu 홀로 음절을 이룰 땐 you로 쓴다.

ie : i를 발음하는 것으로 시작하여 이어서 e를 발음한다. 구강을 반쯤 열고 중간에 공기가 끊어지지 않는다. ie 중의 e의 독음은 하나만 따로 읽을 때의 e와는 달라 [ê]로 읽는다. 즉, 반쯤 입을 열고 다시 양 옆으로 벌려 혀끝은 아랫니 뒤를 지탱하고 혀는 앞으로 향해 목에 힘을 쓴다. ie 홀로 음절을 이룰 땐 ye로 쓴다.

üe : ü로 시작한 다음 e로 가는데 입의 모양은 닫힘에서 열림으로 가고 중간에 공기가 끊어져서는 안 된다. 이때의 e는 그 발음이 ie의 e와 유사하다. üe 홀로 음절을 이룰 땐 yue로 쓴다.

er : e는 발음 시 혀의 위치를 표시하고, r은 권설동작을 표시한다. 단운모 e를 발음하는 동시에 혀를 말아서 경구개를 향하면 er 발음이 난다.

비음운모는 모음에 비음자음 하나를 첨가해 구성하는 운모이다. 보통화에서 운모 운미로 충당되는 비음자음은 단지 n과 ng 두 개 뿐이다. 전비운모의 비음운미는 n이고, 후비운모의 비음운미는 ng이다.

n : 혀끝으로 윗잇몸을 지탱하고 연구개를 내려 기류가 비강으로 나가게 한다.

an : 먼저 a음을 발음하고 나서 혀끝을 점차 올려 윗잇몸에 대고 n을 발음한다.

en : 먼저 e음을 발음하고 나서 혓바닥을 들어 올려 혀끝으로 윗잇몸을 지탱하고 기류를 비강으로 나가게 하여 n을 발음한다.

ian : 먼저 i음을 비교적 가볍고 짧게 발음하고 이어서 an을 발음하는데 i와 an의 결합은 다소 긴밀하다. ian 스스로 음절을 이룰 땐 yan으로 쓴다.

iang : 먼저 i를 발음하고 이어서 ang을 발음하여 일체로 만든다. iang 스스로 음절을 이룰 땐 yang으로 쓴다.

iong : 먼저 i를 발음하고 이어서 ong을 발음하여 일체로 만든다. iong 스스로 음절을 이룰 땐 yong이라 쓴다.

in : 먼저 i를 발음하고, 혀끝으로 아랫니 뒤를 지탱하고 혓바닥은 점차 경구개로 향한다. 기류를 비강으로 내보내 n을 발음한다. in 혼자 음절을 구성할 땐 yin으로 쓴다.

uan : 먼저 u를 발음하고 이어서 an을 발음한다. u와 an이 결합해 하나의 일체를 만든다. uan 스스로 음절을 이룰 땐 wan으로 쓴다.

uang : 먼저 u를 발음하고 이어서 ang을 발음한다. 이 둘을 합쳐 하나의 일체를 만든다. uang 스스로 음절을 이룰 땐 wang으로 쓴다.

un(uen) : 먼저 u를 발음하고 이어서 u와 en을 결합해 하나의 일체를 만든다. un 스스로 음절을 이룰 땐 wen으로 쓴다.

ueng : 먼저 u를 발음하고 이어서 eng을 발음한다. 이 둘을 합쳐 하나의 일체를 만든다. ueng 스스로 음절을 이룰 땐 weng으로 쓴다.

üan : 먼저 ü를 발음하고 이어서 an을 발음한다. ü와 an을 결합하여 하나의 일체를 만든다. üan 스스로 음절을 이룰 땐 yuan으로 쓴다.

ün : 먼저 ü를 발음하고 혀끝을 위로 올려 윗잇몸을 지탱해 기류가 비강으로 나가게 하여 n을 발음한다. ün 스스로 음절을 이룰 땐 yun으로 쓴다.

ang : 먼저 a를 발음하고 바로 이어서 혀를 뒤로 수축해 혀뿌리로 연구개를 지탱하여 기류가 비강으로 나가게 한다.

eng : 먼저 e를 발음하고 바로 이어서 혀뿌리를 뒤로 수축해 연구개를 지탱하여 기류가 비강으로 나가게 한다.

ing : 먼저 i를 발음하고 바로 이어서 혀뿌리를 뒤로 수축하고 연구개를 지탱하여 기류가 비강으로 나가게 한다. ing 스스로 음절을 이룰 땐 ying으로 쓴다.

ong : 먼저 o를 발음하고 바로 이어서 혀를 뒤로 수축해 혀뿌리로 연구개를 지탱하여 기류가 비강으로 나가게 한다.

참고문헌

[1] 胡炳忠. 1979. 四声连读与"辨调代表字" - 教学笔记[J]. 语言教学与研究(1)

[2] 林鸿. 2005. 普通话语音与发声[M]. 杭州：浙江大学出版社.

[3] 马燕华. 2007. 论对外汉语教学的语音难点与语音重点[C]. 汉语教学学刊·第 3 辑·"首届中青年学者汉语教学国际学术研讨会"论文集刊. 北京：北京大学出版社.

[4] W.F.麦基. 1990. 语言教学分析[M]. 北京：北京语言学院出版社.

[5] 申东月. 2010. 汉韩音节对比及汉语语音教学[C]. 第九届国际汉语教学研讨会论文选. 北京：高等教育出版社.

[6] 盛炎. 1990. 语言教学原理[M]. 重庆：重庆出版社.

[7] 施伟伟, 宋燕岚. 2010. 初级水平韩国大学生汉语声母习得偏误分析及教学策略研究 - 基于又松大学中文系一年级的语料分析. http://yywz.huedu.net/files/upfile/2010512135657124.doc.

[8] 宋春阳. 1998. 谈对韩国学生的语音教学 - 难音及对策[J]. 南开大学学报(3)

[9] 陶婵. 2009. 韩国学生学习汉语发音的常见问题及解决办法[J]. 文史资料(2 月号下旬刊)

[10] 屠爱萍. 2007. 对韩汉语语音教学的基本方法[J]. 现代汉语 (语言研究) (1)

[11] 王庆云. 2002. 韩国语中的汉源词汇与对韩汉语教学[J]. 语言教学与研究(5)

[12] 余诗隽. 2007. 韩国人学习汉语语音的偏误分析及其对策[D]. 华中师范大学硕士论文.

제 2 장
중국어 어법 교육의 기술과 방법

어떤 한 언어를 장악하기 위해서는 반드시 어법을 장악해야 한다. 어법은 언어 체계를 세우는 기본 틀로서 이 틀이 있기에 발음, 어휘 등의 요소가 그 의사소통 기능을 발휘할 수 있게 된다. 이러한 어법 교육은 바로 중국어 교육의 핵심 영역을 차지한다. 중국어와 한국어는 다른 어족에 속하므로 어법 규칙에서 큰 차이가 존재한다. 따라서 중국어 어법 학습은 한국 학생들에게 있어서 매우 중요한 것임과 동시에 하나의 난점 이기도 하다. 어법 교육의 수준은 교사의 경험을 반영할 뿐 아니라 교사의 실력을 반영할 수도 있다. 그러므로 어법 교육은 중국어 교사에게 있어 일종의 도전이라 할 수 있다.

一. 중국어와 한국어 어법 비교

중국어는 한장(漢藏)어족에 속하며 고립어인 반면 한국어는 알타이어족에 속하고 교착어이다. 중국어 어법 계통은 그 나름의 독특한 특징을 갖고 있기 때문에 중국어 어법의 특징과 한중 어법 체계의 차이점을 잘 이해한다면 중국어를 보다 더 효과적으로 가르칠 수 있게 된다.

(一) 한중 언어 어순 비교

중국어는 주로 어순과 허사(虛詞)에 의존하여 문장을 구성하며 그 기본 어순은 SVO(주어-서술어-목적어)이다. 중국어의 어순은 크게 4가지로 분류되는데 여기엔, 진술관계를 나타내는 '主謂구조', 수식관계를 나타내는 '定中 혹은 狀中구조', 지배관계를 나타내는 '動賓구조', 보충관계를 나타내는 '動補구조'가 있다.[14]

한국어의 기본 어순은 SOV(주어-목적어-서술어)이다. 예를 들어,

① 나는 너를 사랑해. (我爱你。)
　　我　你　爱

중국어의 어순은 비교적 엄격하여 일반적으로 어순을 바꾸는 것은 곧 의

---

14) 역주) 아래의 중국어 문장성분 용어에 기반한 구조 분류이다.
　① 주어- 主語, ② 목적어- 賓語, ③ 서술어- 謂語, ④ 관형어- 定語, ⑤ 부사어- 狀語, ⑥ 보어- 補語
　'謂語'는 수식성분 또는 목적어 등과 '述語'의 결합으로 이루어지며, 그 중 述語는 '술어동사'로도 쓰이기 때문에 여기서의 '동사'는 곧 '述語'를 의미한다. 그래서 '動賓구조'는 '述語+賓語', '動補구조'는 '述語+補語'를 말한다.

미의 변화를 의미한다. 예를 들어, "狗咬我"-"我咬狗"의 경우(단어는 모두 같으나 어순이 다르다), 전자는 "개가 나를 무는 것"이고 후자는 "내가 개를 무는 것"이란 뜻으로, 어순의 차이는 이처럼 의미가 완전히 달라지게 만든다. 이에 반해 한국어는 비교적 완벽한 기능표지들이 있어서 어순에 의해서 뿐 아니라 이들 표지에 의거하여 그들의 신분을 정확히 판단할 수 있다. 따라서 중국어에 비해 한국어의 어순은 비교적 자유로운 편이다.

② 어제 철수는 학교에 갔다. (昨天哲洙去了学校。)
③ 철수는 어제 학교에 갔다. (昨天哲洙去了学校。)
④ 철수는 학교에 어제 갔다. (昨天哲洙去了学校。)
⑤ 나는 도서관에서 책을 빌렸다. (我在图书馆借书了。)
⑥ 나는 책을 도서관에서 빌렸다. (我在图书馆借书了。)
⑦ 도서관에서 나는 책을 빌렸다. (我在图书馆借书了。)

(二) 한중 언어 형태 비교

중국어는 형태표지가 거의 없는 반면 한국어는 형태표지가 비교적 풍부하다. 그래서 한국어는 조사와 어미의 도움으로 어법관계를 표시할 수 있다. 예를 들어,

⑧ 제가 집에서 사과를 먹었습니다. (我在家里吃了苹果了。)

여기서 '-가', '-에서', '-를'은 각각 주격조사, 부사격조사, 목적격조사에 해당한다. 그리고 '-었-'은 과거시제어미이다. '-습니다'는 종결어미로 한 마디 말이 끝났음을 표시한다.

(三) 품사와 문장성분의 관계 비교

중국어의 경우 품사와 문장성분 간의 대응관계가 그리 단순하지 않다. 그러나 한국어의 품사와 문장성분은 비교적 간단한 대응관계가 성립되고 있다. 중국어에서 주어는 보통 명사가 담당하나 동사, 형용사 등의 위사성(謂詞性)성분도 주어가 될 수 있다. 또 중국어의 서술어로는 대개 동사나 형용사가 쓰이나 명사 등의 체사성(體詞性)성분 또한 서술어가 될 수 있다. 이에 비해 한국어의 주어, 목적어는 보통 명사가 담당하며 서술어는 동사 혹은 형용사가 담당한다. 만약 비체사성성분이 주어나 목적어 위치에 출현하고자 한다면 반드시 형태변화를 통해 명사화한 후에야 가능하다. 마찬가지로 비위사성성분이 서술어 위치에 출현하고자 한다면 역시 형태변화를 거쳐 동사나 형용사가 된 후에야 가능하다. 예를 들면, 다음과 같다.

a) 비체사성성분의 명사화
⑨ 나의 <u>기쁨</u>은 그의 슬픔이다. (我的快乐是他的悲伤。)
　我的　快乐　他的 悲伤 是 ('기쁨', '슬픔'은 형용사가 명사로 변한 것이다.)

b) 비위사성성분의 동사화
⑩ 우리는 결혼을 <u>결심했다</u>. (我们决定结婚。)
　我们　结婚　决心 ('결심하다'는 명사가 동사로 변한 것이다.)

한국 학생들이 중국어를 배울 때는 반드시 모국어의 간섭을 벗어나 중국어의 어순규칙에 적응해야 하며 중국어의 어순규칙을 이용해 의미를 이해하고 문장을 만들어야 한다. 어법 지도 과정에서 중국어 교사는 학생들이 중국어의 구조규칙을 잘 운용하고 또 중국어 구조의 의미관계를 잘 파악할 수 있도록 주의해서 훈련시켜야 한다.

(四) 한중 언어의 문장성분 생략 비교

중국어와 비교했을 때, 한국어의 문장성분 생략은 훨씬 더 자유롭다. 한국어의 주어, 목적어 등의 성분은 항상 생략될 수 있으며 어떤 경우 서술어조차도 생략할 수 있다. 예를 들면, 아래와 같다.

⑪ 밥(을) 먹었어? (吃饭了吗? - 주어 생략)
⑫ 벌써 다 읽었구나. (已经都读完了。- 주어, 목적어 생략)
⑬ 언제 귀국하십니까? (什么时候回国? - 주어 생략)
⑭ 왜 열심히 일하는 사람을 퇴직시키십니까?
    (为什么要辞退努力工作的人? - 주어 생략)
⑮ 언제든 오시려면 (먼저) 저한테 연락해 주세요.
    (什么时候想来的话, 先跟我联系一下。- 주어 생략)
⑯ ― 어디 가? (去哪儿? - 주어 생략)
    ― 집에. (家。- 주어, 서술어 생략)

(五) 조합규칙 비교

중국어는 각 층면(단어, 구, 문장 등)의 조합규칙이 동일한 특징이 있고, 한국어는 각 어법 단위 간의 경계가 비교적 분명하다. 중국어의 단어, 구, 문장의 조합규칙은 서로 통하여 이들은 기본적으로 모두 '主謂', '述賓', '偏正(定中, 狀中 포함)', '述補'의 조합규칙을 갖고 있다. 그런데 한국어는 이와 약간 달라서 어떤 복합어의 조합방식은 구와 같기도 하지만 어떤 복합어는 구와 다를 수 있다. 그리고 한국어 문장은 모두 특정한 어미로 끝을 맺기 때문에 구와 문장의 경계가 아주 분명하다.

한국 학생들이 만약 중국어에 있는 위의 몇 가지 조합규칙만 중점적으로 이해하면 중국어의 단어, 구, 문장 모두를 잘 이해하고 운용할 수 있게 되어 의사소통도 가능해 질 수 있다. 따라서 중국어 어법을 지도할 때 중국어의 상용 구조를 익숙하게 운용할 수 있도록 집중적으로 훈련시킨다면 학생들이 중국어 어구의 상용 형식을 보다 쉽게 익힐 수 있을 것이다.

(六) 어법 내용의 비교

중국어 어법 내용은 상대적으로 말하면 비교적 복잡한 편이다. 중국어에는 특정 허사를 이용한 把자문, 連자문 혹은 술보구조와 같은 독특한 표현 형식이 존재한다. 이러한 구문은 물론 한국어에는 존재하지 않으며 이것이 표현하는 의미 또한 중국어의 일반 구문과 다르다. 그리고 비교구문의 경우는 비록 한국어에 있긴 해도 중국어의 형식과 다르므로 역시 주의해야 한다. 이러한 점들이 바로 한국 학생들이 중국어를 학습할 때 느끼는 난점이라고 할 수 있다. 중국어 교사는 지도 과정에서 학생들이 이들 구문의 의미를 제대로 이해할 수 있도록 잘 지도해야 할 뿐 아니라 이를 정확하게 운용할 수 있도록 이끌어야 한다.

二. 한국 학생의 중국어 어법 오류

한국 학생들은 중국어를 학습할 때 항시 어법상의 오류를 범하곤 한다. 이들 오류는 일정 정도의 보편성을 갖고 있는데 그 원인을 보면 모국어의 간섭에 의한 것도 있고, 과도한 일반화에 의한 것도 있다. 본 절에서는 한국 학생들에게서 쉽게 발견되는 보편적이면서도 전형적인 오류들에 대해 분석하고자 한다. 이러한 오류 분석이 중국어 교사들이 중국어를 가르치는 과정에서 모종의 긍정적인 작용을 할 수 있기를 기대한다.

(一) 어순 오류

중국어와 한국어의 가장 큰 차이는 바로 어순의 차이이다. 즉, 한국어의 기본 어순은 '주어-목적어-서술어'라서 목적어는 주어 바로 뒤에 위치하게 되고 목적어와 주어에는 모두 형태표지를 첨가한다. 반면 중국어의 어순은 주어-서술어-목적어'이고 주어, 목적어 모두 형태표지가 없다. 예를 들어, 중국어로 "我吃饭"이라고 하면 한국어로는 "나(+주격표지) 밥(+목적격표지) 먹는다"라고 한다. 중국어를 처음 배우는 한국 학생들은 항상 모국어의 간섭현상(소위 '负迁移'현상)의 영향을 받게 된다. 예들 들면 다음과 같다.

① * 我们一块儿商店去吧。 - 我们一块儿去商店吧。
(우리 같이 상점에 가자.)
② * 你什么东西买吗? - 你买什么东西吗?
(어떤 물건을 살 거예요?)
③ * 他北京住在很长时间。 - 他在北京住了很长时间。
(그는 북경에서 산지 오래 됐다.)

④　＊每天下午我的衣服洗洗。－ 每天下午洗我的衣服。
　　(매일 오후 나는 옷을 빤다.)

이러한 예는 아주 많은데 특히 중국어를 처음 배우는 학생들에게 매우 보편적으로 나타나는 현상이다.

呂必松(1999)에 따르면 "제1언어의 어떤 특징, 원래부터 갖고 있던 생활 경험 및 민족적 습관 등이 어느 방면 혹은 어느 정도에 있어서 제2언어를 습득하는 과정에 간섭을 하거나 심지어 저항 작용을 하기도 한다."라고 한다. 한국 학생들은 분명 자신의 모국어인 한국어의 영향을 받게 된다. 위의 예는 바로 중국어를 처음 배우는 학생들이 쉽게 범하는 기본 어순 상의 오류이다. 그리고 중국어 학습 과정에서 어구의 길이가 점점 길어지거나 그 복잡한 정도가 증가하면 특히 수식성분의 어순에서 이러한 오류가 발생하곤 한다. 아래에서 이러한 한국 학생들이 자주 범하는 어순 오류를 분류하여 살펴보도록 하자.

1. 주술[主謂]구조 어순 오류

처음 중국어를 배우는 한국 학생들은 모국어 간섭현상의 영향을 받아 주어와 서술어의 위치를 거꾸로 하게 된다.

⑤　＊<u>结束高考</u>以后，你们什么做？－ <u>高考结束</u>以后，你们做什么？
　　(대학 입학시험이 끝난 후에 너희들은 무엇을 하는가?)

2. 술목[述賓]구조 어순 오류

⑥　＊上个学期，我中国文化课学了。－ 上个学期，我学了中国文化课。
　　(지난 학기에 나는 중국문화 수업을 들었다.)

⑦ * 她这个菜做很拿手。 — 她做这个菜很拿手。

(그녀는 이 음식을 아주 잘 만든다.)

⑧ * 韩国有老师教的地方。 — 韩国有教(培训)老师的地方。

(한국에는 교사를 양성하는 곳이 있다.)

⑨ * 我有很多汉语教过的经验。 — 我有很多教汉语的经验。

(나는 중국어를 가르친 경험이 많이 있다.)

3. 수량구조의 어순 오류

많은 학생들이 중국어의 수량구조(수사+양사)를 서술어의 앞에 놓는 오류를 범한다. 예를 들면 다음과 같다.

⑩ * 请再<u>一遍</u>说吧！ — 请再说<u>一遍</u>吧！

(다시 한 번 말씀해 주십시오.)

⑪ * 我在青岛<u>四年</u>住了。 — 我在青岛住了<u>四年</u>。

(나는 청도에 4년 살았다.)

⑫ * 啤酒<u>一瓶</u>请给我。 — 请给我<u>一瓶</u>啤酒。

(맥주 한 병 주세요.)

⑬ * 今天上午我<u>到十点</u>睡觉了。 — 今天上午我睡<u>到十点</u>。

(오늘 오전 10시까지 잤다.)

⑭ * 我汉语书<u>两本</u>有。 — 我有<u>两本</u>汉语书。

(나는 중국어 책이 2권 있다.)

사실상 이런 오류들은 모두 한국어의 어순 간섭현상의 영향을 받아서 생긴 것들이다. 한국어의 수량사는 주요동사 앞에 위치하기 때문이다.

4. 부사어[狀語] 위치의 오류

중국어 부사어의 위치는 비교적 고정되어 있어 대부분 서술어의 앞에 출

현한다. 그런데 일부 부사는 부사어로 쓰일 때 단지 술어 동사의 앞에만
출현하기도 한다. 반면 한국어의 부사어는 그 위치가 자유로워서 주어의
앞에 출현하기도 하고 주어의 뒤에 출현할 수도 있다. 이러한 한국어 특성
으로 인한 모국어의 간섭현상을 받기 때문에 일부 한국 학생들은 부사어의
위치를 잘못 놓는 오류를 범한다. 예를 들면 다음과 같다.

⑮ * 吃完饭，就我们出去玩了。 - 吃完饭，我们就出去玩了。
  (밥을 다 먹자마자 우리는 나가서 놀았다.)
⑯ * 三个小时的火车坐了，终于我们到了。 - 坐了三个小时的火车，
  我们终于到了。
  (3시간 동안 기차를 타고 드디어 도착했다.)

중국어에서 부사어의 배열순서는 대체로 다음과 같다.

"조건·목적 혹은 원인을 나타내는 전치사구[介賓短語] → 시간·처소
→ 어기(語氣)·빈도수[頻率] → 총괄(總括)·범위(範圍) → 부정(否定)
→ 정도(程度) → 양상[情態]·의거(依據) → 방향(方向)·노선(路線)
→ 대상(對象, 전치사구) → 동작의 묘사 → 중심어"

문장 가운데 여러 개의 부사어가 동시에 출현할 경우, 한국 학생들은 항
상 이 부사어들을 어떤 순서로 배열할지 모를 때가 많다. 예를 들면 다음과
같다.

⑰ * 我要对妈妈好好地聊天儿。 - 我要好好地跟妈妈聊天儿。
  (나는 어머님이랑 잘 이야기할 거야.)
⑱ * 弟弟也小的时候身体不是那么好。 - 弟弟小的时候身体也不是那
  么好。
  (남동생도 어렸을 때 그렇게 몸이 좋지 않았다.)

⑲ * 大家一起在运动场给老师大声地唱教师节歌了。

－ 大家在运动场一起大声地给老师唱老师节歌。

(다함께 운동장에서 선생님께 큰 소리로 스승의 날 노래를 불러

드렸다.)

⑳ * 先你们跟我念。－ 你们先跟我念。

(너희들이 먼저 나를 따라 읽어라.)

㉑ * 已经你们都学过了吗? － 你们都已经学过了吗?

(너희들 이미 배웠니?)

㉒ * 下课了，同学们往教室外边高高兴兴地出去。

－ 下课了，同学们高高兴兴地往教室外边走去。

(수업이 끝나니 다들 즐겁게 교실 밖으로 나간다.)

예 ⑳~㉒에서 한국어의 부사 '먼저', '이미', '즐겁게'는 그 위치가 자유자
재라 문장 가운데 출현할 수도 있고 문장 앞에 출현할 수도 있다. 한국 학
생들은 이와 같은 모국어 간섭현상 때문에 종종 위와 같은 오류를 범하곤
한다.

5. 관형어[定語] 위치의 오류

한국어의 관형어는 보통 중심어의 앞에 위치한다. 그래서 한국 학생들이
간단한 수식구조(定中구조)를 사용할 경우엔 오류가 적은 편이나 좀 복잡
한 관형어를 사용할 경우엔 쉽게 오류를 범하게 된다. 중국어의 경우도 여
러 관형어가 함께 출현할 수 있는데15) 이러한 다층의 관형어는 그 내부의
배열순서가 대체로 다음과 같다.

"영속(領屬) → 시간, 공간[時地] → 지시사[定指] → 수량(數量) → 묘사
[猫述] → 재료[質料] → 중심어"

---

15) 역주) 이를 소위 '다항정어(多項定語)'라고 한다.

학생들은 항상 이와 같은 다항정어의 어순 배열에서 오류를 범하곤 하는데, 예를 들면 다음과 같다.

㉓ * 老师是真聪明的一个人。 — 老师是一个很聪明的人。
(선생님은 참 똑똑한 분이시다.)

㉔ * 我没听懂司机的说话。 — 我没听懂司机说的话。
(내가 기사님의 말씀을 이해하지 못했다.)

㉕ * 那时候，过来了高高的一个先辈。 — 那时候，一个个子高高的师兄过来了。
(그때 키가 큰 선배가 왔다.)

㉖ * 去了东海的一个韩国人发现了那个地方。 — 一个去了东海的韩国人发现了那个地方。
(동해에 간 한국 사람이 그 곳을 발견했다.)

㉗ * 以前没学习过的很多的生词有了。 — 有了很多以前没学习过的生词。
(전에 배운 적이 없는 단어가 많이 있었다.)

㉘ * 最长你的留在记忆里的礼物是什么？ — 留在你的记忆里印象最深的礼物是什么？
(가장 인상 깊었던 선물은 무엇입니까?)

6. 보어(補語)위치의 오류

술보구조는 중국어의 주요 구조 유형의 하나지만 한국어의 문장에는 보어의 자리가 없다. 한국어에서 문장 맨 끝에 위치하는 것은 다만 서술어 성분으로 쓰이는 동사나 형용사일 뿐이다.

한국 학생들은 간단한 문장을 작문할 때, 만약 동사와 형용사가 동시에 출현하게 되면 모국어의 간섭을 받아 결과·정도·상태·수량 등의 성분을 동사 혹은 형용사의 앞에 놓으려고 한다. 예를 들면 다음과 같다.

㉙ * 我很多买了。 — 我买了很多。

(나는 많이 샀다.)

㉚ * 他在床上躺。 — 他躺在床上。

(그는 침대에 누워있다.)

그리고 어떤 학생들은 비록 보어의 용법을 배우긴 했지만 술보구조의 일
부 용법에 대해 아직 완벽히 익히지 못해 오류를 범하기도 한다. 예컨대
다음과 같다.

㉛ * 小伙子穿衣服得怎么样? — 小伙子穿衣服穿得怎么样?

(청년이 옷을 입은 게 어때요?)

7. 연동(連動)구조 중 목적어의 위치 오류

㉜ * 我和妈妈一起去旅行了桂林。 — 我和妈妈一起去桂林旅行了。

(나는 어머님과 계림에 여행 갔다.)

㉝ * 我能不能带去这本书? — 我能不能带这本书去?

(내가 이 책을 가지고 가도 돼요?)

연동구조의 목적어는 보통 제2동사의 앞에 출현한다. 그래서 정확한 어
순은 "동사1+목적어+동사2"이다. 그러나 한국 학생들은 종종 "동사1+동사
2+목적어"로 쓰기도 하는데 이는 중국어 어순 규칙의 과도한 일반화에 따
른 현상이다. 학생들은 작문을 할 때, 모국어 어순의 간섭을 벗어나려고 시
도하기 때문에 오히려 모든 동사를 다 목적어 앞에 놓으려 하게 되어 이와
같은 어순 오류가 발생하는 것이다.

이상에서 한국 학생들이 쉽게 범하는 몇 가지 주요한 어순 오류를 분석
해 보았다. 그런데 실제로 어순 오류는 한국 학생들이 범하는 여러 가지
유형의 오류들 중에서도 숭복되게 보인다. 아래에서 소개하는 일부 구문

오류들도 사실은 어순 오류의 문제와 결부된 것들인데 중복을 피하기 위해 여기선 다시 언급하지 않기로 한다.

(二) 동사 및 동사구조 사용의 오류

1. 품사[詞性] 오류

한국 학생들은 모국어의 영향으로 중국어 품사 사용에서 오류를 범하기도 한다.

㉞ ＊我爸爸对中国很有关心。 – 我爸爸很关心中国。
(아빠는 중국에 관심이 있다.)

㉟ ＊那个时候在韩国还没有汉语的流行。 – 韩国那个时候汉语还没有流行。
(그때 한국에서 중국어는 유행하지 않았다.)

㊱ ＊现在我正亲自经验着这样的事情。 – 现在我正亲自经历着这样的事情。
(지금 나는 직접 이런 일을 경험하고 있다.)

㊲ ＊结婚式上, 我祝福了妹妹的结婚。 – 在结婚仪式上, 我向妹妹祝福。
(나는 결혼식장에서 여동생의 결혼을 축하해줬습니다.)

예㉞~㊲은 품사의 오류이다. 중국어에서 '关心'은 동사이나 한국어의 '관심'은 홀로 쓰일 때 명사라서 항상 동사인 '있다'와 결합하여 사용된다. 중국어의 '流行'은 동사 혹은 형용사로 쓰이나 한국어의 '유행'은 '~하다'를 붙이지 않으면 명사로 쓰이기 때문에 위와 같은 오류가 나타나고 있다. 한국어의 '경험'은 명사이지만 '~하다'가 붙으면 '경험하다'로 동사가 된다. 그러나 중국어의 '经验'은 단지 명사로만 쓰인다. 한국어의 '결혼'은 명사이나 중국어의 '结婚'은 동사이고 "祝福结婚"이라 말할 수 없다.

이러한 모국어의 간섭뿐 아니라 어떤 경우는 학생들이 중국어 품사의 특성을 제대로 파악하지 못해 잘못 사용함으로써 오류가 발생하기도 한다.

㊳ * 我对汉语有感兴趣。 - 我对汉语感兴趣。

　　(나는 중국어에 관심이(흥미가) 있다.)

㊴ * 他服装得很好。 - 他穿得很好。

　　(그는 옷차림이 좋다.)

㊵ * 我今天坐打的回家。 - 我今天打的回家。 / 我今天坐出租车回家。

　　(나는 오늘 택시를 타고 집에 갈 것이다.)

㊶ * 科长责任那些工作。 - 科长负责那些工作。

　　(과장님은 그 일들에 책임을 진다.)

2. 자동사[不及物動詞] 사용의 오류

한국 학생들은 어떤 경우엔 중국어의 타동사와 자동사를 구분하지 못해 자동사를 타동사처럼 사용하기도 한다.

㊷ * 昨天我见面了我的朋友。 - 昨天我跟我的朋友见面了。

　　(나는 어제 친구를 만났다.)

㊸ * 他的发表很好, 我们鼓掌他。 - 他的发言很好, 我们给他鼓了掌。

　　(그가 발표를 잘해서 우리가 박수를 쳤다.)

㊹ * 结束高考以后, 你们干什么? - 高考结束以后, 你们干什么?

　　(대학 입학시험이 끝나면 너희들은 뭐 할거니?)

㊺ * 2000年, 我毕业延世大学。 - 2000年, 我从延世大学毕业。

　　(2000년에 나는 연세대학교를 졸업했다.)

㊻ * 韩国公司竞争日本汽车。 - 韩国汽车公司跟日本汽车公司竞争。

　　(한국 자동차 회사는 일본 자동차 회사랑 경쟁한다.)

㊼ * 雨很大, 我不能出去教室。 - 雨很大, 我不能去教室外边。

　　(비가 많이 내리고 있어서 나는 교실밖으로 나갈 수 없다.)

㊽ ＊去年我再失败了HSK考试。－ 去年我HSK考试又失败了。
(작년에 나는 또 HSK시험에 실패했다.)

이상의 예들 중 ㊷~㊼은 학생들이 주로 모국어 간섭현상의 영향을 받아 발생한 오류들이다. 그리고 ㊽의 예는 학생들이 중국어 품사 성질을 잘 파악하지 못해 발생한 오류이다.

3. 동사 혹은 동사구조 표현의 불완전성

중국어 중 일부 복합동사 혹은 동사구조는 결과나 방향 등을 나타내는 성분을 취할 수 있다.[16] 이때 학생들은 종종 동사와 결합하는 관련 성분(즉, 보어)을 빠트리고 동사 하나만 사용하여 완전치 못한 문장을 구성하게 된다.

㊾ ＊昨天晚上，我听了旁边宿舍吵架。－ 昨天晚上，我听见旁边宿舍在吵架。
(어제 밤에 나는 옆에 기숙사에서 싸우는 소리를 들었다.)

㊿ ＊在北大，我看了很多国家的学生。－ 在北大，我看到了很多国家的学生。
(북경대학교에서 나는 많은 나라에서 온 학생들을 보았다.)

(51) ＊那件事以后，我的女朋友变了一个奇怪的人。
－ 自从发生那件事以后，我的女朋友变成了一个奇怪的人。
(그 일이 발생한 후에 나의 여자 친구는 이상한 사람으로 변했다.)

(52) ＊先辈生气了，戴帽子就离开了。－ 师兄生气了，戴上帽子就离开了。
(선배는 화가 나서 모자를 쓰고 나갔다.)

(53) ＊听了这个消息，我们高兴地喊了。－ 听到这个消息，我们高兴地喊了起来。
(이 소식을 듣고 우리는 즐거워서 소리쳤다.)

16) 역주) 즉, '동사+결과보어', '동사+방향보어' 등의 구조를 말한다.

중국어에서 동사 혹은 동사구조가 결과 · 방향 등의 의미를 나타내려면 복합형식을 취해야 하므로 동사 뒤에 '到', '成', '上', '起來' 등의 관련 성분을 첨가해야 한다. 그러나 한국어에선 완성 등의 '상(aspect, 時態)'을 나타내기 위해 일반적으로 동사 뒤에 어미를 첨가한다. 양 언어 간에 이와 같은 차이가 존재하므로 중국어의 동사 혹은 동사구조의 표현 방법을 제대로 장악하지 못했을 경우 위와 같은 오류가 발생하게 된다.

4. 일부 구문에서 중복해야 할 동사 성분을 빠트린다.

⑸ *妈妈做饭得很好。 - 妈妈做饭做得很好。
(엄마는 요리를 잘 한다.)

⑸ *早上, 同屋洗澡了一个小时。 - 早上, 同屋洗澡洗了一个小时。
(아침에 룸메이트가 한 시간 동안 목욕을 했다.)

⑸ *小伙子穿衣服得怎么样? - 小伙子穿衣服穿得怎么样?
(청년이 옷을 입은 게 어때요?)

학생들은 주로 중국어에 존재하는 동사 중복 구문을 잘 익히지 못하여 이러한 동사 오류를 범하게 된다. 따라서 교사는 이런 구문의 경우 특수한 동사 형식이 요구된다는 사실을 분명히 짚어줘야 한다.

5. 동사의 부적합한 사용

⑸ *中国短时间得了很大发展。 - 中国在短时间内取得了很大发展。
(중국은 짧은 시간 내에 큰 발전을 이룩했다.)

⑸ *爸爸努力工作, 造成大家信赖的公司。 - 爸爸努力工作, 将公司打造成了大家都信赖的企业。
(아빠는 열심히 일해 모두가 신뢰하는 회사를 만들었다.)

예㊼은 주로 학생들이 어휘력이 부족하거나 중국어의 동사를 충분히 익히지 못해 발생한 오류이고, 예㊽은 어휘 의미의 어감상의 오류이다. '造成'은 중국어에서 부정적인 의미를 내포하고 있어 항상 좋지 않은 결과를 일으키는 것에 사용된다. 그러나 한국어의 이 단어에 해당하는 말에는 부정·긍정의 어감이 없다. 그래서 한국 학생들은 모국어의 영향을 받아 이와 같은 어감상의 오류를 범하게 된다.

(三) 형용사 및 형용사 구조 용법의 오류

1. 품사 오류

㊾　＊爸爸非常<u>可爱</u>我。 － 爸爸非常<u>爱</u>我。
　　（아빠는 나를 매우 사랑한다.）

㊿　＊好长时间, 我<u>很满意</u>我的生活。 － 很长时间以来, 我<u>对</u>我的生活<u>感到很满意</u>。
　　（나는 오랫동안 나의 생활에 만족해 왔다.）

61　＊我<u>抱歉</u>我的父母。 － 我<u>对不起</u>我的父母。
　　（나는 부모님께 미안하다.）

62　＊有的学生很<u>偷懒</u>。 － 有的学生很<u>懒</u>。
　　（어떤 학생들은 매우 게으르다.）

위의 상황은 바로 한국 학생들이 중국어의 형용사와 동사의 쓰임을 잘못 알아 빚어진 오류이다.

2. 형용사 중첩 오류

63　＊可现在, 您不在我身边, 我也<u>慢</u>会做饭、洗衣服。
　　－ 可现在, 您不在我身边, 我也<u>慢慢</u>学会了做饭、洗衣服。

(그러나 지금 당신은 내 곁에 없지만 나는 천천히 요리하는 것이
나 빨래하는 것을 배웠다.)

㉞ *如果提出来对他反对的意见的话， 首先要好听那个意见， 然后仔
细考虑自己的。
　－ 如果提出反对他的意见的话， 首先要好好听他的意见， 然后仔
细考虑自己的意见。
(만약 그에게 반대 의견을 제기하려면 우선 그의 의견을 잘 듣고
나서 자기 의견을 자세하게 고려해야 한다.)

㉟ *现在树上的叶子绿绿了， 很多花开着， 刮风也不多了。
　－ 现在树叶绿了， 花开了， 也不常刮风了。
(이제 잎도 푸르러지고 꽃도 피고 바람도 많이 불지 않는다.)

㊱ *虽然孩子不吸烟， 但是他们的肺像吸烟者一样黑黑。
　－ 虽然孩子不吸烟， 但是他们的肺像吸烟者一样黑。
(아이는 담배를 피우지 않지만 그들의 허파는 흡연자처럼 까맣다.)

한국 학생들은 형용사 중첩 용법을 잘 익히지 못해 중첩해야 할 것을 안
하고, 하지 말아야할 것을 중첩하는 등의 오류를 범하게 된다.

3. 용법의 오류

먼저 예문을 보자.

㊷ *他很努力， 所以他的汉语水平总是好。 － 他很努力， 所以他的汉
语水平总是很高。
(그는 열심히 하기 때문에 중국어 실력이 항상 좋다.)

㊸ *爸爸常常忙， 每天晚回家。 － 爸爸常常很忙， 每天很晚回家。
(아빠는 항상 바빠서 매일 늦게 집에 온다.)

㊹ *真没想到汉语这么太难！ － 真没想到汉语这么难！
(중국어가 이렇게 어려울 거라고는 정말로 생각지도 못했다.)

⑦ ＊来中国后，他的身体比较胖胖的。 － 来中国后，他胖了。
（중국에 온 후에 그는 뚱뚱해졌다.）

중국어에서 형용사는 일반적으로 단독으로 사용되지 않는다. 서술어로 사용될 때엔 보통 구를 이루거나, 아니면 앞에 정도부사를 붙이거나 뒤에 정보보어를 붙여 사용하게 되어 있다. 그런데 한국 학생들은 중국어 형용사의 이러한 특성을 잘 이해하지 못해 종종 ⑥⑦이나 ⑥⑧과 같은 오류를 범하곤 한다. 또한 중국어의 형용사는 일반적으로 지시나 정도를 나타내는 대명사(위의 '这么' 등)와 정도부사(위의 '太' 등)의 중복 수식을 받을 수가 없다. 그리고 형용사 중첩 이후엔 다시 정도부사의 수식을 받을 수도 없다. 그렇기 때문에 예⑥⑨, ⑦의 형용사 용법 사용에는 문제가 있는 것이다.
그 밖에 아래와 같은 상황들 또한 형용사 사용상의 오류로 지적되고 있다.

⑦① ＊朋友们都是很善良。 － 朋友们都很善良。
（친구들은 모두 착하다.）
⑦② ＊从头到脚都是很脏。 － 从头到脚都很脏。
（머리부터 발까지 다 더럽다.）
⑦③ ＊这里的东西都是很贵。 － 这里的东西很贵。
（여기의 물건은 비싸다.）
⑦④ ＊北京的天气是很干。 － 北京的天气很干燥。
（북경의 날씨는 건조하다.）

이와 같은 상황이 발생하는 원인은 한국 학생들의 언어 습관 때문이다. 한국 학생들은 한국어의 진술성 문장에서 '은/는' 등의 주격조사를 사용하게 되면, 이에 대응하는 중국어의 진술성 문장에서 항상 습관적으로 '是'를 사용하여 이를 나타내려고 한다.[17] 바로 이러한 영향을 받아 위와 같은 오

---

17) 역주) 이는 바로 "~은 ~이다."라는 한국어의 형식을 떠올려 그대로 중국어에 대응시키려고 하는 습관 때문인 것이다.

류들이 발생한 것이다.

아래 ⑮, ⑯은 형용사 결합, 즉 명사와 해당 형용사의 결합 상의 오류에 속한다.

⑮ * 那个经验给了我很大的印象。 - 那个经历给我留下了很深的印象。
    (그 경험은 나에게 깊은 인상을 줬다.)
⑯ * 你的声调很明确。 - 你的声调很准确。
    (너의 성조는 정확하다.)

(四) '了'의 오류

'了'는 중국어 어법에서도 가장 배우기 어려운 항목으로 한국 학생들도 이 '了'의 사용에서 비교적 많은 오류를 범하곤 한다.

현대 중국어의 '了'는 '了1'과 '了2'로 크게 둘로 구분할 수 있다 :

(a) '了1'은 동사 뒤에 쓰여 동작의 실현 또는 완성을 나타낸다.

(b) '了2'는 문장의 끝이나 문장 중의 휴지 부분에 쓰여 변화 혹은 새로운 상황의 출현을 나타낸다. '了2'는 구체적으로 아래의 몇 가지로 구분할 수 있다.

(1) 이미 출현했거나 앞으로 출현하려고 하는 어떤 상황을 나타낸다.
    : 下雨了。(비가 내린다.) | 春天了, 桃花都开了。(봄이 왔다. 복사 꽃이 피었다.) | 他吃了饭了。(그는 밥을 다 먹었다.) | 天快黑了, 今天去不成了。(날이 곧 저물어 오늘은 갈 수가 없게 되었다.)

(2) 어떤 조건 하에서 어떤 상황이 출현함을 나타낸다.
    : 天一下雨, 我就不出门了。(비가 오면 나는 안 나갈 것이다.) | 他 早来一天就见着他了。(그가 하루 더 일찍 왔더라면 그를 만났을 텐 데.)

(3) 인식, 생각, 주장, 행동 등에 변화가 있음을 나타낸다.

　　：我现在明白他的意见了。(나는 지금 그의 의견을 이해하게 되었
　　다.) | 他本来不想去, 后来还是去了。(그는 본래 가고 싶지 않았으
　　나 나중엔 가게 되었다.)

(4) 재촉 또는 만류를 나타낸다.

　　：走了, 走了, 不能再等了！(가자, 가. 더 이상 못 기다리겠다!) |
　　好了, 不要老说这些事了！(됐어, 더 이상 이 일에 대해 계속 애기
　　하지 마라!)

　중국어의 '了'는 일종의 '상(相)' 표지로서 '시제'와는 사실 관계가 없다.
그래서 과거·현재·미래를 나타내는 모든 문장에 다 이 '了'를 사용할 수
있다. 그런데 대다수의 한국 학생들은 '了'가 한국어의 과거 시제 어미인 '-
었(았/었/였)-'과 같고 과거시제만을 나타낸다고 여겨 많은 오류가 발생하
고 있다. 다음과 같은 예들이 있다.

⑦　* 你在什么商店买了？ － 你在什么商店买的？
　　(어느 가게에서 구입했습니까?)
⑦⑧　* 来北京后我常常病了。 － 来北京后我常常生病。
　　(베이징에 온 뒤로 나는 자주 아팠다.)
⑦⑨　* 我们刚开始了。 － 我们刚开始。
　　(우리는 방금 시작했다.)
⑧⑩　* 我今天起得很晚了。 － 我今天起得很晚。
　　(나는 오늘 늦게 일어났다.)
⑧①　* 我的汉语提高很快了。 － 我的汉语提高很快。
　　(나의 중국어 실력은 빠르게 성장했다.)
⑧②　* 最近, 我很努力学习了。 － 最近, 我学习很努力。
　　(최근에 나는 매우 열심히 공부했다.)

㉝ ＊这次放假回国高兴了吗? － 这次放假回国高兴吗?
　　(이번 방학에 귀국해서 좋았죠?)

　한국어의 동사는 문장의 끝에 출현하고 시제를 표시하는 어미 역시 동사
뒤에 첨가하게 된다. 그렇기 때문에 한국 학생들은 항상 모국어의 습관에
따라 '了'를 문장의 맨 뒤에 놓으려고 하는 습관이 있다.
　아래에서 한국 학생들이 '了'를 쓸 때 자주 범하는 오류를 분류하여 소개
한다.

1. '了1'의 주요 오류

(1) 부정문에 '了'를 잘못 첨가한 경우

　중국어 '了'의 부정형식은 '沒'이고 '沒'의 부정문에선 동사 뒤에 보통 '了'
를 첨가하지 않는다. 한국어의 과거시제 표지인 '었'과 중국어의 부정형식
용법이 완전히 대응되는 것이 아니기 때문에 한국 학생들은 종종 이러한
오류를 범하게 된다.

㉞ ＊我没买了那个礼物。 － 我没买那个礼物。
　　(나는 그 선물을 사지 않았다.)
㉟ ＊我没有看完了那本小说。 － 我没有看完那本小说。
　　(나는 그 소설을 아직 다 보지 못했다.)
㊱ ＊星期天没有洗澡了。 － (我)星期天没有洗澡。
　　(일요일에 씻지 않았다.)

(2) 위사성(謂詞性) 목적어를 갖는 동사, 인지심리동사, 비동작동사 뒤에
　　'了'를 첨가하는 경우

　중국어 문장에서 동사가 위사성 목적어를 가질 경우 동사 뒤엔 보통 '了'
를 첨가하지 않는다. 또한 인지심리동사(认为, 觉得, 喜欢, 担心, 伤心,

希望, 打算, 爱 등)[18] 뒤엔 보통 '了'를 붙이지 않는데, 인지심리를 표시하는 동사들은 구체적인 동작을 나타내지 않는데다가 그 자체에 지속의 의미도 갖고 있어 동작의 실현을 표시하지 않기 때문이다. 그리고 구체적인 동작을 표시하지 않는 '是', '像', '有', '在' 등의 뒤에도 '了'를 붙이지 않는데 역시 이들이 동작의 실현을 나타내는 것이 아니기 때문이다. 그런데 한국어에서는 이들 의미를 갖는 동사들과 과거시제 표지인 '었'이 결합할 수 있기 때문에 한국 학생들이 자주 오류를 범하게 된다.

(87) ＊我们决定了去上海。 － 我们决定去上海。
(우리는 상하이에 가기로 결정했다.)

(88) ＊我告诉了他我是韩国人。 － 我告诉他我是韩国人。
(나는 그에게 내가 한국사람이라고 말했다.)

(89) ＊听说妈妈身体不好, 我担心了妈妈。 － 听说妈妈身体不好, 我很担心妈妈。
(듣자하니 어머니가 몸이 안 좋다고 하셔서 나는 어머니를 매우 걱정했다.)

(90) ＊但是我那时候想了我是北大学生, 我可以进去里边。
－ 但是那时候我想我是北大学生, 我可以进去。
(하지만 그때 당시 내가 북경대학생이라서 안에 들어갈 수 있다고 생각했다.)

(91) ＊昨天我离开的时候, 很多同学还在了教室。
－ 昨天我离开的时候, 很多同学还在教室。
(어제 내가 떠날 때 많은 급우들이 교실에 남아있었다.)

(3) 연동문, 겸어문의 첫 번째 동사 뒤에 '了'를 첨가하는 경우

중국어의 연동문에서 '了'는 주요동사(보통 두 번째 동사가 해당됨) 뒤에 출현하게 된다. 그리고 겸어문에선 사역[使令]동사(使, 让, 叫 등)들이 비

18) 여기에 '忘'은 포함되지 않는다.

록 실현의 의미를 가지고 있지만 '了'를 붙일 수 없다. 한국어에서는 이러한 제한이 없고 과거시제 표지 '었'을 붙일 수 있기 때문에 학생들의 오류가 발생하곤 한다. 다음과 같은 예가 있다.

⑨ ＊我去了买衣服。 － 我去买了(一件)衣服。
(내가 가서 옷을 샀다.)
⑨ ＊那时候, 哥哥陪了妈妈去医院。 － 那时候, 哥哥陪妈妈去了医院。
(그때 오빠는 어머니를 모시고 병원에 갔다.)
⑨ ＊爸爸让了我来北大学汉语。 － 爸爸让我来北大学汉语。
(아버지는 나를 베이징대학교에 와서 중국어를 공부하게 시켰다.)

(4) '了'를 써야 함에도 쓰지 않는 경우

위의 세 경우는 '了'를 정확히 사용하지 못해 함부로 쓴 경우이고, 아래의 경우는 학생들이 '了'를 사용할 줄 몰라 '了'를 써야하는데도 불구하고 쓰지 않아 생기는 오류이다. 다음과 같은 예가 있다.

⑨ ＊明天下课, 我见面我的朋友。 － 明天下了课, 我跟我的朋友见面。
(내일 수업이 끝나고 나는 내 친구를 만날 것이다.)
⑨ ＊到北大, 我们马上找房子。 － 到了北大, 我们马上开始找房子。
(베이징대학교에 도착해서 우리는 바로 방을 알아보기 시작했다.)
⑨ ＊吃晚饭以后, 我们很多照片。 － 吃完晚饭以后, 我们照了很多照片。
(저녁을 먹고 난 뒤에 우리는 사진을 많이 찍었다.)

2. '了2'의 주요 오류

(1) '了2'의 남용

한국 학생들이 '了2' 사용상에서 범하는 오류는 주로 과도한 일반화 측면 에서 발생하고 있어서 대부분 쓸 필요가 없는데도 남용하는 사례가 많다.

⑱ ＊爸爸每天喝酒了。 － 爸爸每天喝酒。

(아버지는 매일 술을 드신다.)

⑲ ＊我回家的时候，妈妈正在看电视了。 － 我回家的时候，妈妈正在

看电视。

(집으로 돌아왔을 때 어머니는 TV를 보고 계셨다.)

⑩ ＊三年前我开始学习汉语了。 － 三年前我开始学习汉语。

(3년 전에 나는 중국어 공부를 시작했다.)

⑩ ＊我2000年结婚了，现在有两个孩子。 － 我2000年结婚，现在有两

个孩子。

(나는 2000년에 결혼했고, 현재 두 명의 아이가 있다.)

⑩ ＊上个学期，我和同屋互相学习了。 － 上个学期，我和同屋互相学习。

(지난 학기 나와 룸메이트는 서로 함께 공부했다.)

⑩ ＊刚到北京的时候，中国人说话的时候，我听不懂了。

－ 刚到北京的时候，中国人说话我听不懂。

(베이징에 막 도착했을 때 중국 사람이 하는 말을 나는 알아듣지

못했다.)

⑩ ＊看到同屋女朋友跟一起，我很吃惊了。 － 看到同屋跟女朋友在一

起，我很吃惊。

(룸메이트가 여자 친구와 함께 있는 모습을 보고 나는 매우 놀랐다.)

⑩ ＊老师的课真有意思了。 － 老师的课真有意思。

(선생님의 수업은 매우 재미있었다.)

⑩ ＊这次的事情很糟糕了。 － 这次的事情很糟糕。

(이번 일은 엉망이 되었다.)

⑩ ＊妈妈给我们四个孩子做饭，很辛苦了。 － 妈妈给我们四个孩子做

饭，很辛苦。

(어머니는 우리 네 명에게 밥을 해주느라 매우 고생하셨다.)

상기 예문들은 모두 과거에 발생한 일들이라 한국 학생들은 한국어의 과

거시제 '었'을 떠올려 '了'를 썼으나 사실 '了'가 불필요한 것들이다. 특히 예

⑱처럼, 중국어 문장 가운데 "常常, 经常, 通常, 往往, 总是, 从来, 向

来, 始终, 一向, 每, 一直, 不时, 不断" 등 지속성을 나타내는 부사나 시간사가 있을 경우 술어 동사는 일반적으로 동작의 실현을 나타내지 않기 때문에 '了'를 붙일 필요가 없다. 그리고 예⑨⑨처럼 중국어의 '진행'을 나타내는 경우 역시 동작의 실현을 표현할 수 없으므로 '了'가 불필요하다. 예⑩⑩의 경우처럼 동사 앞에 "开始, 刚刚, 刚, 才" 등과 같은 '개시' 혹은 '직전'을 나타내는 동사나 부사가 포함되어 있을 때 역시 '了'가 불필요하다. 예⑩①~⑩④의 문장들은 어떤 상황이나 상태, 심리 등을 진술·묘사하는 것이므로 보통 '了'가 필요 없다. 한편, '정도부사+형용사'가 서술어로 사용되면 이는 항상 어떤 상태에 대한 묘사나 평가가 되고 변화의 의미가 없게 된다. 그래서 ⑩⑤~⑩⑦의 '了'는 사족인 셈이고 만약 이를 제거하면 바로 상태에 대한 평가의 의미가 될 수 있다.[19)

(2) '了2'를 누락시키는 경우

어떤 경우 학생들은 '了'가 과거를 표시하는 조사로만 쓰인다고 착각하여, 현재 혹은 미래를 표시하는 문장이나 형용사가 서술어로 쓰이는 비시간문(즉 시제 표현이 없는 문장) 등에서 '了'를 빼먹기도 한다.

⑩⑧ * 我们就明天放假。 - 我们明天就放假了。
    (우리는 내일이면 곧 방학이다.)
⑩⑨ * 妹妹快要结婚。 - 妹妹快要结婚了。
    (여동생이 곧 있으면 결혼한다.)
⑩⑩ * 老师说太快! - 老师说得太快了。
    (선생님 말씀이 너무 빠르십니다!)

---

19) 형용사도 어떤 경우엔 상황의 변화를 표시할 수 있다. 예컨대, "天气冷了", "树叶绿了" 등이 바로 그렇다. 그런데 사실상 이때의 형용사는 이미 동사로 바뀐 것으로 볼 수 있어서 보통은 성노부사의 수식을 받지 못한다. 따라서 위의 ⑩⑤~⑩⑦예문들도 정도부사를 제거하면 상황의 변화를 충분히 표시할 수 있다.

한편, 중국어의 "不/沒+動詞"가 '상태의 변화'를 나타낼 때에는 뒤에 '了'를 첨가해야 한다. 그런데 이에 상응하는 한국어에 보통 과거시제 '었'을 쓰지 않기 때문에 한국 학생들은 자주 '了'를 빼먹곤 한다.

⑪ * 刚开始的时候, 我每天打工, 最近不打工。
　　－ 刚开始的时候, 我每天打工, 最近不打工了。
　　(처음에 나는 매일 아르바이트를 했는데, 요즘에는 아르바이트를 하지 않는다.)

⑫ * 我买了很多衣服, 现在没钱。－ 我买了很多衣服, 现在没钱了。
　　(나는 옷을 많이 사버려서 지금 돈이 없다.)

3. '了1'과 '了2'의 혼용

학생들이 '了1', '了2'의 차이점을 잘 몰라 이들을 혼용하는 경우도 있다.

⑬ 上个星期, 老师批评了我。
　　(지난주에 선생님이 나를 꾸짖으셨다.)

⑭ 在北京的时候, 我们去了故宫。
　　(베이징에 있을 때 우리는 고궁에 갔다.)

일반적으로 "동사+了1"의 문장은 문장을 끝내는 기능이 없다. 그래서 위의 두 문장은 문장 하나만 놓고 보면 거의 문제가 없어 보이나, '문맥'의 측면에서 보면 성립이 안 된다. 이들은 반드시 보조적 정보가 더 있어야 성립할 수 있다.

⑮ 上个星期, <u>因为没交作业</u>, 老师批评了我。
　　(지난주에 과제를 제출하지 않아 선생님께서 나를 꾸짖으셨다.)

⑯ 在北京的时候, 我们去了故宫, <u>还去了颐和园, 那些地方很有意思</u>。
　　(베이징에 있을 때 우리는 고궁과 이화원에 갔다. 그곳들은 매우

재미있었다.)

이에 반해, '了2'는 문장을 끝내는 기능이 있기 때문에 상기 문장들의 '了1'을 '了2'로 바꾸어 문장을 완성할 수 있다.

⑪⑦ 上个星期，老师批评我了。
(지난주에 선생님이 나를 꾸짖으셨다.)
⑪⑧ 在北京的时候，我们去故宫了。
(베이징에 있을 때 우리는 고궁에 갔다.)

이 밖에도 '어투'상의 오류 등 기타 방면에서 오류가 발생하기도 한다. 예컨대, 구어체에서는 서면어체 보다 '了'를 더 자주 쓰는 경향이 있는데, 여기서는 자세히 언급하지 않겠다.

(五) 조사(助詞) '的'의 오류

조사 '的'은 중국어에서 출현빈도가 가장 높은 어휘로 한국 학생들이 자주 오류를 범하는 것이기도 하다.

1. 모국어 간섭의 영향

(1) '的'의 누락

많은 한국 학생들은 중국어 구조조사 '的'와 한국어의 '-의, -ㄴ'이 일치한다고 생각하고 있다. 예컨대, "我的朋友(나의 친구)", "可爱的孩子(귀여운 아이)" 등과 같다. 그래서 어떤 학생들은 한국어 표현에서 '-의, -ㄴ'이 필요치 않은 경우라면 그에 상응하는 중국어 표현에서도 '的'가 불필요하다고 생각한다.

⑲　＊我已经当时失败中吸取了这样的教训。

　　－　我已经从当时的失败中吸取了这样的教训。

　　（나는 이미 당시(의) 실패에서 이러한 교훈을 얻었다.）

⑳　＊那些资金来源于我们国民。　－　那些资金来源于我们的国民。

　　（그 자금은 우리 국민으로부터 나온다.）

㉑　＊特别是自己事非自己干不可。　－　特别是自己的事非自己干不可。

　　（특히 자기 일은 자기가 하지 않으면 안 된다.）

(2) 불필요한 '的'의 첨가

위의 상황과 마찬가지로, 한국 학생들은 중국어 구조조사 '的'와 한국어의 '-의, -ㄴ'을 자주 혼동한다. 그렇기 때문에 모국어의 간섭현상을 받아, 한국어로 말할 때 '-의, -ㄴ'이 필요하다면 그에 상응한 중국어 표현에서도 '的'가 필요하다고 생각한다.

㉒　＊我的军队生活过了一段的时间以后，我也逐渐适应了。

　　－　我在军队生活过了一段时间以后，我也逐渐适应了。

　　（나의 군대 생활은 일정한 시간이 지난 후 내가 점차 적응하게 되었다.）

㉓　＊而且用一点的农药绝不会损害人们的健康。

　　－　而且用一点农药绝不会损害人们的健康。

　　（또한 약간의 농약 사용은 절대 사람의 건강을 해치지 않을 것이다.）

㉔　＊外祖父无可奈何地允许了他们的结婚。　－　外祖父无可奈何地允许了他们结婚。

　　（외할아버지는 어쩔 수 없이 그들의 결혼을 허락했다.）

㉕　＊他很谦虚，周到地帮助我的学习。　－　他很谦虚，帮助我学习很周到。

　　（그는 매우 겸손하고, 나의 공부를 세심하게 도와준다.）

이외에 위의 것들과는 약간 다른 경우로 한국인들은 강조를 표시할 때 항상 '~것이다'라고 말하는 습관이 있다. 바로 이러한 습관때문에 어떤 학생

들은 중국어로 강조를 표시하고자 할 때 역시 '的' 혹은 '是~的'를 첨가하곤
한다.

⑫ * 我们能组织成一个美好的家庭的。 - 我们能组成一个美好的家庭。
(우리는 아름다운 가정을 만들 수 있을 것이다.)
⑫ * 他想出来一个办法是装病的。 - 他想出来一个办法，就是装病。
(그가 생각해낸 방법은 꾀병을 부리는 것이다.)

2. 중국어 '的'의 용법을 잘 장악하지 못한 경우

중국어 '的'의 용법은 비교적 복잡하다. 만약 단어나 구의 뒤에 붙이면
'的'자문을 형성하여 그것이 가리키는 사람이나 사물을 대신할 수 있고, 또
평서문의 뒤에 붙이면 긍정의 어기를 나타낼 수 있다. 그런데 일부 한국
학생들은 이러한 '的'의 용법을 제대로 장악하지 못해 이를 **빼먹거나** 사족
으로 첨가시키는 오류를 범하곤 한다.

⑫ * 其中，最可行就是用化肥和农药种植农作物。
- 其中，最可行<u>的</u>就是用化肥和农药种植农作物。
(그 중에 가장 가능한 것은 바로 화학비료와 농약을 사용해서 농
작물을 재배하는 것이다.)
⑫ * 从客观的角度上说是最伟大。 - 从客观的角度上说这是最伟大<u>的</u>。
(객관적인 입장에서 말하면 (이것은) 가장 위대한 것이다.)
⑬ * 我们值得注意是上面说的…… - 值得我们注意<u>的</u>是上面说的……
(우리가 주의해야할 것은 위에서 말한 것……)
⑬ * 有一点污染<u>的</u>香喷喷的大米饭又有什么不吃呢?
- 香喷喷的大米饭哪怕脏点儿又怎么不能吃呢?
(향기로운 쌀밥인데 조금 더러워졌다 해서 먹지 못할 게 뭐가 있
느냐?)
⑬ * 你们的大女儿会坚持下去，取得好成绩。

- 你们的大女儿坚持下去的话，会取得好成绩的。
   (당신들의 큰딸이 끝까지 열심히 하면 좋은 성적을 얻을 것이다.)
⑬ * 有些人因为这歌流行的就不听，还说流行歌曲不好听。
   - 有些人因为这歌流行就不听，还说流行歌曲不好听。
   (어떤 사람들은 이 노래가 유행하니까 듣지 않다가 유행가는 듣
   기 싫다고 말한다.)

(六) 전치사 및 전치사구의 오류

한국 학생들은 중국어 전치사 학습을 어려워하기 때문에 오류도 많이 발
생하고 있다.

1. 전치사 어순의 오류

중국어는 고립어라 경우에 따라 전치사를 통해 단어들 간의 어법관계를
나타내게 된다. 전치사는 대개 명사 앞에 출현하여 그 명사와 함께 전치사
구를 형성하는데 이 전치사구는 일반적으로 술어동사 앞에 출현해 부사어
가 된다. 이에 비해 한국어는 주로 조사를 가지고 각 단어 간의 어법관계를
표시하므로 조사를 반드시 단어 뒤에 첨가해야 한다. 아래의 예를 살펴보
자. 여기서 중국어는 '大田'이라는 명사 앞에 전치사 '在'를 사용하고 있지만
이에 대응하는 한국어 해석에서는 '에서'라는 조사를 '대전시' 뒤에 첨가하
고 있다.

   ⑬ 我们在大田开会。
   (우리는 대전시에서 회의를 합니다.)

한국 학생들이 중국어 전치사 어순 오류를 범하게 되는 대표적 원인은
역시 한국어 어순의 영향 때문이다. 그래서 예⑬~⑬처럼 전치사를 체사성성

분 뒤에 놓는 경향이 있다. 또 어떤 경우는 중국어 전치사구를 서술어 앞에 놓아야한다는 사실을 잘 몰라 오류가 발생하기도 한다(예⑬~⑭).

⑬ * 他和爷爷奶奶一起首尔住在。 - 他和爷爷奶奶一起住<u>在</u>首尔。
(그는 할아버지, 할머니와 함께 서울에 산다.)

⑯ * 今天晚上王老师跟一起吃饭吧。 - 今天晚上(我们)<u>跟</u>王老师一起
吃饭吧。
(오늘 저녁에 왕선생님과 함께 밥을 먹자.)

⑰ * 这里的天气首尔跟一样。 - 这里的天气<u>跟</u>首尔一样。
(이곳의 날씨는 서울과 같다.)

⑱ * 我们见面北大东门在。 - 我们<u>在</u>北大东门见面。
(우리 베이징대학교 동문에서 보자.)

⑲ * 妈妈去欧洲，买给我很多礼物。 - 妈妈去欧洲，<u>给我</u>买了很多礼物。
(어머니는 유럽에 갔다 오시면서 나에게 많은 선물을 사다 주셨다.)

⑭ * 我学习汉语跟张老师。 - 我<u>跟张老师</u>学习汉语。
(나는 장선생님께 중국어를 배웠다.)

⑭ * 刚才来了，不熟悉对别的同事。 - 我刚来，<u>对别的同事</u>不熟悉。
(내가 온지 얼마 안 되어서 다른 동료들을 잘 모른다.)

2. 전치사 잘못 넣기

한국어는 교착어이기 때문에 조사 및 어미가 풍부하고, 행위자, 피동작주, 시간, 처소 등의 각종 의미역[語義角色]마다 그에 해당하는 표지가 다 있다. 이로 인해서 한국 학생들은 모국어의 영향을 받아 시간, 공간, 대상 등 의미를 갖는 단어 앞에 습관적으로 전치사를 첨가하는 경향이 있다. 이를 테면 아래의 예⑭~⑭이 여기에 해당한다. 또 어떤 경우엔 중국어의 타동사와 자동사를 잘 구분하지 못해 전치사를 잘못 첨가하는 오류를 범하기도 한다. 이러한 오류들은 일차적으로 모국어의 간섭현상을 강하게 받았기 때문이기도 하고, 한편으로 학생 스스로 중국어 동사에 대해 완전히 장악하지 못한 채 과도하게 유추를 했기 때문이기도 하다(⑭~⑮의 예).

⑭ * 我在1999年去北京。 - 我1999年去的北京。
　　(나는 1999년 베이징에 갔다.)

⑭ * 你在哪儿不舒服? - 你哪儿不舒服?
　　(어디가 아프십니까?)

⑭ * 我到在这儿的时候, 刚8点了。 - 我到这儿的时候, 刚8点。
　　(여기에 도착하자 8시가 되었다.)

⑭ * 回家想一想, 在下次课发表。 - 回家想一想, 下次课做报告。
　　(집에 가서 생각해 보고 다음 수업에 발표해라.)

⑭ * 关于这部分准备的话, 会得到好结果。 - 准备这部分的话, 会有
一个好结果。
　　(이 부분을 준비하면 좋은 결과를 얻을 수 있을 것이다.)

⑭ * 我要对你们问。 - 我要问你们。
　　(내가 너희에게 물어볼 게 있다.)

⑭ * 这件事同屋跟我告诉过好几次了。 - 这件事同屋告诉我好几次了。
　　(이 일은 룸메이트가 나한테 여러 번 말했었다.)

⑭ * 我对我的朋友教过汉语。 - 我教过我的朋友汉语。
　　(나는 내 친구에게 중국어를 가르쳐 본 적이 있다.)

⑮ * 我要帮助对汉语有困难的学生。 - 我要帮助汉语有困难的学生。
　　(나는 중국어를 어려워하는 학생들에게 도움을 주고 싶다.)

⑮ * 很抱歉对老师和同学们。 - 对不起老师和同学们。
　　(선생님과 반 친구들에게 매우 미안하다.)

3. 전치사 빼먹기

한국어 가운데 중국어의 전치사구와 유사한 구조는 "목적어+조사"이다.
따라서 한국 학생들은 이러한 모국어의 영향을 벗어나기 쉽지 않아 예⑮~
⑭처럼 항상 먼저 목적어부터 쓰거나 아니면 한 술 더 떠 아예 전치사를

생략하기까지도 한다. 또 어떤 경우에는 예⑮~⑲처럼, 중국어의 타동사와 자동사를 잘 구분하지 못해 자동사를 사용하면서도 전치사를 빼먹는 경우도 있다. 그리고 어떤 학생은 예⑯~⑯처럼, 중국어 표현방식을 잘 몰라서 전치사를 빼먹는 경우도 있다.

⑫ * 朋友2002年来青岛, 一直韩国公司工作。
  － 朋友2002年来青岛, 一直在韩国公司工作。
  (친구는 2002년에 청도에 온 후로 계속 한국 회사에서 일하고 있다.)
⑬ * 晚上, 我们想那个食堂吃饭。 － 晚上, 我们想在那个食堂吃饭。
  (우리는 저녁에 그 식당에서 밥을 먹고 싶다.)
⑭ * 我没有想到他那样不礼貌的话问我。 － 我没有想到他用那样不礼貌的话问我。
  (나는 그가 그렇게 무례한 말투로 나에게 물어볼 것이라고는 생각지도 못했다.)
⑮ * 我感兴趣中国。 － 我对中国感兴趣。
  (나는 중국에 관심이 있다.)
⑯ * 我马上回去, 联络女朋友。 － 我马上回去, 跟女朋友联系。
  (나는 바로 돌아가 여자친구에게 연락했다.)
⑰ * 韩国的泡菜都进口中国。 － 韩国的泡菜都从中国进口。
  (한국의 김치는 모두 중국에서 수입한다.)
⑱ * 我打工了中国翻译方面的工作。 － 我在和汉语翻译有关的公司打工。
  (나는 중국어 번역 관련 아르바이트를 했었다.)
⑲ * 去中国后, 我加深了解了中国文化。 － 去中国后, 我对中国文化的了解加深了。
  (중국에 간 후에 나는 중국문화에 대한 이해가 깊어졌다.)
⑯ * 老师, 请等那边。 － 老师, 请在那边等。
  (선생님, 저쪽에서 기다려 주십시오.)
⑯ * 这些书应该放桌子。 － 这些书应该放在桌子上。
  (이 책들은 책상에 올려놓아야 한다.)

4. 전치사의 잘못된 사용

한국어는 교착어에 속하므로 어법의미 상 한국어의 조사가 반드시 중국어의 전치사와 완전히 대응하지는 않는다. 예컨대, 한국어 조사 '~에', '~에게', '~에서' 등은 공간, 시간, 방향, 목적, 대상, 원인 등 여러 의미를 나타낼 수 있다. 그래서 한국어 조사 하나가 중국어의 여러 전치사에 대응할 수도 있다. '~에게'의 경우를 보자.

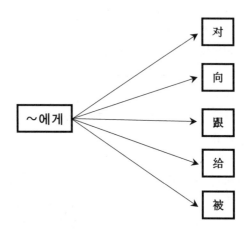

한국 학생들이 중국어 전치사를 잘못 사용하는 것은 주로 모국어의 영향을 받거나 중국어 전치사의 용법을 잘 변별하지 못하기 때문이다.

⑯ * 我希望我说的话给你们很多帮忙。 — 我希望我说的话，对你们有很多帮助。
(나는 내가 하는 말이 너희들에게 많은 도움이 되었으면 좋겠다.)
⑯ * 现在的课比以前的课不一样。 — 现在的课跟以前的课不一样。
(지금 수업은 예전 수업과 다르다.)
⑯ * 那时候爷爷很可怜，把我爸爸一起生活。
— 那时候爷爷很可怜，跟我爸爸一起生活。
(그때 불쌍한 할아버지는 아버지와 함께 생활했다.)

⑯ * 我从学习汉语就一直想怎么教好汉语。
　－ 我从学习汉语起，就一直想怎么教好汉语。
　（나는 중국어 공부를 시작할 때부터 줄곧 어떻게 하면 중국어를
　잘 가르칠 수 있을지 생각했다.）

　한국 학생들이 전치사구를 학습할 때 把字文 오류, 被字文 오류, 连字文
오류 등과 같은 오류를 범하기도 하는데 이들 중 어떤 것은 전치사구의 어순
오류에 속하기도 한다. 이에 대해 우리는 뒤에서 자세히 논의하기로 한다.

(七) 把자문의 오류

　把자문은 중국어의 독특한 구문으로 그 기본 형식은 "NP1(행위자)+把
+NP2(피동작주)+VP+기타"이다. 일반적으로 동작이 피동작주에 대해 어떤
적극적인 영향을 행사하여 어떤 결과를 만들거나 변화를 일으키거나 어떤
상태에 처하게끔 만드는 경우 이 把자문을 사용한다.

[把자문의 사용 규칙] :
(1) '把'의 목적어는 확정적인 것이어야 한다.
(2) 把자문의 동사는 단일한 동사 하나만 출현할 수 없고, 뒤에 보통 기
　　타 성분이 이어서 출현해야 한다. 이러한 기타 성분에는 "동사중첩
　　식", "동태조사 了", "보어", "목적어" 등이 있다.
(3) 아래와 같은 일부 동사들은 把자문에 출현할 수 없다.
　　ㅇ 감각·인지 동사 : 看见, 听见, 闻见, 感到, 感觉, 觉得, 以为,
　　　认为, 知道, 懂 등
　　ㅇ 존재·동등 동사 : 有, 在, 是 ; 不如, 等于, 像 등
　　ㅇ 심리 동사 : 同意, 讨厌, 生气, 关心, 怕, 愿意 등
　　ㅇ 신체 상태 동사 : 站, 坐, 躺, 蹲, 趴, 跪 등

○ 방향 동사 : 来, 去, 上, 下, 起来, 过去 등

(4) 부사, 조동사는 '把'앞에 출현해야 하며 동사 바로 앞에 나와서는 안
된다.

1. 한국 학생들은 처음 배울 때 把자문의 용법에 익숙하지 않아 항상 주요동사, 수식성분 및 어순 등의 방면에서 오류가 발생하곤 한다.

⑯ ＊他把那些东西都掉了。 － 他把那些东西都丢掉了。
(그는 그 물건들을 모두 버려버렸다.)

⑯ ＊女朋友从机场把我回到五道口。 － 女朋友把我从机场接到五道口。
(여자친구가 공항에서부터 우다코우까지 나를 데려다 주었다.)

⑯ ＊我把作业应该做完。 － 我应该把作业做完。
(나는 과제를 다 해야 한다.)

⑯ ＊你把每天的工作没有安排好。 － 你没有把每天的工作安排好。
(너는 매일 해야 할 일들을 제대로 계획하지 않았다.)

⑰ ＊哥哥把车站送到朋友了。 － 哥哥把朋友送到车站了。
(오빠(형)는 친구를 정류장까지 데려다 주었다.)

이상의 오류들은 한국 학생들이 把자문의 어법규칙을 충분히 장악하지 못
했기 때문에 발생한 것들이다.

2. 한국 학생들이 잘못된 지도를 받아 把자문을 남용하는 사례가 있다.

⑰ ＊他把汉语很努力学习。 － 他学习汉语很努力。
(그는 열심히 중국어 공부를 한다.)

⑰ ＊我和朋友把电影看。 － 我和朋友看电影。
(나는 친구와 영화를 보았다.)

⑰ ＊把生词掌握后，把它会说会写。 － 掌握生词后，要会说会写。

(단어의 의미를 이해하고 말하고 쓸 수 있어야 한다.)

⑭ ＊我把汉语选择我的专业课。 － 我选择汉语作为我的专业课。

(나는 중국어를 전공으로 선택했다.)

이상의 오류가 발생하는 원인은 학생들이 잘못된 지도를 받았기 때문인데 한국의 교재에서는 把자문을 항상 "주어+명사(목적어)+을/를+동사"의 형식으로 번역하고 있다.[20] 예컨대 다음과 같다.

⑮ 我把书放在桌子上。

(나는 책을 책상 위에 놓는다.)

⑯ 我把饭吃光了。

(나는 밥을 다 먹었다.)

이로 인해 일부 학생들은 대다수의 把자문 중 '把'를 아예 한국어의 목적격 조사인 '을/를'로 번역할 수 있다고 여겨 이러한 오류가 발생하게 된다.

3. 특히 많이 발견되는 현상은 학생들이 把자문 사용을 기피하여 반드시 把자문을 써야하는 상황임에도 쓰지 않는 것이다.

⑰ ＊他放行李在外面。 － 他把行李放在外面。

(그는 짐 가방을 밖에 두었다.)

⑱ ＊请你礼物给明浩。 － 请你把礼物带给明浩。

(선물을 명호에게 가져다주세요.)

---

20) 역주) 당연히 한국어 번역으로 '을/를'의 목적어로 처리하여 번역하게 된다. 그러나 여기서 필자가 지적하는 것은 학생들이 아예 把자문이 일반 술목구조와 차이가 없다고 느끼게 되어 한국어의 모든 목적격 고사 '을/를'을 붙일 수 있는 술목구조를 다 把자문으로 쓰려고 하는 문제가 발생하고 있는 것이다.

⑲　* 老师翻译那文章成中文的。 －　老师把那篇文章翻译成中文了。

　　(선생님은 그 문장을 중국어로 번역하셨다.)

⑳　* 人们都看做她老师。 －　人们都把她看做老师。

　　(사람들은 모두 그녀를 선생님으로 본다.)

㉑　* 大家干干净净打扫教室的。 －　大家把教室打扫得干干净净。

　　(다 같이 교실을 깨끗하게 청소했다.)

㉒　* 我的笔破了，请你的笔我借一下，好吗?

　　－ 我的笔坏了，请把你的笔我用一下，好吗?

　　(제 펜이 고장 났어요. 당신의 펜을 빌려주시겠어요?)

㉓　* 用了两个月的时间，我这件事终于完成了。

　　－ 用了两个月的时间，我终于把这件事做完了。

　　(2달이라는 시간이 걸려 나는 이 일을 마침내 다 끝냈다.)

㉔　* 她这本书还给同屋了。 －　她把这本书还给同屋了。

　　(그녀는 이 책을 룸메이트에게 돌려주었다.)

(八) 피동문의 오류

중국어에서 어떤 문장들은 피동의미를 나타내기도 한다. 이들의 행위자는 대부분 전치사인 '被', '叫', '让' 등의 뒤에 출현하게 되고, 주어는 동작의 피동작주가 된다. 기본 형식은 "NP1(피동작주)+被+NP2(행위자)+VP+기타"이다.

피동문 사용 시엔 아래와 같은 몇 가지를 주의해야 한다.

　1) 피동문은 대부분 수동적 의미를 나타낸다.

　2) 피동문은 把자문과 마찬가지로 그 동사들은 '처치'의미를 갖는 동사여야 한다. 피동문에 쓰일 수 있는 동사의 범위는 把자문보다 좀 넓어 '看见', '听见' 등의 감각동사, '知道', '认为' 등의 인지동사들도 피동문에 쓰일 수 있다. 그러나 인체부위 동작과 관련된 동사들, 예컨대 '举(손)', '抬(머리)', '踢(다리)', '睁(눈)' 등은 피동문에 쓰이지 않

는다.

3) 피동문의 NP1, 즉 '피동작주'는 확정적이어야 한다.

4) 피동문의 서술어는 단일한 동사만 출현하면 안 되고, 동사 뒤에 결과보어 등의 기타 성분이 출현해야 한다.

5) '被'를 사용하는 피동문에서 NP2는 출현하지 않을 수 있으나, '叫', '让' 등이 '被'를 대신해 사용될 경우 NP2는 반드시 출현해야 한다.

6) 피동문이 부정의미를 나타낼 경우, 부정사는 '被' 앞에 출현해야 한다.

한국어의 피동문에는 아래와 같은 세 가지가 있다.

(1) N+이+V

(2) N1+이+N2+에게+V

(3) N1+이+N2+에게+N3+을/를+V

그 구조와 의미 등이 당연히 중국어와 다르기 때문에 학생들이 모국어 간섭현상의 영향을 받아 오류가 발생하곤 한다. 예를 들면 다음과 같다.

⑱ *一个手机被他摔坏了。 - 那部手机被他摔坏了。
   (그 휴대폰을 그가 던져서 고장 났다.)
⑱ *钱包他被弄坏了。 - 钱包被他弄坏了。
   (지갑이 그로 인해 망가졌다.)
⑱ *衣服被同屋脏了。 - 衣服被同屋弄脏了。
   (옷이 룸메이트에 의해 더럽혀졌다.)

먼저 ⑱를 보면, 한국어의 NP1은 불확정적인 체사성(體詞性) 성분이어도 되나 중국어의 NP1은 반드시 확정적인 체사성 성분이어야 한다. 이 때문에 학생들이 모국어의 영향을 받아 오류가 발생한 것이다. 그 다음 ⑱의 경우 모국어의 영향을 받아 '被'의 위치가 잘못되었고(한국어의 '~에게'가

조사로 행위자 뒤에 나오기 때문에) ⑱은 VP가 잘못되었다('脏'이란 형용사 하나만으로는 피동문의 술어를 구성하기 어렵다).

한국어 피동문의 경우, 의미지향[21]이 피동작주 NP1인 VP만 출현하고 행위자 NP2를 지향하는 VP는 출현하지 않는다. 그러나 중국어의 경우 의미지향이 NP2인 VP가 출현하지 않을 수 없다. 그렇지 않으면 비문이 된다. 예컨대 다음과 같다.

⑱ *灰尘被风起来了。(柳英绿, 2000) － 灰尘被风**刮**起来了。
(먼지가 바람에 날린다.)

잘못된 예를 더 살펴보자.

⑲ *一个洞衣服上被烧了。 － 衣服上被烧了一个洞。
(옷에 구멍 하나가 뚫렸다.)

한국어와 중국어 피동문 NP1[22]의 두 번째 차이점은 "중국어 NP1은 처소성 단어로 충당될 수 있으나 한국어의 NP1은 그럴 수가 없다(柳英绿, 2000)."는 것이다. 그래서 학생들은 ⑲와 같은 오류를 범하게 된다.

---

21) 역주) 어법구조 중의 한 성분(단어 등)이 의미상에 있어서 그 구조 중에 있는 또 다른 성분과 직접적인 의미관계를 갖는 것, 즉, 의미상 직접적으로 다른 성분을 설명하는 것을 '의미지향'이라 한다. 위의 ⑱의 경우, VP인 '刮起来' 중 동사인 '刮'가 NP2인 '风'을 의미상 직접적으로 설명하고 있다. 즉, '바람'이 부는 것이다. 그리고 방향보어인 '起来'는 피동작주인 NP1 '灰尘'을 지향한다. 즉, '먼지'가 일어나는 것이다. 그러나 일반적으로 한국어의 경우, "먼지가 바람에 날린다."라고 했으면 VP인 '날린다'는 NP1인 '먼지'만을 의미지향하게 되고 '바람'을 지향하는 성분은 없다. 이것이 바로 한국과 중국 피동문의 중요한 차이이다. 또 다른 예로 "내가 그에게 맞았다."라는 한국어 피동문에서 '맞다'라는 VP는 단지 NP1인 '나'만을 의미지향하지 나를 때린 행위자 NP2인 '그'를 지향하지는 않는다.

22) 위와 같은 처소성 단어의 NP1은 한국어에서의 위치가 중국어와 같긴 하나 한국어에서는 이를 NP1으로 간주하지 않고 단지 피동문의 한 부분으로만 취급한다. 이 부분은 대학원생인 叶恩贤의 교정이 있었다. 그렇지만 여기서는 독자들의 이해를 위해 그냥 NP1으로 한다.

어떤 경우에는 학생들이 완전하게 중국어 피동문 용법을 장악하지 못해 오류가 발생하기도 한다. 다음과 같은 예가 있다.

⑲⓪ * 他被电脑修好了。 − 电脑被他修好了。
　　(그가 컴퓨터를 수리했다.)
⑲⓵ * 运动员被大家举了。 − 运动员被大家举了起来。
　　(사람들이 운동선수를 들어올렸다.)
⑲⓶ * 我昨天让骗了。 − 我昨天让人骗了。
　　(나는 어제 속았다.)

특히 강조해야할 사항이 있는데, 중국어에서는 모든 피동문들이 반드시 '被', '叫', '让' 등의 전치사를 사용해 행위자를 표시하지는 않는다는 점이다. 오히려 상당수의 피동문들이 '被', '叫', '让'을 사용하지 않고도 피동의 의미를 나타내고 있다. 일반적으로 말해 만약 주어(피동작주)가 무생물 명사이면 전체 문장이 수동적인 의미를 나타내게 되고 이때 보통 '被', '叫', '让'을 쓰지 않게 된다.

한국 학생들은 바로 이러한 점을 잘 파악하지 못해 중국어 피동문을 너무 일반화시켜서 사실상 표지를 사용하지 않아도 되는 피동문에 '被'자를 첨가하기도 한다. 다음과 같은 예가 있다.

⑲⓷ * 面包被吃完了。 − 面包吃完了。
　　(빵을 다 먹었다.)
⑲⓸ * 上星期, 我的钱包被丢了。 − 上星期, 我的钱包丢了。
　　(지난주에 내 지갑을 잃어버렸다.)
⑲⓹ * 衣服被洗干净了。 − 衣服洗干净了。
　　(옷이 깨끗하게 빨렸다.)
⑲⓺ * 去年, 爸爸的病被治好了。 − 去年, 爸爸的病治好了。
　　(작년에 아버지의 병이 치료되었다.)

⑲⑦ * 这个事被女朋友感动了。 - 这件事感动了女朋友。
(여자 친구는 이 일에 감동받았다.)

어떤 경우는 문장이 수동적인 의미를 나타내더라도 '被'자를 써야 하는 경우가 있는데 학생들이 오히려 이를 쓰지 않아 오류가 발생하기도 한다. 다음과 같은 예가 있다.

⑲⑧ * 在北京的时候，家人担心我传染。 - 在北京的时候，家人担心我被传染。
(베이징에 있을 때 가족들은 내가 전염될까봐 걱정하셨다.)

(九) '連'자문의 오류

'連'자문은 중국어에서 강조를 나타내는 구문으로 그 기본 형식은 "명사+連+체사/위사(강조부분)+都/也+동사구조"이다. 한국 학생들의 경우 이러한 連자구문 용법을 잘 장악하지 못해 아래와 같은 오류가 발생하곤 한다.

⑲⑨ * 他很有感兴趣，连什么东西都买。 - 他很感兴趣，什么东西都买。
(그는 매우 관심을 가지고 어떤 물건이든 모두 구입하였다.)
⑳⓪ * 爸爸很忙，晚上连一分钟也没休息工作。
  - 爸爸很忙，晚上连一分钟也没休息，继续工作。
(아버지는 매우 바쁘셔서 저녁에 쉴 틈도 없이 계속 일하셨다.)
⑳① * 早上我8点起床，我连饭都不吃出发了。
  - 早上我8点起床，连饭都没吃就出发了。
(나는 아침 8시에 일어나서 밥도 안 먹고 출발했다.)
⑳② * 我们很累，连洗澡都不洗就睡觉了。 - 我们很累，连澡都没洗就睡觉了。
(우리는 너무 피곤해서 씻지도 않고 잤다.)

예⑲는 의문대명사 '什么'를 가지고 강조하는 문장이므로 '連'자구문으로 다시 강조를 하지 않아도 된다. 예⑳과 ㉑은 '連'자문과 후속 문장이 뒤섞여 있을 때는 반드시 따로 분리해 표현해야 함을 보여주고 있다. 예㉒는 학생들이 '이합사(離合詞)'인 '洗澡'의 특수용법을 잘 몰라 발생한 오류로, 連자문에서는 이합사 중 뒤의 성분(주로 목적어)을 앞으로 이동시켜서 표현해야 한다.

(十) '除了'구문의 오류

중국어의 '除了'구문에는 아래의 두 가지가 있다.

(1) 除了……(以外 / 之外 / 外), 还 / 也…… : 이것은 '첨가'를 나타낸다.
(2) 除了……(以外 / 之外 / 外), 都 / 全…… : 이것은 '배제'를 나타낸다.

학생들은 위와 같은 '除了'구문의 구분과 용법을 잘 몰라 아래와 같은 오류를 범하곤 한다.

㉓ *除了中国菜, 我都喜欢法国菜。 － 除了中国菜, 我还喜欢法国菜。
(우리는 중국음식 말고도 프랑스 음식도 좋아한다.)
㉔ *除了上海, 什么地方你还去过? － 除了上海, 你还去过什么地方?
(당신은 상하이말고 또 어디를 가보셨습니까?)
㉕ *除了麻婆豆腐以外, 我都喜欢任何中国菜。
－ 除了麻婆豆腐以外, 任何中国菜都喜欢。
(나는 마포또우푸를 제외하고 모든 중국 음식을 좋아한다.)

예㉓은 위의 두 종류를 혼동한 것이고, 예㉔, ㉕는 용법상의 오류이다. 중국어의 두 종류 '除了'구문은 그 문장 구성에서 차이가 있다. '첨가' 관계를 나디내는 '除了'구문은 동사가 의미상의 '피동작주'가 있다면, 일반적으로 그 피동작주를 술어동사 '뒤'에 놓아야 한다. 만약 ⑳의 예처럼 술어동사 앞에 두면 틀리게 된다.

'배제' 의미를 나타내는 '除了'구문의 경우 주어가 단수인 문장에는 쓰일 수 없다. 보편성을 갖는 어휘가 술어동사의 피동작주로 쓰이게 되면 '都/全'을 사용해 배제관계를 나타낼 수 있다. 그러나 이때 보편성을 갖는 어휘는 동사 뒤에서 목적어로 쓰여서는 안 되며 반드시 앞에 출현해 예⑳처럼 '보편성을 갖는 주어'가 되어야 한다.[23]

(十一) 비교구문의 오류

1. 어순 오류

먼저 아래의 예문들을 보자.

⑳ *比我你好。 ─ 你比我好。
(네가 나보다 낫다.)

⑳ *你汉语流利比我。 ─ 你的汉语比我流利。
(너는 나보다 중국어가 유창하다.)

⑳ *我教高中学生时满足比教别的学生。 ─ 我教高中学生比教别的学生更有成就感。
(나는 다른 학생을 가르칠 때보다 고등학생을 가르치는 것이 더 만족감이 있다.)

⑳ *跟姐姐的衣服她的衣服一样。 ─ 姐姐的衣服跟她的衣服一样。
(언니의 옷과 그녀의 옷은 같다.)

⑳ *这座山那座山一样高。 ─ 这座山跟那座山一样高。
(이 산은 저 산만큼 높다.)

---

23) 역주) 즉, 위의 예에서 '任何中国菜'가 술어 동사인 '喜欢' 뒤에 쓰여서는 안 되고 위의 예처럼 앞에 쓰여야 한다.

중국어의 "A+比+B+형용사" 비교구문은 한국어로 표현할 때 그 어순이
보통 "A+B+比+형용사"와 같이 된다. 예컨대,

⑪ 상하이는 베이징보다 크다.
　　上海　　北京　比　大

그러나 한국어는 격표지가 있기 때문에 그 어순이 비교적 자유롭다. 예
를 들어, "你比我好。"란 중국어 문장은 위의 예⑪과 같은 어순으로 하여 아
래 ⑫처럼 할 수도 있고

⑫ 네가 나보다 좋다.

아니면 아래 ⑬처럼도 할 수 있다.

⑬ 나보다 네가 좋다.

따라서 한국 학생, 특히 초학자들의 경우 모국어의 영향으로 어순의 혼란
이 발생하여 예⑳, ⑳, ⑳과 같은 오류가 발생하기도 한다.
중국어의 "A+跟+B+一样"은 한국어에서 "A는 B와/과 같다." "A는 B와/과
비슷하다." "A는 B와/과 마찬가지다."로 표현한다.

⑭ 이 옷은 그 옷과 같다.

한국 학생들이 비록 "跟……一样"의 형식을 배우긴 했으나 모국어의 영
향으로 '跟'을 어디에 놓아야 할지 몰라 ⑳와 같은 오류를 범한다.
중국어의 "A+跟+B+一样+형용사"는 한국어에서 "A는 B만큼 +형용사" 혹
은 "A는 B처럼 +형용사"로 표현한다.

㉕ 이 산은 저 산만큼 높다. (这座山和那座山一样高。)

한국 학생들은 모국어 간섭의 영향을 받아 ㉑과 같은 오류를 범한다.

2. 관형어의 중심어 생략 오류

㉖ * 他的跟我的书一样。 - <u>他的书</u>跟我的(书)一样。
(그의 책과 나의 책은 같다.)

중국어에서 비교를 나타내는 A, B 두 항의 구에서 그 중심어 명사가 같다면 뒤의 명사는 생략이 가능하다. 예를 들어, "他的衣服和我的 (衣服)一样。"처럼 뒤의 명사를 생략할 수 있다. 그런데 한국어의 비교구문에서 A, B 두 항의 구에 같은 중심어 혹은 서술어가 있다면 앞이나 뒤 둘 중 하나를 생략할 수 있다.

㉗ 我买的书跟他买的(书)一样。[24]
a. 내가 산 책은 그가 산 책과 같다.
b. 내가 산 책은 그가 산 것과 같다.
c. 내가 산 것도 그가 산 책과 같다.

한국 학생들은 종종 한국어 어순에 의해 작문을 하기 때문에 위와 같은 오류가 발생하곤 한다.

3. 형용사의 수식성분 오류

㉘ * 哥哥比他<u>很</u>聪明。 - 哥哥比他聪明。
(형은 그보다 똑똑하다.)

---

24) 柳英绿, 2002.

㉑ ＊日语比英语不难。 －　日语<u>不比</u>英语难。

(일본어는 영어보다 어렵지 않다.)

㉒ ＊这件衣服没有那件衣服<u>很</u>贵。 －　这件衣服没有那件衣服贵。

(이 옷은 저 옷보다 비싸지 않다(싸다).)

㉑ ＊首尔没有北京大<u>一些</u>。 －　首尔不比北京大。

(서울은 베이징보다 크지 않다(작다).)

㉒ ＊韩国不如日本<u>大得多</u>。 －　韩国不比日本大。

(한국은 일본보다 크지 않다(작다).)

중국어 비교구문에서는 비교 결과를 나타내는 형용사 앞에 "很, 非常, 尤其, 特别, 十分, 真, 可, 挺, 够" 등과 같은 정도부사를 붙일 수 없다. 다만, "A+比+B+형용사" 비교구문에서 형용사, 동사 혹은 술어구 뒤에 구체적인 정도나 수량을 나타내는 보어를 첨가하여 '차이'를 나타낼 수 있다. 예컨대, "这件毛衣比那件毛衣大一些／得多／一寸"처럼 한다. 그러나 "A+不如 +B+형용사"나 "A+有/没有+B+형용사" 등의 비교구문은 이러한 구체적 정도 혹은 수량의 보어를 첨가할 수 없다. 그리고 "A+比+B+형용사" 비교구문에서 부정부사 '不'는 '比'의 앞에 놓아야지 뒤의 형용사나 동사 앞에 놓아서는 안 된다.

상술한 오류는 주로 학생들이 중국어 비교구문의 어법규칙을 제대로 장악하지 못해 발생되는 것들이다.

三. 중국어 어법 교육의 기술

한국인을 위한 중국어 어법 교육은 크게 네 가지 단계로 나누어 진행한다. 그것은 바로 "어법 항목의 선택", "어법 항목의 소개", "어법 항목의 설명", "어법 항목의 훈련"이다. 아래의 각 절에서 이들을 소개한다.

(一) 어법 항목의 선택

1. 주요한 것과 부차적인 것의 구분

중국어 어법은 비교적 복잡하고 또 어법의 항목도 많아 중국어 지도 과정에서 모든 항목을 다 가르치는 것은 불가능하다. 그러므로 반드시 필요한 어법 항목들을 정선하여 어법지도를 진행해야 한다. 뿐만 아니라 선별된 어법 항목에 대해서 주요한 것과 부차적인 것의 구분, 즉 어떤 것이 중점적으로 가르쳐야 하는 것이고, 어떤 것이 일반적인 내용인지에 대해 구분하여야 교육 효과를 높일 수 있다.

교육의 실천 측면에서 볼 때, 어법 항목을 선별하여 지도하는 것은 두 가지 요소를 고려해야 한다. 첫째는 중국어 어법 자체의 특징이고 둘째는 한국 학생들이 중국어 어법 습득시의 특징이다.

중국어의 기본어순, 기본 구문(예를 들어, '吗'를 이용한 의문문)등 일부 어법 항목은 중국어 어법 자체의 특징으로 볼 수 있다. 이들의 경우 비록 중국어와 한국어 간의 차이가 크긴 하지만 사실 한국 학생들에게 있어 그렇게 어렵게 느껴지는 내용은 아니므로 일반적인 것으로 소개하고 훈련시켜도 좋을 것이다. 사실상 어법교육의 중점 사항으로 봐야할 것들은 바로 한국 학생들이 항상 그리고 쉽게 틀리는 그런 어법 항목들이다. 이들은 비로 학생들이 중국어 어법을 습득하는 과정에서 나타나는 대표적인 난점들로서 교사에게 있어서는 곧 중국어 어법 교육의 중점 항목이 된다. 그것은 예컨대, 복잡한 문장의 어순이라든가 '了', '着', '過'의 용법(그 중 특히 '了'가 중점 가운데 난점이다.), 전치사의 용법, 보어, '把'자문, 무표지 피동문, 형용사 술어문, 비교구문 등이다.

2. 선후의 확정

지도상의 중점 항목들을 확정한 후, 이 항목들의 지도 선후를 고려해야 한다. 다시 말해, 무엇을 먼저하고 무엇을 나중에 해야 하는지 그리고 먼저 어떻게 가르치고 또 나중에 어떻게 가르쳐야 하는지를 고려해야 한다.

1) **쉬운 것을 먼저하고 어려운 것을 나중에 한다(先易後難).** 한국 학생들의 습득 과정을 살펴보면, 어법 항목 가운데 쉽고 어려움의 구분이 존재한다. 이럴 땐 마땅히 쉬운 것을 먼저 습득하고 어려운 것을 나중에 습득하게끔 해야 하며 간단한 것을 먼저 하고 복잡한 것을 나중에 습득하게 해야 한다. 이렇게 해야지만 습득 규율에 부합하며 동시에 뒤에 배울 것에 대한 기초를 다질 수가 있다. 예컨대, 한국 학생들에게 있어 부사어는 보어보다 쉽게 접수할 수 있으므로 먼저 부사어를 가르치고 나서 보어를 가르친다. 그리고 把자구문을 가르칠 때엔 먼저 보어와 무표지 피동문을 가르친 뒤에 상대적으로 복잡한 把자문을 가르쳐야 한다. 왜냐하면 대부분 把자문의 동사 뒤엔 보어가 출현하게 되고 또 사실상 무표지 피동문을 포함하기 때문이다.

2) **순서에 따라 점진적으로 한다(循序漸進).** 하나의 어법 항목 내에는 항시 여러 개의 규칙이 포함되어 있다. 따라서 어법을 강의할 때, 한 번에 모든 어법 규칙을 학생들에게 다 가르쳐서는 안 되며, 주요하고 상용되는 어법규칙부터 먼저 학생들에게 가르친 후 특수하고 상용되지 않는

어법규칙을 나중에 가르친다. 예를 들어, '了'에는 많은 용법이 있기 때문에 학생들의 상황에 따라 설명해야 하다. 만약 초급 정도의 수준이라면 학생들에게 '了'가 "동태조사이고 상표지이며 시간과는 관계가 없고, '了1'은 실현 혹은 완성을 나타내고, '了2'는 상태의 변화를 나타낸다." 등의 내용을 먼저 설명하면 된다. 그리고 기타 용법, 예를 들어, "太+형용사+了" 형식 중 '了'가 어기조사의 용법이 있다는 등의 내용은 중급 수준에서 가르치도록 한다.

(二) 어법 항목의 소개

어법 항목의 소개는 어법 지도의 첫 걸음으로, 가르칠 어법 항목들을 학생들에게 소개하여 학생들이 그 어법 항목의 규칙, 용법에 대해 초보적인 인상을 갖게끔 하는 것이다. 교사는 어법 항목을 기교 있게 소개하여 학생들의 흥미를 유발시키고 어려움을 저하시켜야 한다.

상용되는 어법 항목 소개 방법에는 '실물, 도구, 지도, 사진 등을 이용하여 소개하기', '동작을 이용하여 소개하기', '듣고 쓰기, 질문, 대화 등의 방법으로 소개하기' 등이 있다.

1. 물건 직관 소개법

실물, 도구, 지도, 사진 등 직관적인 물건을 이용하여 어법을 소개하는 방법으로, 예컨대 학생에게 '除了'구문의 "除了……都/全……", "除了……也/还……" 등을 강의한다고 하면 실물 물건을 이용하여 어법을 소개할 수 있다. 아래의 예는 지도를 이용하여 설명하는 것이다.

(교사가 중국 지도 한 장을 꺼낸다.)
教师 : 玄哲, 你去过哪儿?

玄哲 : 我去过上海。

(교사가 '상해'에 표시를 한다.)

教师 : 你还去过哪儿?

玄哲(다음과 같이 대답할 수 있다) : 我还去过哈尔滨。

(교사는 '하얼빈'에 표시를 한다.)

教师(말하면서 칠판에 쓴다) : 玄哲除了去过上海，也／还去过哈尔滨。

教师 : 恩贤，你去过哪儿?

恩贤 : 我去过西安。

(교사가 '서안'에 표시한다.)

教师 : 你还去过别的地方吗?

恩贤(다음과 같이 대답할 것이다) : 我没去过别的地方。

教师 : 恩贤除了去过西安，别的地方都／全没去过。好，我们今天讲 "除了"句……

2. 몸동작 소개법

교사는 또 몸동작의 시연을 통해서 어법 항목을 소개할 수 있다. 예컨대 동태조사 '着'의 "동사1+着+동사2"구문을 동작의 시연을 통해 소개할 수 있는데, 교사는 동작을 해보이면서 동시에 문장을 말한다.

(시연) 교사가 걸으면서 전화를 한다. - 老师走着打电话。

(시연) 교사가 앉아서 책을 본다. - 老师坐着看书。

……

3. 의사소통식 소개법

주로 듣고 쓰기, 질문하기, 대화하기 등의 방식을 이용해 소개한다.

'듣고 쓰기'는 학생들에게 과문을 충분히 예습, 복습하도록 한 다음 어법 항목이 들어 있는 문장을 들려주고 이를 칠판에 쓰게 한다. 예를 들어 '的'의 한 용법, 즉 "술어 동사 뒤에 쓰여 과거의 일에 한정하여 이 동작의 행위자 혹은 시간, 지점, 방식 등을 강조하는 것"을 설명한다면 학생에게 다음과 같이 칠판에 쓰게 한다.

谁买<u>的</u>书？
他昨天来<u>的</u>。
我是在车站买<u>的</u>票。

그런 다음 설명을 시작한다.

　질문하기와 대화하기는 교사와 학생 또는 학생 상호 간의 의사소통을 통해서 어법 항목을 소개하는 것이다. 예를 들어 비교문을 설명한다면:

教师 : 明浩，你多高？
明浩 : 我一米七二。
教师 : 东永，你多高？
东永 : 我一米八。
教师 : (말하면서 칠판에 쓴다) 东永比明浩高。这是我们今天学习的语
　　　法 － 比较句……

질문하기와 대화하기 방법은 비교적 자연스러워서 학생들이 주제에 대하여 사고하게 하거나, 학생들의 주의를 이끌어내는데 있어서 매우 편리하며 특히 학생들의 적극성을 유도할 수 있다.

(三) 어법 항목의 설명

　어법 항목의 설명은 어법 항목을 소개한 기초 위에 진행한다. 어법 항목의 설명은 일반적으로 어법 항목의 형식, 의미, 기능 세 방면에서 진행한다

《崔永华, 杨寄洲, 2002).

먼저 어법 항목 형식의 설명은 일반적으로 어법 격식의 기본구조, 변형 구조(예컨대, 해당 격식의 긍정형, 부정형, 의문형 등), 필요성분(예컨대, 把 자문의 보어 등), 어법 성분의 배열 순서(예컨대, 시량보어), 허사의 위치 등이 해당된다. 의미에 대한 설명은 학생들에게 어법 항목의 의미 특징에 대해 알려주는 것으로, 예를 들어 把자문이 주관적 처치라는 의미특징을 나타낸다는 것 등이다. 기능에 대한 설명은 주로 어법 항목의 기능과 사용 환경에 대해 설명하는 것으로 부사 '老'의 기능 설명을 예로 들자면 다음과 같이 설명할 수 있다. "동사 앞에 쓰여 어떤 동작, 행위 또는 상태가 비교적 긴 일정한 시간 동안 지속적으로 발생하거나 항상 중복 출현하는 것을 나타내며, 특히 말하는 이가 진술한 행동에 대해 소극적인 평가를 하는 것을 나타내는데 "他老迟到。"같은 것이 있다."

자주 사용되는 어법 항목 설명의 기교에는 '공식법', '사진도구 설명법', '정경 시연법', '언어설명법' 등이 있다.

1. 공식법

고정된 부호를 사용하여 어법 격식을 공식처럼 나열하는 것으로, 예컨대 중국어 비교문을 가르칠 때 아래와 같은 공식들을 열거할 수 있다('Adj'는 형용사를, 'V'는 동사를, 'Num'은 수량사를 나타낸다.).

(1) A 比 B+Adj　　　　　　　　中国比韩国大。
(2) A 比 B+Adj+Num　　　　　这件衣服比那件衣服贵50块钱。
(3) A 比 B+V+Num　　　　　　今年的产量比去年增长了一倍。
(4) A 比 B+早/晚/多/少+V+Num　哥哥比弟弟早结婚一年。
(5) A+V+得+比+B+Adj+得多　　他跑得比我快得多。
(6) A 比 B+更/还＋V/Adj　　　弟弟比哥哥还喜欢运动。

바로 이러한 공식들을 통해 중국어 비교문의 주요 어법 격식을 학생들에게 아주 분명하게 보여줄 수 있는데, 명료하기 때문에 기억하고 이해하기가 매우 편리하다.

2. 사진도구 설명법

예컨대, 현재 막 진행되고 있는 동작이나 상태를 설명할 때는 아래의 그림 (1), (2)를 이용할 수 있고, 방향보어를 설명할 때는 그림(3)을 이용할 수 있다.

(1) 爸爸正在吃汉堡包。 (2) 东浩踢足球呢。 (3) 丽丽走下楼来。

시간 표현법을 설명할 경우, 특히 시계 등의 도구를 이용하여 학생들에게 설명할 수 있다. 그리고 교사는 'Stick figure(선으로 간단하게 그리는 그림, 简笔画)'를 배워 수업 시간에 칠판에 직접 그려서 해당 표현을 설명할 수도 있다.

3. 정경 시연법

교사는 교실 내의 공간이나 물건을 이용하여 현장을 시연하거나 학생들에게 직접 시연을 하도록 시킬 수도 있다. 이렇게 하여 학생들은 설명하는 장면을 직접 모의 체험해봄으로써 어법 항목을 이해할 수가 있다.

예를 들어 把자문을 설명할 때, 교사는 학생들이 보는 앞에서 책 한 권을 책상에 놓은 다음 "我把书放在桌子上了。"란 문장을 말한다.

학생이 이 어법 항목을 이해하고 나면, 이어서 교사는 "请把课本放在书包里", "请把书打开", "把你的笔拿出来" 등의 문장들을 말한 뒤 학생에게 이 문장을 복술하게 하고 아울러 이 문장들에 해당하는 동작을 해보게 한다. 그런 다음 학생들끼리 서로 말하고 행동해보게 한다.

예를 들어 복합방향보어를 강의할 때, 교사의 설명은 아래와 같은 몇 단계로 나누어 볼 수 있다 :

(1) 교사가 직접 동작으로 시연한다. 예를 들어 가방 안에서 물건을 꺼낸다던지, 아니면 밖으로부터 가방 안으로 물건을 넣는다던지 등등.

(2) 교사 스스로 의자에 앉기(下去)→일어나기(起来)→ 밖으로 나가기(出去)→안으로 들어오기(进来)등의 동작을 시연하면서 동시에 복합방향보어가 포함된 문장을 말한다.

(3) 학생들은 선생님의 지시에 따라 상응하는 동작을 한다.

(4) 학생들로 하여금 동작을 함과 동시에 복합방향보어가 포함된 문장을 말하게 한다.

(5) 학생들끼리 시연을 한 동학의 동작과 말한 문장이 부합하는지 토론하게 한다.

(6) 교사가 이를 바로잡아 준다.

이와 같은 설명방식을 통해 추상적인 어법규칙을 구체화할 수 있고, 또 교실분위기에 활력을 줄 수도 있으며 학생들이 어법을 배우는 흥미를 배가시킬 수 있다. 바로 이 부분에서 교사는 시연자 및 지도자의 역할을 수행하게 된다.

4. 언어 설명법

어떤 경우엔 어법 항목이 다소 추상적이어서 구체적인 방법으로 보여주기 어려운 것도 있다. 이때 교사는 간명한 언어로 설명을 한다. 그런데 가능하면 학생들이 쉽게 이해할 수 있는 말로 설명하도록 주의해야 하고 가급적 이해하기 어려운 학술 용어는 사용하지 않도록 한다. 또한 학생들이 어려워하는 것을 중심으로 하되 그렇다고 해서 이를 너무 자세하게 설명할 필요는 없다.

예를 들어 '물건 사기'와 관련한 과문에서 "V+不起"라는 구문이 출현하게 되는데, 이를 "太贵了, 不能V(买, 吃, 住……)" 등의 유사 표현으로 바꾸어 설명할 수 있다.

이 외에 학생들의 적극성을 유발하기 위해 적당한 타이밍에 학생 상호 간에 설명을 해보도록 시킬 수 있다. 이렇게 학생들끼리 서로 설명을 해주면 보다 효과적일 수 있는데, 그것은 학생 스스로 학습 과정에서 내용에 대한 입체적인 느낌을 가질 수 있는데다가 어법의 핵심 내용을 더욱더 잘 이해할 수 있기 때문이다.

5. 비교법

어법을 지도할 때, 관련 어법 항목과의 비교를 통해 설명할 수도 있다. 예를 들어 부사의 위치 문제의 경우 특히 한국 학생들이 항상 오류를 범하게 되므로, 교사들은 여러 개의 중국어 부사 위치를 비교하여 학생들의 이해를 도울 수 있다.

표5 일부 중국어 부사의 용법 비교

주어 뒤, 서술어 앞에만 오는 것	주어 뒤에도 오고 주어 앞에도 오는 것	
	위치가 변해도 의미가 불변	위치를 바꾸면 의미가 변화함
有点, 尤其, 全, 都, 一概, 已经, 也, 再三, 必定, 亲自, 公然, 暗暗……	干脆, 难道, 可能, 好在……	只, 仅仅, 光, 单单, 就……

또 다른 예를 들면, 중국어의 일반 진술문과 把자문의 비교를 통해 학생들에게 把자문의 특수한 의미, 화용 기능을 설명해줄 수 있다. 예컨대 아래와 같다.

① 我吃面包了。
② 我把面包吃了。

把자문은 피동작주에 대한 주관적인 처리를 강조하는 것이다. 즉:

③ 我把面包吃了, 面包没了。(내가 빵을 먹어서 빵이 없어졌다.)
④ *我把面包吃了, 还剩下一块。→ 我吃面包了, 没吃完, 还剩下一块。[25]
   (내가 빵을 먹었는데 다 먹지 못해 아직 한 덩이 남았다.)

한편 중국어의 어떤 어법규칙은 한국어의 관련 어법규칙과의 비교를 시도할 수 있는데, 이것은 한국어의 한국 학생에 대한 '긍정적 촉진작용(소위 正迁移)'을 이용하는 것이다. 다만 가급적 모국어 간섭 현상(이른바 '负迁移')을 피하는 선에서 진행해야 한다.

---

25) 역주) 즉, 把자문은 "대상을 확실히 처리했다."라는 의미를 가지므로 ③과 같이 먹다가 남는 것은 把자문에 맞지 않는 내용이다. 이렇게 "먹다가 남는 상황"을 말하려면 把자문보다는 오히려 일반 진술문이 더 적당하다.

그러면 대표적으로 다시 把자문을 예로 들어 보자. 把자문은 특히 한국 학생들이 장악하기 어려운 구문 중 하나인데 이는 한국어에 이와 유사한 구문이 없기 때문이다. 이로 인해 한국 학생들은 이 구문을 배웠어도 쉽게 사용하지 못하는 상황이 발생한다. 그런데 이때 바로 한국어의 어순 격식을 이용하여 그것을 교묘하게 중국어 把자문 격식에 대입시킬 수가 있다. 한국어의 기본 어순은 "주어+목적어+서술어"이다. 즉,

⑤ 저는 비빔밥을 먹었어요. (我吃了拌饭。)

그런데 중국어 把자문의 어순은 "주어+把+목적어+서술어"이다. 즉,

⑥ 我把拌饭吃了。

이처럼 한국어의 기본 어순과 중국어 把자문의 격식이 매우 유사하기 때문에 한국어 격식을 把자문에 쉽게 대입시킬 수 있다.

⑦ 我(나는) - 拌饭(비빔밥을) - 吃了(먹었다) [한국어]
   → 我把拌饭吃了。 [把자문]

이렇게 설명한다면 한국 학생들이 把자문을 매우 쉽게 받아들일 수 있다. 그러나 이러한 설명은 반드시 그 전제가 있어야 하는데, 교사는 반드시 사전에 중국어 把자문의 의미, 화용상의 특징 및 제한조건 등에 대해 확실히 설명해줘야 한다. 다시 말해, 把자문이 일반 진술문과 분명히 다르다는 사실을 주지시켜야 한다. 특히 결코 모든 진술문이 다 把자문으로 전환될 수 있는 것이 아니며 모든 행위가 다 把자문으로 표현 가능한 것이 아님을 설명해줘야 한다. (앞의 설명 참조)

(四) 어법 항목의 훈련

학생들이 어법 항목에 대한 초보적인 이해를 한 후, 다량의 훈련을 진행하여 학생들이 해당 어법 규칙을 내재화하여 궁극적으로 자유롭게 이를 운용하게끔 해야 한다. 이러한 어법 항목의 훈련은 어법 지도의 가장 중요한 부분으로 대략 세 가지로 구분 된다. 그것은 바로 '기계적 연습', '의미적 연습', '의사소통적 연습'이다.

1. 기계적 연습

기계적 연습은 먼저 새로운 어법 항목을 가르친 후 교사가 학생들에게 모방 기억을 위주로 하는 통제적 반복 연습을 진행한다. 이로써 학생들이 정확한 언어 습관을 형성하여, 정확하고 익숙하게 어법 항목의 형식과 내용을 장악하게 하는 것이다. 이렇게 하여 의미적 연습과 의사소통적 연습을 위한 기초를 닦게 된다.

기계적 연습은 '모방반복', '교체', '확장' 등 이해가 별로 필요치 않은 연습 항목들로 구성된다.

모방반복은 교사가 어법 항목이 포함된 문장을 예시하고 학생은 간단한 반복을 진행하는 것으로, 일반적인 순서는 교사가 먼저 읽고 학생이 따라 읽는 것이다.

교체연습은 일종의 부분 반복 연습으로 이를 통해 학생은 해당 구문을 숙련시키고 공고히 할 수가 있다. 예컨대, 초급 학생이 '소원표현' 구문을 연습한다고 하면 아래처럼 진행할 수 있다.

我想<u>请你看电影</u>。

> 请你吃饭
> 请智贤去看京剧
> 去西安旅行
> 明年去北大学汉语
> ……

아래는 복합 구문에 대한 연습이다.

惠民<u>不仅学习汉语</u>, 而且<u>学习英语</u>。

> 买衣服, 买自行车
> 吃面包, 喝咖啡
> 去长城, 逛天坛
> 聪明, 很帅
> 身体好, 成绩优秀
> ……

확장연습은 학생들로 하여금 일정한 규칙을 장악하게 한 후, 단어와 문장을 계속 늘려 표현의 정보량을 증가시키는 것이다. 즉 다음과 같다.

买衣服
买一件衣服
买一件漂亮的衣服
买一件非常漂亮的衣服
买一件又漂亮又便宜的衣服

이러한 연습은 교실 안에서 교사와 학생 간 또는 학생 상호 간 문답의 형식으로 진행될 수 있다. 그리고 학생들이 방과 후 서면 연습의 형식을 통해서 완성시킬 수 있다.

기계적 연습을 진행할 때는 다음과 같은 문제들에 주의해야 한다.

(1) 교사는 연습의 내용과 방식, 요구 사항을 분명하고 정확하게 전달해야 한다.

(2) 교사는 언어 자료의 다양함 및 학생의 수준 차이를 고려하여 연습 시간과 적당한 연습 방식을 선택해야 한다. 연습은 쉬운 것에서 어려운 것 순, 간단한 것에서 복잡한 것 순으로 하고, 전체를 먼저 하고 부분을 나중에 하는 등 순서에 따라 점진적으로 진행한다.

(3) 교사는 학생의 구체적인 상황에 맞도록 융통성 있게 연습 방식을 운용하고 연습 진도를 적당하게 조정한다. 그리고 연습의 형식도 끊임없이 변환하여 학생들이 계속 생각하고 적극적으로 참여할 수 있게끔 해야 한다.

2. 의미적 연습

의미적 연습은 기계적(통제적) 연습과 의사소통적(비통제적) 연습의 중간 단계로 전 단계를 계승하여 다음 단계로 이어주는 작용을 한다. 이 단계의 언어 활동은 기존의 언어 형식에 중점을 두던 것으로부터 언어의 내용과 의미에 중점을 두는 단계로의 전환이기 때문에, 학생들은 지식의 외적 특징으로부터 지식의 내적 연계로 인식상의 전환이 이루어지게 된다. 의미적 연습과 기계적 연습은 상호보완적이다. 의미적 연습은 언어의 어떤 상황 속에서의 사용에 중점을 두며 특히 학생들이 언어를 이용하여 자신의 실제적인 느낌을 표현하는데 중점을 둔다. 따라서 교사는 일정한 상황 하에서 마음껏 자신의 뜻을 표현할 수 있는 활동을 설계해야 한다.

의미적 연습은 '작문', '틀린 문장 고치기', '빈칸 채우기', '밑줄 그은 부분 질문하기', '구문변환', '복술하기', '번역' 등이다.

(1) 작문

교사가 해당 어법 항목을 제공하면 학생들은 그 어법 항목이 포함된 문장을 만들어 낸다. 이것은 상용되는 어법 학습 수단 중 하나이다.

(2) 틀린 문장 고치기

학생의 어법 습득 상황에 근거하여 비교적 보편성을 갖춘 틀린 문장을 선별한 후 학생에게 이를 수정하게 한다. 이 연습을 통해 학생은 배운 내용에 대해 보다 깊은 인상을 가질 수 있다.

(3) 빈칸 채우기

일반적으로 선택할 수 있는 몇 가지 어법 항목(어휘 등)을 제시하고, 아래에 단락이나 문장 단위의 예문을 제시한다. 학생은 빈칸에 맞는 것을 고른다. 예를 들면 다음과 같다.

用"又", "再", "还"填空
① 我以后_____想去颐和园玩。
② 我昨天_____去那家饭馆吃饭了。
③ _____过几天，就过年了。
④ 你刚出差回来，_____休息几天吧。
⑤ 我_____没有去过天津。
⑥ 明天我要_____准备点材料。

(4) 구문변환

한 구문의 여러 형식을 가지고 상호 변환을 진행한다. 예컨대 把자문의 긍정식을 부정식, 의문식, 명령식 등으로 변환시킨다. 또한 하나의 구문을 다른 구문으로 변환할 수도 있는데, 예컨대 일반 구문을 把자문, 被자문 및 화제문 등으로 변환할 수 있다.

我吃了面包 － 我把面包吃了 － 面包被我吃了 － 面包我吃了。

이러한 연습에는 또한 둘 또는 그 이상의 여러 문장을 하나의 복문으로 합치는 것도 포함된다. 다음과 같다.

我们去颐和园吧，那里风景漂亮，交通方便。
－ 我们去颐和园吧，那里不仅风景漂亮而且交通方便。

이 외에도 밑줄 친 부분에 대해 질문을 할 수도 있다.

小王昨天去了天津开发区参观。 － 小王昨天干什么了？
他把钥匙丢在出租汽车上了。 － 他把什么丢在出租汽车上了？

(5) 복술하기

교사가 어법을 다 설명한 후에 학생으로 하여금 어법 항목을 이용하여 과문이나 단락을 복술하게 한다. 학생이 복술할 때 교사는 핵심 어휘 등의 단서를 제공하여 학생 스스로 원문에 근거하여 완전하게 복술할 수 있도록 도와준다. 이러한 과정을 통해 어법 규칙을 내재화하는 목적에 도달할 수 있다.

(6) 번역

일반적인 방법은 교사가 한국어 문장을 제시해주고 학생이 이를 해당 중국어 어법 규칙에 부합하는 문장으로 번역하는 것이다.

의미적 연습 운용의 좋고 나쁨은 대부분 교사가 연습 방법을 제대로 잘 선택하였는지, 그리고 연습의 안배가 적당하게 되었는지 등에 의해 결정된다. 정성껏 기획하고 기술적으로 안배된 연습일 경우 학생들의 내재적인 동력을 충분히 이끌어낼 수 있으며 학생들의 적극성도 유도해 낼 수 있다.

이를 통해 학생들은 즐겁고 부담 없이 배운 지식을 장악할 수 있게 된다. 그러나 만약 그렇지 않다면 이상적인 교육 효과를 얻을 수 없다.

교사는 지도 대강과 지도 내용에 근거하여 유목적적이면서도 계획적으로 모든 연습 활동을 설계해야 한다. 이때 연습 방법의 선택은 지도 내용과 긴밀히 연계되어야 하며 핵심 사항 및 난점을 잘 돌출시키고, 내재적이고 본질적이며 규칙적인 내용을 잡아내야 한다.

한편 학생들의 심리적 특징과 요구를 고려해야 하는데, 이를 테면 호기심이라든가 활동을 좋아하는 특징, 장시간 집중할 수 없는 주의력의 특징 등이 여기에 해당한다. 그리고 교사는 반드시 융통성 있고 다양한 연습 방법을 채용하여야 하고, 동일한 연습을 반복함으로써 학생의 감각 기관이 피로해지는 일을 방지해야 한다. 이렇게 하면 학생들은 의미적 연습에 대해 흥미를 갖게 되고 언어 지식을 융통성 있게 운용할 수 있는 기능을 배양할 수 있다.

의미적 연습을 운용하는 과정에서 반드시 신구 지식을 유기적으로 연계해야 하며 학생들이 온고지신(溫故知新)할 수 있도록 도와줘야 한다. 그래서 옛 지식을 복습하는 동시에 새로운 지식을 장악하면서 익숙하게 운용할 수 있도록 유도해야 한다.

의미적 연습을 운용하는 과정에서 연습의 난이도에 주의해야 한다. 연습을 쉬운 것부터 어려운 것 순으로 점진적으로 해나가야 하고 학생들이 얕은 것에서 깊이 있는 것으로, 간단한 것에서 복잡한 것으로 나아가게끔 연습을 지도해야 한다. 이렇게 통제적 연습으로부터 비통제적 연습으로, 그리고 기계적 연습에서 의미적 연습으로 서서히 나아가 최종적으로 의사소통적 연습에 이르기까지 순차적으로 제고시키도록 한다.

교사는 또한 의미적 연습을 설계하고 운용할 때, 자신의 상상력과 창조력을 충분히 발휘해야 한다. 기존의 지식에 대해 체계적인 반복만 하지 말고 마땅히 실천의 기초 위에 실제 상황에 근거하여 지도원칙을 융통성 있게 운용하고 부단히 갱신하여 자기만의 특색이 있고 자신만의 풍격이 있는 의미적 연습을 창조해내야 하다.

의미적 연습의 과정에서 교사는 곧 활동의 기획자가 된다. 따라서 교사는 지도 목적에서 출발하여 전면적으로 설계하고 정성껏 안배해 유목적적으로 모든 연습을 기획해야 하며, 이와 동시에 수업 전 각 활동을 잘 설계해야 한다. 그리하여 교사는 연습의 활동 중 관리자, 감독자 및 감청자의 작용을 해야 함과 동시에, 아울러 바로 바로 학생들의 문제를 해결해 주고 학생들의 활동을 관리 감독하여 수업 활동이 줄곧 기획의 의도대로 진행되게끔 하여야 한다.

3. 의사소통적 연습

의사소통적 연습이란 앞의 의미적 연습의 기초 위에 교사가 '지식과 정보 차이(information gap)'를 이용하여 학생으로 하여금 의사소통의 수요가 생기게 만들고, 이로써 듣기 · 말하기 · 읽기 · 쓰기의 활동을 전개하는 것을 말한다. 의사소통적 연습은 수업 시 이루어지는 언어 실천 활동 중 최고 단계의 활동으로 학생의 의사소통 능력을 배양하는 주요 단계이다. 교사는 교재가 제공하는 내용에 근거하여 적당한 '문맥(context)'과 화제를 선택해야 하는데, 적당한 문맥과 화제는 학생의 표현을 이끄는 기초가 되기 때문이다.

상용되는 방식으로 '문답식', '진술식', '묘사식', '모의활동식'이 있다.

문답식은 교사와 학생 간, 또는 학생들 간에 문답의 방식으로 의식적으로 해당 어법 항목을 연습하는 것이다. 예를 들어, 보어에 대한 연습을 아래와 같이 할 수 있다.

教师 : 东浩, 你喜欢踢足球吗?
学生 : 我喜欢。

教師：你踢足球踢得怎么样？

学生：我踢足球踢得不太好。

　예컨대 '什么'를 이용한 의문문을 학습한다고 하면, 교사는 교실 안에서 학생들이 그 이름을 알 수 있는 어떤 물건을 가리키며(예를 들어 책상 등) 한 학생에게 묻는다. "这是桌子吗？" 그러면 학생이 "这是桌子"라고 답한다. 그런 다음 동일한 책상을 가리키며 또 다른 학생에게 "这是什么？"라고 묻는다. 그때 이 학생이 "这是桌子"라고 답을 하게 되면 그 학생이 이 구문을 이해했다고 볼 수 있는 것이다. 그리고 계속해서 학생에게 관련된 실물이나 사진 등을 이용하여 "什么"를 갖고 서로 질문하게 한다.

　진술·묘사식은 학생에게 사건의 경과를 진술하거나 혹은 상황을 묘사하게 하여 의식적으로 어법 항목을 연습하게 하는 것이다. 예를 들어 동태 조사 '了', '過' 등을 학습시킬 때, 학생으로 하여금 자신이 여행한 경과를 서술하게 할 수 있다. 또 존재문[存現句]을 학습시킨다면 학생에게 자신이 공부하거나 생활하는 환경 등에 대해 묘사하게 할 수 있다.

　모의활동식은 실제 생활 장면을 모사하게 하여 자유자재로 어법 규칙을 운용할 수 있도록 하는 것이다. 여기에는 '화제변론'이나 '공연' 등이 있다.

　의사소통적 연습의 기획 원칙과 요구는 아래와 같다.

　(1) '지식과 정보의 차이'를 설정함으로써 학생들이 의사소통의 필요성과 동기를 갖게 한다.

　(2) 교사가 먼저 시범을 보이고 아울러 연습할 때 학생에게 구체적인 지도를 진행한다.

　(3) 연습을 위해 필요한 도구를 준비한다.

　(4) 연습의 내용 및 형식의 기획은 융통성 있고 다양하게 한다.

　(5) 가능하면 학생에게 언어 재료를 선택해 주는 통제를 줄인다.

　(6) 연습 활동은 반 전체가 참여하게 하고 소수 몇 명만이 하지 않게 한다.

(7) 부담 없고 즐거우며 활발한 분위기를 만들어 주어, 학생들의 실수를 용납해 주고 너무 자주 실수를 지적하지 않도록 한다.

한편, 화제 연습을 진행할 때 섣불리 학생의 말을 끊지 않도록 해야 한 다. 실수를 바로 잡을 때에도 학생들이 항상 범하는 실수, 보편적으로 자주 틀리는 것 위주로 한다. 그리고 화제 연습 시 설명이 필요한 부분은 주요한 것과 부차적인 것을 나누거나 어렵고 쉬운 것을 나누어 집중적이고 선별적 으로 설명을 해야 한다.

참고문헌

[1] 陈枫. 2008. 对外汉语教学法[M]. 北京：中华书局.

[2] 崔立斌. 2005. 韩国学生对'了'的误用及其原因[J]. 语言文字应用(4).

[3] 崔立斌. 2006. 韩国学生汉语介词学习错误分析[J]. 语言文字应用(2).

[4] 崔永华, 杨寄洲. 2002. 汉语课堂教学技巧[M]. 北京：北京语言大学出版社.

[5] 韩在均. 2003. 韩国学生学习汉语'了'的常见偏误分析[J]. 汉语学习(4).

[6] 侯玲玲. 2008. 韩国学生汉语学习中常见的语序错误简析[J]. 青岛大学师范学院学报(3).

[7] 李宝贵. 2004. 韩国留学生'把'字句偏误分析[J]. 辽宁工学院学报(5).

[8] 柳英绿. 2000. 韩汉被动句对比 – 韩国学生'被'动句偏误分析[J]. 汉语学习(6).

[9] 柳英绿. 2002. 韩汉语比较句对比[J]. 汉语学习(6).

[10] 吕必松. 1999. 对外汉语教学概论[J]. 世界汉语教学(2).

[11] 肖奚强. 2000. 韩国学生汉语语法偏误分析[J]. 世界汉语教学(2).

[12] 徐建宏. 2004. 汉语助词'了'与韩国语词尾'았'的对比[J]. 辽宁工学院学报(哲学社会科学版)(3)

[13] 张和生. 2008. 汉语可以这样教 – 语言要素篇[M]. 北京：商务印书馆。

제 3 장

어휘 교육의 기술과 방법

어휘는 언어 요소 중 하나이며 언어활동의 기초이다. 한 사람의 어휘 량의 많고 적음은 그의 언어 운용 능력의 높고 낮음과 직접적인 관 련이 있다. 赵金铭(2006)은 다음과 같이 말했다. "사실 중국어의 기본 어 법규칙을 장악한 후엔 마땅히 대량의 어휘를 기초로 삼아야 하는데 특히 상용어휘의 여러 가지 의항 및 그 기능과 용법을 장악해야 한다. 이렇게 한 후에야 비로소 진정으로 중국어를 익혔다고 할 수 있으며 어법 또한 쓸모가 있게 된다. 이것은 어휘가 언어의 유일한 실체이며 어법 또한 어 휘에 의탁하여 존재할 수 있기 때문이다." 영국의 언어학자인 D. A. Wilkins(1972) 또한 다음과 같이 지적했다. "어법이 없으면 사람들이 표현 할 수 있는 사물은 드물어 지게 된다. 그러나 어휘가 없으면 사람들은 어떤 사물도 표현할 방법이 없다.(Without grammar very little can be conveyed; without vocabulary nothing can be conveyed.)"

외국인을 위한 중국어 교육 과정에서 최초의 일부 발음 교육 단계를 제외하고 어휘 교육은 기본적으로 모든 단계에 다 걸쳐 존재한다. 그리고 거의 모든 수업은 어휘 교육의 기초 위에 이루어지게 된다. 듣기, 회화, 읽고 쓰기, 그리고 작문 등 각 영역을 막론하고 모두가 어휘 교육과 서로 결합되어 있다. 따라서 어휘 교육은 외국인을 위한 중국어 교육에서 매우 중요한 위치를 차지하고 있다.

一. 한중 어휘 비교

한국어에 비해 중국어의 어휘는 나름 독특한 일면을 갖고 있다. 따라서 한국어와 중국어의 어휘 차이 및 중국어 어휘의 특징을 인식하고 이해하는 것은 중국어 교사가 확실한 목표를 잡고 중국어 어휘 지도를 진행하는데 큰 도움이 된다.

(一) 한중 어휘 형태 비교

어구(語句)에서 중국어의 어휘는 '조어형태', '굴절형태', '분석형태' 등의 '형태변화'가 없고 일반적으로 어근의 조합과 어휘 배열순서 등에 의존하여 의미를 표현하게 된다.[26]

한국어는 교착어로서 주로 어휘 뒤에 첨가되는 조사(연결어미, 종결어미 등)의 변화를 통해 모든 어휘의 문장에서의 기능을 나타낸다. 한국어에는 풍부한 조어형태(한국어 명사 '자살'에 동사 어미 '하다'를 붙이면 '자살하다'라는 동사가 된다), 굴절형태(한국어의 주격, 소유격, 목적격의 변화 등), 분석형태(한국어 과거시제의 표현 등)가 있다. 품사의 각도에서 보면, 한국어의 동사와 형용사 및 일부 부사는 형태변화의 특징을 갖고 있다. 그러나 명사의 경우 뒤에 조사를 붙여 각종 어법 의미를 나타내도록 되어 있어 그 자체는 형태변화가 이루어지지 않는다.

---

26) 역주) 필자는 '형태변화'에 대해 '構詞', '構形', '分析' 등의 세 가지를 언급하고 있다. 이 중 '構詞'는 어휘를 파생해 내는 일종의 조어법을 위한 형태변화를 가리킨다. 영어의 경우, 명사화 접미사, 동사화 접미사 등이 있는데 중국어에는 이러한 파생접사들이 잘 발달되어 있지 않다. '構形'은 특히 격변화를 말하며 여기서는 '굴절형태'로 번역한다. 중국어에는 당연히 존재하지 않는다. '分析'은 어법성분의 첨가를 의미한다. 중국어에도 '了', '着', '過' 등 극히 일부가 존재하나 역시 발달되어 있지 않다.

바로 이러한 점들을 파악한다면 한국 학생들이 중국어 어휘를 인지하고 사용하는 면에서 큰 도움을 얻게 될 것이다. 그리고 한국 학생들은 중국어의 어휘를 배울 때 어휘의 형태변화를 고려할 필요 없이 곧바로 운용할 수 있기 때문에 어휘를 더욱 직접적으로 장악하고 응용할 수 있다.

(二) 한중 형태론과 통사론의 관계 비교

중국어의 형태영역과 통사영역은 그 구조에 있어서 서로 대응하는 특징을 갖고 있다. 중국어의 어휘 구성은 주로 '복합'과 '부가' 두 종류 방법이 있으며 이 가운데 첫 번째 방법인 '복합'이 대표적이다. 그리고 조어[構詞] 방면에 있어서 중국어는 대부분 '어근 복합법[27]'을 채용하는데 이 방법은 어휘들끼리 결합되어 구를 이루는 이른바 통사적 결합법[造句法]과 기본적으로 일치하고 있다. 그리하여 구성되는 기본 형식은 "주술[主謂]", "술목[述賓]", "수식[偏正]", "병렬[竝列]", "술보[述補]"의 다섯 가지이다. 예를 들면 다음과 같다.

주술구조 : 军管　婚变　心狠
술목구조 : 解冻　投资　鼓掌　伤心
수식구조 : 热线　电池　陆军
병렬구조 : 机遇　选拔　祥和
술보구조 : 抓紧　提高

바로 이러한 이유 때문에 중국어에서는 구[詞組]가 어휘로 바뀌는 현상 예를 들어, "反恐(대 테러리즘)", "楼市(부동산 시장)")이 발생하고, 반대로 단어 또는 구조가 표현 과정에서 어구(語句) 층면으로 올라가는 현상(예컨

---

27) 역주) 접사가 아닌 어근끼리 결합하는 방법, 예컨대, '語言'의 경우 같은 의미의 두 어근인 '語'와 '言'이 결합된 것이다.

대, 이합사인 "洗澡"는 "洗了一个舒舒服服的热水澡"가 될 수도 있다)도 발생한다.

이 밖에 중국어에는 '접사[詞綴] 조어법'도 있다. 예를 들어 '裤子', '拳头', '绿化', '老虎', '糊里糊涂' 등이 있다.[28]

한국어의 조어법은 중국어의 조어법과 비슷한 점도 있고 차이점도 있다. 한국어의 복합어 또한 '복합'과 '부가'의 두 가지 방법에 의해 이루어진다. 그리고 한국어에는 대량의 한자 어휘가 있으며 이들 한자어는 대부분이 중국어 조어법의 5대 형식과 접사 조어법을 그대로 계승한 것들이다. 예컨대, '地震', '事變'은 주술식, '操心', '留意'는 술목식, '國語', '歡迎'은 수식식, '言語', '山水'는 병렬식, '改良', '說明'은 술보식, '第一', '帽子'는 접사 조어법이다. 이 외에 한국어 가운데 일부 한중 혼용 복합어와 한국어 고유 복합어 또한 위의 두 가지 조어법을 채택하고 있다.

한중혼용 복합어	강물[江水]	강(江)+물[水]
	소나무[松树]	소(松)+나무[树]
고유 복합어	베개[枕头]	베[베다]+개[도구 접사]

그러나 한국어 고유 복합어 가운데엔 주술식과 술목식 조어가 거의 발견되지 않고 있는데 이 점이 바로 중국어 복합어와 다른 점이다.

한국어는 접사가 매우 발달한 언어라서 어휘 속에 접사가 매우 풍부하다. 그래서 상당수의 어휘들이 접사 조어법을 채용하고 있다. 이들 중 어떤 것은 '접두사+어근'의 구조이고, 어떤 것은 '어근+접미사'의 구조이다. 그리고 어떤 것은 '접두사+어근+접미사'도 있으며 또 어떤 것은 '어근+접요사+접미사'도 있어 그 수단은 중국어에 비해 훨씬 풍부한 편이다.

바로 이러한 상황을 알고 한국 학생들과 함께 한중 어휘 구성의 차이점

---

28) 역주) 이들은 접미사인 '-子', '-头', '-化'와 접두사인 '老-', 접요사인 '-里-'를 첨가하여 만든 것들이다.

을 얘기한다면 한국어의 '긍정적 촉진작용'으로 학생들의 학습 효과가 제고
될 것이다.

(三) 한중 어휘 음절 구성 비교

중국어 어휘는 쌍음절화하는 경향성이 아주 높아 중국어 어휘의 발전은
단음절에서 쌍음절로 확충되거나 다음절이 쌍음절로 축소되는 경향이 있
다. 다음과 같은 예가 있다.

发 - 头发　　桌 - 桌子　　航空母舰 - 航母　　北京大学 - 北大

한국어는 일종의 다음절 언어로 기본 어휘를 제외하고 거의 절대다수가
다음절이다. 崔永模(2002)의 통계에 따르면, 『표준신국어사전』의 57,000여
어휘 중 97%의 어휘가 다음절이었다.

어떤 경우 한국 학생들은 중국어 어휘의 표현 특징에 주의하지 않아 자
신이 표현한 어휘가 중국어의 습관에 부합하지 않는 경우도 있다. 다음과
같은 예가 있다.[29]

① ＊我加了适合成人的内容。 - 我增加(加上)了适合成人的内容。
　　 (내가 성인에게 어울리는 내용을 추가했다.)
② ＊今天晚上是爷爷的生日会。 - 今天晚上是爷爷的生日宴会。
　　 (오늘 밤에 할아버지의 생신 파티가 있다.)
③ ＊他是圆圆的身。 - 他的身体圆圆的。
　　 (그는 몸이 둥글둥글하다.)

중국어 교사는 어휘를 지도할 때 중국어의 특징을 잘 파악하여 학습자가
효과적으로 어휘력을 늘리고, 중국어 어휘를 사용하여 적당하게 표현해 낼

---

29) 역주) 여기에 출현한 예의 '加', '生日会', '身' 등은 중국어의 쌍음절 경향성에 맞지 않는다.

줄 아는 습관을 기르게끔 해야 한다.

(四) 외래어의 흡수 상황 비교

중국어의 어휘 계통은 외래어를 매우 강하게 동화시키는 기능이 있다. 그래서 중국어 어휘 체계가 다량의 외래어를 흡수한다 해도 대부분의 외래어들은 중국어의 규칙적인 개조를 거쳐 중국어 어휘로 융합된다. 예컨대 电风扇(선풍기), 地球(지구), 比例(비율), 标本(표본), 电视机(텔레비전), 吸尘器(청소기), 激光(레이저), 世界语(에스페란토), 嘉年华会(카니발), 保龄球(볼링), 拉力赛(랠리) 등이 그렇다.

한국어 어휘 계통은 매우 강한 흡수 기능을 갖고 있다. 그래서 한국어에는 상당히 많은 외래어가 있으며 그 가운데 중국어에서 유래한 어휘가 가장 많다. 한국어 어휘는 크게 세 부분으로 나눌 수 있는데 '한자어', '한국 고유어', '기타 외래어'가 그것이다. 이 가운데 한자어가 차지하는 비율이 가장 높아 대략 60~70%를 차지한다. 그리고 한국 고유어가 약 20% 정도이고, 기타 외래어가 5~10%를 차지한다. 한국어 가운데 한자어가 이렇게 많다는 사실은 한국 학생들이 중국어를 배우는데 있어서 매우 유리한 점이라 할 수 있다. 중국어 교사는 이러한 점을 잘 이용하여 한국 학생들의 적극성을 이끌어 내고 중국어 어휘 수준을 신속히 제고시킬 수 있도록 해야 할 것이다.

二. 한국 학생들에게서 자주 나타나는 어휘 오류

한국 학생들에게 중국어를 교육하는 과정에서 우리는 한국 학생들이 중국어 어휘를 습득할 때 모종의 선천적인 유리함을 갖고 있음을 발견할 수 있다. 그러나 한편으로는 역시 다량의 오류가 존재하기도 하는데 대체로 아래와 같은 몇 가지 방면에서 나타난다.

(一) 품사 오류

한국어의 단어는 각 품사마다 표지를 통해 구분하는 반면, 중국어 단어는 품사를 구별하는 표지가 없다. 게다가 중국어에는 '다품사어 현상(한 어휘의 품사가 여러 개인 현상)'이 보편적이어서 한국 학생들이 중국어 품사를 잘 구분하지 못 하는 경우가 종종 발생한다. 그래서 단어를 구사하여 문장을 만드는 과정에서 품사를 잘못 사용하는 문제가 발생하게 된다. 아래에서 자주 발견되는 예들을 살펴보자.

1. 명사를 동사로 잘못 사용한 예

① * 老师, 一起照片吧。 - 老师, 我们照相吧。
   (선생님, 같이 사진 찍으세요.)
② * 我说后, 大家动作一下。 - 我说完后, 大家一起做动作。
   (내가 말을 다 한 후에 여러분은 행동을 하세요.)
③ * 我们会议中。 - 我们正在开会。
   (우리는 회의중이다.)

④ ＊请电话我吧。 － 请给我打电话吧。

(나한테 전화하세요.)

한국어는 각 품사마다 구별하는 표지가 분명하여 어떤 어휘는 그 자체로 사용하면 명사가 되지만, 뒤에 동사 어미를 첨가하면 동사로 변하게 된다. 한국 학생들은 모국어의 영향을 받아 위의 예들처럼 명사를 동사로 잘못 사용하는 오류를 쉽게 범하곤 한다.

2. 동사를 명사로 잘못 사용한 예

⑤ ＊我在大学的时候, 做比较多的打工。 － 我在大学的时候, 常常打工。
(나는 대학교에 다닐 때, 아르바이트를 비교적 많이 했다.)

⑥ ＊家人都有很多笑, 所以家里常常开花。 － 家里人爱笑, 所以家里常常笑开花。
(가족들은 웃음이 많아서 집안에 항상 웃음꽃이 핀다.)

⑦ ＊我希望我说的话给你很多帮忙。 － 我希望我说的话可以给你们很多帮助。
(내가 하는 말이 당신에게 많은 도움이 되기를 바랍니다.)

예⑤, ⑥을 보면, 한국어의 '아르바이트', '웃음'은 명사이나 중국어의 '打工', '笑'는 동사이고 명사의 용법이 없기 때문에 위와 같은 오류가 발생한 것이다. 예⑦의 경우 '帮忙'은 단지 동사의 용법만이 있고 '帮助'는 동사 말고도 명사의 용법이 있으므로 이를 정확히 변별해서 사용해야 한다.

3. 동사를 형용사로 잘못 사용한 예

⑧ ＊因为那个季节天天下雨, 挺闷热, 太阳也不太照射。
－ 那个季节天天下雨, 挺闷热的, 太阳照射也不太强烈。
(그 계절에는 매일 비가 오고 매우 찌는 듯이 더우며 햇빛도 별로

비추지 않는다.)

⑨ ＊但是冬天不太冷，<u>不太下雪</u>。 － 但是冬天不太冷，<u>下雪不太多</u>。
(그러나 겨울에 그다지 춥지 않고 눈도 별로 내리지 않았다.)

4. 형용사(형용사구)의 오용

⑩ ＊那件衣服不<u>合适</u>我。 － 那件衣服不<u>适合</u>我。
(그 옷은 나에게 어울리지 않는다.)
⑪ ＊我在北京<u>流利</u>了<u>汉语</u>。 － 在北京我的<u>汉语</u>变<u>流利</u>了。
(나는 북경에서 중국어를 유창하게 했다.)
⑫ ＊学习汉语<u>有很多前途</u>。 － 学习汉语<u>很有前途</u>。
(중국어를 배우면 장래가 밝다.)

예⑩의 '合适'는 형용사이기 때문에 뒤에 목적어가 올 수 없으므로 동사인 '适合'를 써야 한다. 예⑪의 '流利'는 형용사라서 역시 목적어를 가질 수 없다. 예⑫의 '有很多前途'는 형용사구인 '很有前途'로 바꾸어야 한다.

이 외에도 자동사와 복합방향동사가 타동사로 잘못 사용되는 현상도 발견되는데 이는 제2장(어법교육의 기술과 방법)을 참조하기 바란다.

(二) 어휘 의미의 오류

한국어에는 대량의 한자어가 존재한다. 그러나 이들 한자어와 중국어 가운데 대응하는 어휘의 의미가 서로 다르거나 완전히 같지는 않은 경우가 많이 있다. 한국 학생들은 항상 한국어의 한자어를 가지고 중국어의 의미를 나타내려고 하다가 오류를 범하곤 한다.

⑬ ＊这会话有很多<u>文章</u>。 － 这段对话由很多<u>句子</u>组成。
(이 회화에는 많은 분상이 있다.)

한국어에서 '문장'은 한 편의 글 속에 있는 문장을 가리키지만, 중국어의 '文章'은 곧 한 편의 글에 해당되어 의미가 서로 다르다.

⑭ * 我在梨花教育<u>大学</u>学习。 - 我在梨花教育<u>学院</u>学习。
    (나는 이화 교육대학에서 공부한다.)

한국어에서 '대학교'는 중국어의 '大学'에 해당하며, '대학'은 곧 종합대학 내에 있는 단과대학으로 중국어의 '学院'에 해당한다. 그러나 한국어의 '학원'은 사회에서 사적으로 개설한 것으로 중국어의 '培训班', '补习班'에 해당된다. 어떤 경우 한국 학생들은 한자어의 용법을 중국어에 그대로 적용, 응용하기도 한다.

⑮ * 今天我要跟我的<u>先辈</u>喝酒。 - 今天我要跟我的<u>师兄</u>喝酒。
    (오늘 나는 선배랑 술을 마실 것이다.)

한국어의 '선배'는 중국어의 '师兄', '师姐'에 해당하며, 중국어의 '先辈'는 '이미 작고한 항렬이 높은 친척'을 가리킨다.

⑯ * 让我们更进一步<u>发展</u>中国语。 - 让我们进一步<u>提高</u>汉语水平。
    (우리 중국어 실력을 한층 더 발전시키자.)

중국어의 '发展'은 사물의 조직 규모 등을 확대시키는 것을 말하며, '发展组织', '发展生产' 등처럼 사용된다. 그러나 일반적으로 사람의 지식수준을 제고시키는 데에는 사용되지 않는다.

⑰ * 爸爸的性格很<u>严格</u>。 - 爸爸是一个很<u>严厉</u>的人。
    (아버지의 성격은 매우 엄격하다.)

중국어에서 '严格'는 "일을 할 때 규정이나 규칙을 준수하고 이에 맞게 집행하되 대충하지 않는 것"을 말한다. 그러나 '严厉'는 "사람의 성격이 엄숙하고 사나운 것"을 가리키기 때문에 위의 문장에서는 마땅히 '严厉'를 사용해 사람의 성격을 표현해야 한다.

⑱ * 亲爱的爸爸妈妈, 我不知道怎么表达您二位对我的爱情。
  － 亲爱的爸爸妈妈, 我不知道怎么表达您二位对我的爱。
  (사랑하는 아버지, 어머니, 두 분이 저한테 주신 사랑을 어떻게
  표현해야 할지 모르겠어요.)

중국어에서 '爱情'은 주로 남녀 연인 간의 감정을 나타내고, 윗사람과 아랫사람 간의 감정에는 사용되지 않는다.

【三) 어휘 결합상의 오류

어휘 결합상의 오류는 한국 학생들이 어휘를 학습하는 과정에서 나타나는 가장 큰 문제 중 하나이다. 특히나 한중 간 대응 어휘의 의미가 완전히 합치하지 않는 경우도 있고, 게다가 표현 습관마저도 완전히 같지가 않아 한중 어휘의 결합에 있어서 많은 차이를 보이게 된다. 그리하여 일부 학생들은 일차적으로 중국어 어휘의 용법을 완전히 장악하지도 못한데다가 모국어 간섭 현상의 영향을 받아 각종의 오류가 발생하곤 한다. 또 어떤 경우엔 한국 학생들이 중국어 어휘의 용법을 충분히 장악하지 못한 상태에서 그에 해당하는 적당한 어휘를 찾지 못해 오용하는 사례도 많이 발생한다.

⑲ * 你跟当生日的朋友说什么? － 你跟过生日的朋友说什么?
  (당신은 생일을 맞는 친구에게 뭐라고 말하나요?)
⑳ * 面试的时候, 老师给了我肯定的印象。 － 面试的时候, 我给了老
  师一个很好的印象。

(면접시험에서 나는 선생님께 좋은 인상을 주었다.)

㉑ * 最近学校得到流感的人越来越多。 ― 最近学校得流感的人越来越多。

(요즘 학교에 유행성 감기에 걸린 사람이 점점 많아졌다.)

㉒ * 我们刚刚认识了，我还没有理解我的同屋。 ― 我们刚刚认识，我
还不了解我的同屋。

(우린 지금 막 알게 되어서 나는 아직 룸메이트를 잘 이해하지
못 한다.)

㉓ * 请大家记住一下。 ― 请大家记住。

(모두들 좀 기억해 주십시오.)

예㉒, ㉓은 특수한 설명이 필요하다. 한국 한자어에는 '了解'란 단어가 없
다. 한자어 '理解'는 항상 '了解'의 의미를 표현한다. 그래서 예㉒의 오류는
한국어 간섭 현상의 영향을 받아 나타난 것이다. 중국어에서 보통 '결과의
미'를 내포한 술보구조 뒤에는 동량보어 성분인 '一下'를 다시 쓸 수 없다.
그것은 '동사구조+一下'는 '시도나 짧은 동작' 등의 어법의미를 표시하므로
결과의미와 서로 용납되지 않기 때문이다. 예㉓ 문장은 대응하는 한국어에
서 '좀'이란 말을 사용하고 있다. '좀'은 한국어에서 '양보'를 표시하여 문장
의 어기가 완화되는 작용을 한다. 즉 예㉓의 오류 역시 한국 학생이 모국어
간섭 현상의 영향을 받아 나타난 것이며, 동시에 중국어 어법특징을 잘 장
악하지 못해 발생한 것이기도 하다.

(四) 화용적 오류

한국 학생들에게 중국어를 가르치는 과정에서 우리는 학생들이 대화 문
맥이나 말투, 어감 등에 맞지 않는 어휘를 사용하는 것을 자주 발견하게
된다.

㉔ ＊托你的福, 我的家族都很好。 － 谢谢, 我的家人都很好。
(당신 덕분에 가족들이 다 좋다.)
㉕ ＊这次考试我得了B+, 我很悲哀。 － 这次考试我得了B+, 我很难过。
(이번 시험에서 나는 B+를 받아 슬프다.)
㉖ ＊我们班和别的班竞技足球。 － 我们班和别的班进行了足球比赛。
(우리 반은 다른 반이랑 축구 경기를 한다.)
㉗ ＊老师请我们吃饭, 太过分了, 谢谢您！
－ 老师, 您请我们吃饭, 招待得太好了, 太客气了, 谢谢您！
(선생님이 우리를 식사에 초청하여 너무 잘 대접해 주셔서 정말
고맙습니다.)

선생님 혹은 어른에게 대답하거나 인사할 때, 한국 학생들은 습관적으로
정식적이고 장중한 어휘를 쓰게 된다. 예㉔의 경우는 표현이 지나치게 정
중하거나 부자연스럽다. 예㉕에서 '悲哀'는 서면어 색채가 강한 어휘로 한
차례 시험에 실패한 것 치고는 너무 어감이 무겁다. 이보다는 구어 색채가
있는 '难过'나 '伤心'을 사용하는 것이 훨씬 더 적절하다. 예㉖의 '竞技'는 중
국어에서 특히 서면어에 사용되는 것으로 일반적으로 구어에는 잘 쓰지 않
는다. 그런데 한국어의 '경기'는 구어에서 상용되는 어휘이다. 따라서 예㉖
의 '竞技'란 어휘는 문체상 그다지 어울리지가 않는다. 예㉗의 '过分'은 중
국어에서 "본분이나 일정한 정도를 넘는 것"을 뜻해 부정적인 의미를 갖고
있다. 그러나 한국어에서 '과분'은 "성대하게 접대 받음"을 의미하므로 한국
학생들이 단어의 뜻을 정확히 알지 못해 이와 같은 오류가 발생하였다.

三. 한자어와 중국어 어휘의 교육

위의 분석을 통해 우리는 한국 학생들의 어휘 습득 과정에서 나타나는 오류가 대부분 한국어에 있는 다량의 한자어의 영향 때문이라는 사실을 알 게 되었다. 한국에는 약 60% 이상의 한자어가 존재한다. 그래서 한국인을 위한 중국어 교육 과정에서 한자어 문제를 어떻게 처리하느냐가 결국 어휘 교육의 관건이라 할 수 있다.

(一) 한국어 한자어와 중국어의 대응 어휘

모두가 알다시피 한자어는 중국어에서 기원한 어휘들이다. 따라서 이 어 휘들은 발음이나 의미 측면에서 중국어와 어느 정도 관련이 있다. 바로 이 러한 복잡한 관계 문제를 잘 정리한다면 중국어 교육 과정에서 정확한 방 향을 잡아 그 효율성을 극대화시킬 수 있는 효과적인 방법을 마련할 수 있 을 것이다. 아래에서 의미 및 용법의 두 분야에서 한자어와 중국어 대응 어휘 간의 관계를 분석하고자 한다.

1. 어휘 의미 방면

(1) 한중 어휘의 의미가 동일한 경우

한국어 가운데 대다수의 한자어가 중국어 대응 어휘와 발음이 비슷하거 나 그 의미마저도 같다. 통계에 따르면 한국어에는 중국어와 동일한 형태 의 상용 한자어가 3,811개나 된다고 한다. 그리고 그 중 의미가 기본적으로 같은 것이 3,107개가 있어 무려 81.5%를 차지한다고 한다(柳智恩, 2007).

이러한 어휘들의 품사를 살펴보면, 명사, 동사, 형용사가 가장 많다. 다음과 같은 예들이 있다.

명사류 : 暗号　版画　班长　本家　宝库　博士　博物馆　词典　大使馆
　　　　　道德　电子　法院　饭店　方法　风俗　古代　故乡　国家
　　　　　国民　海边　海洋　花盆　患者　交通　教室　经济　军事
　　　　　空气　帽子　美术　面积　民俗　男子　能力　女子　皮肤
　　　　　人参　日记　生活　生日　食品　世界　手续　设备　顺序
　　　　　思想　态度　听力　条件　信号　学生　学校　音乐　银行
　　　　　营养　政府　职业　主人　自然　祖国

동사류 : 哀悼　爱慕　安置　暗杀　暗示　包含　包括　把握　保存
　　　　　保管　保护　报答　报复　报告　暴露　背叛　比喻　编辑
　　　　　变动　变化　变换　裁判　沉没　承认　憧憬　踌躇　代替
　　　　　登山　点缀　动员　杜绝　发泄　发展　反抗　访问　吩咐
　　　　　分配　封锁　服从　告别　规定　欢迎　纪念　教训　接触
　　　　　经历　决断　恋爱　庆祝　示范　统一　研究　意识　影响
　　　　　遭遇　侦探　主张　整理　准备

형용사류 : 哀切　安静　安全　安稳　暗淡　傲慢　悲惨　悲观　悲痛　卑劣
　　　　　卑怯　不安　不当　不利　不良　不幸　不逊　不足　残酷　残忍
　　　　　灿烂　长久　长寿　彻底　沉着　诚实　充足　发达　愤慨　孤独
　　　　　固执　过分　和气　惶恐　混浊　活泼　简单　狡猾　惊愕　惊疑
　　　　　绝对　可观　冷静　流行　庄严　自由　尊贵

부사류 : 比较　毕竟　大概　大约　到处　到底　独自　纷纷　故意
　　　　　果然　何必　忽然　渐渐　屡次　其实　确实　十分　始终
　　　　　随时　特别　同时　往往　唯独　相当　永远　再三

대명사류 : 彼此　自己

양사류 : 层　次　辆　双　台

성어 : 白璧微瑕　百发百中　不可思议　得意洋洋　反复无常　后生可畏
　　　　坚如磐石　苦尽甘来　名正言顺　起死回生　千差万别　轻举妄动
　　　　似是而非　先见之明　言过其实　一目了然　朝三暮四

이들 한자어들은 원래 한국어에서 한자로 썼던 것들이나 지금은 한글로 표기하고 있어 많은 학생들이 조금 생소하게 느낄 수 있다. 그러나 독음이 비슷하기 때문에 대부분의 한국 학생들은 이를 쉽게 습득을 하는 편이다.

그런가 하면 아래와 같이 한중 표현 형식이 완전히 같지는 않지만 표면적인 의미나 기본 의미가 일치하는 경우도 있다.

표6 의미가 유사한 한중 한자어

번호	중국어	한국 한자어	번호	중국어	한국 한자어
1	心安	安心	11	兑换	換錢
2	介绍	紹介	12	免职	罷職
3	和平	平和	13	汉语	中國語
4	显明	明顯	14	演戏	演劇
5	舞会	舞蹈會	15	问候	問安
6	百货商店	百貨店	16	修改	修正
7	旅客	旅行者	17	担任	擔當
8	停业	休業	18	今天	今日
9	牙科	齒科	19	病房	病室
10	方便	便利	20	发誓	盟誓

(2) 한중 어휘의 의미가 다른 경우

A. 의미 차이가 작은 경우

이 경우는 크게 둘로 나눌 수 있는데, 그중 하나는 중국어의 범위가 한국 한자어보다 큰 경우이다. 예컨대 다음과 같다.

표7 의미 차이가 있는 한중 한자어1

번호	한자어	중국어 의미	한국어 의미
1	校長	各类学校的主要负责人 (각급 학교의 주요 책임자)	단지 초, 중등학교 교장만을 의미하고 대학교는 '총장'이라 칭한다.
2	家族	具有血缘关系的人组成的社会群体 (혈연관계를 갖는 사람들로 구성된 사회집단)	단지 가족, 가정만을 지칭한다.

3	品質	人的行为和作风所显示的思想、品性、认识等实质；东西的质量 (사람의 행위와 태도가 보여주는 사상, 품성, 인식 등의 본질; 물건의 품질)	상품의 품질
4	保險	担保、保证；肯定、一定；稳当、可靠、不会发生意外；保险业务 (담보하다, 보증하다; 확실한; 믿을 만하다, 의외가 없는; 보험업무)	보험업무
5	來日	将来的日子、未来 (훗날, 미래)	내일
6	禮物	赠送的物品 (증여하는 물건)	결혼 예물
7	手藝	手工技术(솜씨, 수공기술)	자수
8	水平	跟水面平行的、水准 (수면과 평행한, 수평, 수준)	수면과 평행한, 수평

이 밖에도 다음과 같은 어휘들이 있다.

: 大小, 东西, 地方, 对象, 感觉, 意思, 质量, 左右, 保留, 分配, 破裂, 认识, 分别, 非常, 所有, 一定 등

또 다른 상황은 한국 한자어의 의미 범위가 중국어보다 큰 경우이다. 다음과 같은 예가 있다.

표8 의미 차이가 있는 한중 한자어2

번호	한자어	중국어 의미	한국어 의미
1	時間	时间(시간)	시간, 시
2	食堂	机关、团体中供应本单位成员吃饭的地方 (기관, 단체에서 그 소속 구성원에게 밥을 제공하는 곳, 구내식당)	구내식당, 일반 거리의 식당
3	敎授	高等学校中职别最高的教师 (고등교육기관의 직급이 가장 높은 교사, 교수)	대학의 모든 교사, 교수
4	先生	多用作对男子的敬称 (남자에게 주로 사용되는 경칭)	일반적으로 남자나 지위가 높은 여성에 대한 경칭

5	千萬	无论如何、不管怎样 (어쨌든)	어쨌든; 상당히, 절대로
6	安寧	秩序正常 ; 安定、宁静 (질서가 정상적이다; 안정되고 편안하다)	질서가 정상적이다. 안정되고 평안하다. 별탈 없이 잘, 평안히

이러한 어휘에는 다음과 같은 것들이 더 있다.

: 格式, 人间, 人事, 人物, 性质, 性格, 依赖, 圆满 등.

B. 같은 의미와 다른 의미가 다 있는 경우

어떤 한국 한자어의 의항은 대응하는 중국어 어휘와 의미가 엇갈려 다르기도 하고 공동의 의미를 갖기도 한다. 다음과 같은 예가 있다.

표9 같은 의미와 다른 의미가 다 있는 한중 어휘

	한중 동일	한중 상이	
		한국어 의미	중국어 의미
機關	사무를 처리하는 부문	기계	计谋(계책, 계략)
工作	기계, 도구가 사람의 조작을 받아 생산 작용을 하는 것	어떤 목적을 위해 사전에 음모를 꾸미다	从事体力或脑力劳动 (일하다)

이러한 어휘에는 이 외에 '出世', '简单', '轻快', '不安', '不便' 등이 있다.

(3) 한중 어휘의 의미 차이가 비교적 크거나 완전히 다른 경우

일부 한자어는 대응하는 중국어 어휘와의 의미 차이가 매우 크거나 완전히 다르다.

표10 한자어 한중 의미 대조표

번호	한국 한자어	중국어 의미	번호	한국 한자어	의미	번호	한국 한자어	중국어 의미
1	監督	导演 教练	15	學院	补习或培 训机构	29	過年	女子过了结婚 的年龄
2	階段	台阶	16	點心	午饭	30	出勤	上班
3	汽車	火车	17	化粧室	卫生间	31	退勤	下班
4	自動車	汽车	18	便紙	信	32	約束	约会
5	新聞	报纸	19	愛人	情人	33	若干	一点儿
6	分野	领域	20	親舊	朋友	34	頂上	最高级
7	冷藏庫	冰箱	21	約婚女	未婚妻	35	試驗	考试
8	藥水	矿泉水	22	同生	弟弟	36	工夫	学习
9	旅券	护照	23	失職	解雇	37	受業	上课
10	背心	反心	24	人事	同候	38	休講	停课
11	膳物	礼物	25	放學	放假	39	理解	了解
12	水瓜	西瓜	26	食事	吃饭	40	熱心	热衷
13	情報	信息	27	結束	捆	41	小心	胆小
14	顏色	脸色	28	配合	混合	42	操心	小心

위와 유사한 한자어에는 다음과 같은 것들이 있다.

: 暗算, 暗記, 奔走, 出産, 燈臺, 惡心, 敷衍, 告訴, 骨子, 合算, 合同, 講究, 講義, 結實, 居室, 看病, 客氣, 老婆, 迫切, 奇特, 深厚, 失手, 事情, 算數, 調劑, 一同, 增長, 壯大 등.

이러한 어휘들은 한중 의미 차이가 비교적 큰 것들이나 그 수가 제한적이다. 학생들이 중국어를 처음 배울 때 이러한 어휘들로 인해 혼란에 빠지기 쉬우므로 교사는 특히 신경을 써야한다.

2. 용법 방면

한자어 중 특히 중국어 대응 어휘와 발음과 의미가 유사한 것들은 기본적으로 중국어 대응 어휘와 용법도 비슷하다. 그러나 일부 한자어는 중국어 대응 어휘와 용법상 차이가 있어 유의해야 하는데 아래의 몇 가지로 분류할 수 있다.

(1) 품사가 다르다. 예를 들어 '科學'의 경우, 중국어에서는 명사이면서도 형용사로 쓰이나 한국어에서는 단지 명사 용법만 있다. '優勢'의 경우, 중국어는 명사이지만 한국어에서는 형용사이다(우세하다). '着實'은 중국어에서 부사이나 한국어에서는 형용사이다(착실하다). '病'은 중국어에서 명사 겸 동사여서 서술어로도 쓰일 수 있다. 그러나 한국어에서는 단지 명사 용법만 있고 동사 용법이 없어 서술어로 쓰이지 못한다.

(2) 어휘 결합이 다르다. 앞에서 언급했던 '理解'의 경우, 한중 결합 상황이 다르다. 중국어에서 '了解中国文化'는 가능하나 '理解中国文化'는 불가능하다. 또 '深刻'의 경우, 한국어에서는 '엄중함'을 표시하여 '너의 실수가 심각하다.'란 말이 가능하다. 그러나 중국어에서 '深刻'는 '문제의 본질에 도달함 혹은 심적인 느낌의 정도가 깊음'을 나타낸다. 그래서 '认识很深刻(인식이 깊다)'라고 표현할 수 있다.

(3) 어감이 다르다. 예컨대, '頑固'의 경우 중국어에서는 부정적 의미가 있으나 한국어에서는 이러한 어감이 없다. 이런 유형으로 '殺害', '造成' 등이 있다. 한편, '幇助', '可观', '发觉', '工作', '谋事', '放置', '操作', '指令', '收拾', '陷落' 등의 어휘들은 한국어에서 다소 부정적인 의미를 갖고 있으나 중국어에선 일반적인 중성 의미만 있다.

(4) 문체가 다르다. 예컨대, '往复', '竞技' 등은 중국어에서 보통 서면어에서만 쓰이나 한국어에서는 구어투에서도 사용한다. 그에 비해 '容易', '志气' 등은 중국어에서 일반 구어에서 사용하나 한국어에선 주로 서면어투에서 사용한다.

(二) 한자어와 한국인을 위한 중국어 교육

앞에서 우리는 한자어의 한중 의미와 용법상의 관계에 대해 분석해 보았다. 이러한 한자어의 한중 차이점과 유사점 등에 대한 연구를 더 심화시키고, 아울러 이를 한국인 대상 중국어 교육에 활용하여 학생들이 이러한 차이점, 유사점을 잘 이용해 학습할 수 있게끔 지도해야 한다. 그렇게 하면 분명히 학습의 효율성을 극대화시킬 수 있을 것이다.

1. 발음과 의미가 유사한 한중 한자어에 대한 교육

한자어의 경우 대체로 한국어와 중국어의 발음이 비슷한데다가 한국 학생들은 일반적으로 중고교 시절 상용한자 1800자 정도를 학습하게 된다. 따라서 한국 학생들은 한자어에 대해 그다지 생소하지 않은 편이기 때문에, 한자어의 학생들에 대한 긍정적 촉진작용을 이용하면 뜻과 발음이 유사한 한자어를 설명할 때 보다 간략히 할 수 있고 곧바로 학생들에게 이들 어휘의 뜻과 용법을 설명해 줌으로써 지도의 효율을 높일 수 있다. 게다가 어느 정도 중국어 수준을 갖춘 한국 학생들에게는 많은 양을 한꺼번에 가르칠 수도 있다.

그런데 한자어를 지도할 때 반드시 발음 교정에 신경을 써야 한다. 그것은 한자어의 발음이 중국어와 비슷하면 중국어 발음을 정확하게 장악하는데 오히려 나쁜 영향을 줄 수 있기 때문이다. 그 밖에도 한자의 쓰기에도 신경을 써야 하는데 일부 한국 한자의 쓰기법이 중국어의 쓰기법과 차이가 있기 때문이다.

위의 내용을 신경 써서 지도한다면 한국 학생들이 한국한자어와 발음과 의미가 유사한 어휘를 습득하는 것은 그다지 어려운 일이 아닐 것이다. 특히 학생들은 이러한 어휘들에 관심이 많고 성취감도 높은 편이다.

한국 어휘에서 한사어는 다수를 치지하고 있다. 뿐만 아니라 중국어와 발음과 뜻이 비슷한 한자어도 한자어의 대부분을 차지한다. 그렇기 때문에 어휘를 지도할 때 이런 측면의 어휘들을 잘 파악한다면, 중국어 어휘 교육의 주요고지를 점령할 수 있을 것이다.

2. 의미와 용법이 다른 한중 한자어에 대한 교육

이 방면의 한자어가 바로 어휘 교육의 중점사항이라 할 수 있는데, 그것은 이들 어휘가 한중 두 언어에서 의미와 용법상 유사점도 있고 차이점도 있어 학생들이 쉽게 혼동하기 때문이다. 한국 학생들은 어휘 학습 과정에서 종종 한국어의 의미와 용법을 중국어의 의미, 용법으로 잘못 사용하는 오류를 범하곤 한다.

교사는 특히 한중 간 차이점이 다소 적은 한자어를 중시하여야 한다. 왜냐하면 이들 한자어들이 특히 한국 학생들이 중국어를 배울 때 가장 곤혹스럽게 여기고 가장 쉽게 오류를 범하는 것들이기 때문이다. 그래서 교사는 어휘 지도를 할 때, 한중 두 언어에서 나타나는 의미 범위, 의항, 품사특징, 부가 의미, 화용적 조건 등 제 방면의 차이와 관련성을 겨냥하여 집중적으로 설명하고 강조해야 한다. 그리고 설명할 때, 가능하면 구나 문장의 실례 등 문맥적 요소를 최대한 이용하여 설명해야 한다. 그 외에도 학생들이 항상 범하는 오류를 중심으로 효과적인 연습을 기획해야 하고 학생들이 의식적으로 이러한 오류를 피할 수 있도록 지도해야 한다.

한편, 의미와 용법의 차이가 다소 크거나 완전히 다른 한중 한자어에 대해서 중국어 교사는 그 차이점을 구별하는 작업을 잘 해야 한다. 즉, 지도의 중점을 '차이점 구별분석'에 두고 학생들에게 "이들 어휘가 중국어 중 어떤 것과 대응하는데 그 의미와 용법은 무엇이고 실제로 문장에서 이렇게 쓰인다"라고 하며 예도 제시하는 등의 일련의 작업을 해야 한다. 이런 유형의 어휘들이 비록 한중간의 차이가 크긴 하지만 그 수량은 비교적 제한적이다. 그래서 학생들이 처음엔 막연해 보여도 어느 정도 중국어 수준이 올라가고 단어를 비교할 줄 알게 되면 이 문제는 점차 사라지게 된다.

3. 어휘의 응용 훈련 강화

한자어 가운데 일부 어휘는 중국어와 의미도 일치하면서 그것의 품사 특징, 어감, 문체특징 등도 유사하다. 그러나 대부분의 한자어들은 비록 의미가 중국어와 유사하긴 해도 그 용법이 중국어와 다를 수 있다. 따라서 중국어 교사는 학생들에게 의미를 설명해줄 뿐 아니라 용법상의 훈련도 시켜야 한다.

예를 들어, 일부 어휘들은 한중간의 어휘 결합 습관이 매우 다른데다가 한국 학생들의 어휘 장악력도 떨어져 어휘 결합 상의 오류가 발생하곤 한다. 따라서 어휘 지도 과정에서 교사는 학생들에게 어휘 결합을 잘 제시해주고 연습도 시켜야 한다. 예컨대, 한국학생들이 다음과 같은 표현을 자주 하곤 한다. "这次考试是一个严重的考验。", "北京冬天的风很强。", "中国有了很大的发展。" 등. 이렇게 학생들이 어휘를 잘못 사용하는 예가 빈번하게 출현하기 때문에 학생들에게 새로운 어휘를 설명할 때 반드시 어휘 결합을 중점 사항으로 소개해야 한다. 그래서 다음과 같이 그 결합상황을 따로 제시해준다.

考验 － 严峻　　错误 － 严重　　风 － 大/小
发展 － 快/慢　　水平 － 高/低　　实力 － 强/弱

4. 한자어 연구 성과를 교재 개발에 즉각 적용

현재까지 한자어 연구 성과를 한국인을 위한 중국어 교재에 적용시킨 예가 많지 않다. 全香兰(2004)에 따르면, 한중 비교연구는 중영 비교연구에 비해 턱없이 부족한데다가 비록 일부 질 좋은 논문과 저자이 있다 해도 이런 연구 성과들이 충분히 주목을 받지 못하고 있고, 게다가 교재의 편찬과 실제 교육에 반영되지 못하고 있는 실정이라 한다. 우리는 한중 비교연구를 더 강화하고 중시해야 하고 가능하면 이러한 연구 성과들을 실제 교육에 응용시켜야 한다. 그렇게 하여 한국 학생들에게 적합하도록 어휘 교육을 새롭게 조정하고 한국 학생들을 대상으로 한 교재와 공구서를 편찬해야 한다. 이렇게 해야만 어휘 교육의 방향을 잘 잡아 실질적인 문제들을 해결할 수 있다. 全香兰의 건의는 한 번 귀담아 들을 만하다.

四. 어휘 교육의 방법

어떻게 하면 효율을 높여 학생들이 단 시간 내에 가능하면 빨리 자신의 어휘력을 늘리고, 보다 더 익숙하게 이들 어휘를 운용하여 의사소통을 할 수 있게 지도할 것인가 하는 것은 모든 중국어 교사들이 관심을 갖는 문제일 것이다. 이를 실현하기 위해서는 무엇보다 먼저 중국어 교사들이 효과적인 지도방법을 장악해야 한다.

교실에서 이루어지는 어휘 교육은 일반적으로 '어휘의 선택', '어휘의 제시', '어휘의 설명', '어휘의 연습'이란 네 단계 과정을 거친다. 매 단계마다 교사는 정성껏 지도 내용을 설계하여 과학적으로 실행해야 한다.

(一) 어휘 선택

중국어 교사가 새로운 과를 시작할 때 가장 먼저 접하는 것이 바로 새로 나온 단어이다. 매 과에서 새 단어가 나올 때마다 교사는 수업시간에 이를 정밀하게 설명하고 연습도 많이 시켜야 한다. 그러나 교사는 수업에서 너무 많은 시간을 새 단어 설명에 할애해서는 안되므로 모든 새 단어를 다 설명할 수는 없고 그 가운데 선택을 해야 한다. 그렇다면 도대체 어떤 어휘들을 선택해야 하는가? 그리고 선택된 어휘 중 어떤 것을 자세히 설명해야 하고 어떤 것을 간략히 설명해야 하는가? 이를 위해선 교사가 학생의 수준이나 어휘 자체의 특성에 대해 정확히 파악할 수 있는 능력이 있어야 한다. 교사는 새 단어를 선택할 시 아래의 몇 가지 문제를 고려해야 한다.

1. 한자어는 간략히 설명하고 중국어 어휘는 상세히 설명한다.

한자어 가운데 발음과 의미가 중국어 어휘와 비슷한 것은 학생들에게 바로 말해주면 된다. 그리고 의미 용법에서 중국어 어휘와 차이가 있다면 역시 그 차이점을 중심으로 말해주면 되고 이들에 대해 그렇게 많은 시간을 할애할 필요가 없다. 이보다는 비한자어 중국어 어휘에 중점을 두어 더 많이 설명하도록 한다.

2. 품사의 특징을 고려해볼 때, 실사는 간단히 설명하고 허사를 자세히 설명한다.

실사는 비교적 구체적이라 학생들이 쉽게 이해할 수 있다. 반면 전치사, 접속사, 부사, 조사 등의 허사들은 그 어휘 의미가 비어 있고 어법 의미만 있기 때문에 학생들이 훨씬 더 어려움을 느낀다. 따라서 교사는 새 단어를 접했을 때 모든 어휘를 똑같이 대하지 말고 중요도에 따라 취사선택해서 설명해야 한다.

허사를 설명할 때 반드시 이 허사의 용법을 분명히 설명하여 학생들이 충분히 이를 운용할 수 있게 해야 한다. 예를 들어, 전치사 '朝'를 설명한다면 '朝'가 '동작의 방향을 표시한다'고 설명해 주고(예, "朝北走" 등), 이 밖에도 '朝'와 '往', '向' 등 기타 전치사와의 차이점도 설명해주어야 한다. 다음과 같다.

표11 중국어 전치사 '朝', '向', '往'의 기능 비교

비교 \ 전치사	목적어		동사		보어
	처소 또는 방위사	사람	사람의 신체 동작	추상적인 동사	
朝	+ 朝北走	+ 朝我笑	- 朝我走来	*朝他学习	- *飞朝北京
向	+ 向北走	+ 向我笑	+ 向我走来	+ 向他学习	+ 飞向北京
往	+ 往北走	- *往我笑	- *往我走来	*往他学习	+ 飞往北京

교사는 유사한 허사들의 용법에 대해 충분하고 세밀하게 설명해야 하며, 귀납은 매우 간결하게 해야 한다.

실사를 설명할 때도 약간의 차별을 두어야 한다. 일반적으로 명사들은 그다지 정밀하게 설명할 필요가 없으나 '经验', '兴趣' 등의 일부 추상명사들은 비교적 자세히 설명해야 하고, 동사 중에서 일반 동작 동사들은 간략히 설명한다. 반면, 비교적 추상적인 동사나 '进行', '加以' 등의 형식동사, '肯', '会' 등의 능원동사, '见面', '毕业' 등의 이합사들은 학생들의 상황에 따라 그 용법에 대해 자세히 설명해야 한다. 이 밖에도 일부 실사들의 특수 용법, 예컨대 동사, 형용사, 명사 및 대명사들의 중첩 용법 등도 자세히 설명해야 한다.

3. 문화적 시각에서 봤을 때, 한국 학생들이 익숙치 않은 문화 어휘를 많이 설명해줘야 한다.

어휘와 문화의 관계는 매우 밀접하여 지도 과정에서 교사는 언어지식의 전수와 단어의 문화의미 소개를 유기적으로 접목시킬 수 있어야 한다.

한국과 중국의 문화는 매우 가까워 일부 문화 어휘의 경우 한국 학생들이 비교적 익숙해서 쉽게 이해할 수 있다. 예컨대, "诸葛亮, 潘金莲, 状元, 秀才, 和尚, 八卦, 阴阳, 仁, 义, 礼, 智, 信" 등은 많은 해석이 필요치 않다. 그리고 어떤 어휘들은 중국 문화를 많이 함축하고 있다. 예컨대, "有喜 임신하다), 红豆(상사자. 홍두의 씨. ※ 고대 문학 작품에서 남녀간의 애정 과 상사(相思)의 상징으로 쓰였음), 吃醋(질투하다), 绿帽(서방질하는 여 자의 남편), 打棍子(비난하다), 裙带关系(처가의 세력을 중심으로 결성된 파벌 관계)" 등은 한국 문화에는 없거나 한국 학생들이 익숙치가 않은 것이 니, 교사들은 그 문화적 함축과 사용 환경을 자세히 설명해 주어 학생들이 이를 이해하지 못하거나 잘못 이해하여 오용하지 않게 해야 한다.

4. 어휘의 관계적 측면에서 볼 때, 다의어, 반의어, 유의어 및 어휘의 구성요소 등에 대해서도 설명해야 한다.

단독으로 어휘 하나만 학습하는 것은 고립적이고 무미건조하다. 중국어 교사는 어휘란 체계적인 것임을 인식해서 새로운 어휘를 설명할 때 지도 상황에 따라 내용을 확장시켜야 한다. 그리하여 교사는 학생이 기존에 배웠던 어휘를 연상시키거나 해당 어휘의 다의어, 반의어, 유의어 및 관련 어휘들을 연상할 수 있게 도와줘야 한다. 이렇게 함으로써 학생은 어휘체계를 점차 더 일반화시켜 자신의 어휘 체계를 수립할 수 있게 되고, 이로써 학습의 흥미도 증가하고 자신의 어휘량도 확대될 수 있다.

중국어 어휘는 형태소로 구성되는데 대부분이 단음절 형태소를 구조단위로 하여 일정한 조어법에 의해 결합하여 하나의 어휘가 이루어진다. 이때 특히 형태소의 의미는 항상 그 단어의 형성을 제약하게 된다. 중국어를 지도할 때, 특히 중고급 어휘지도 과정에서 이러한 형태소를 중심으로 지도하면 학생들이 중국어의 어휘 네트워크를 건립할 수 있게 된다.

중국어에서 어휘의 조어법과 통사구조는 상당한 유사성을 갖고 있어서, 어휘 지도 시 중국어의 조어법 규칙을 적당하게 소개해주면 좋다. 그러면 학생은 형태소의 의미와 조어법을 장악하게 되고 이로써 더욱더 깊이 있게 단어의 의미를 이해하게 되며, 아울러 중국어 어휘를 자주적으로 학습하여 어휘량을 늘릴 수 있게 된다.

그리고 교사는 중국어 어휘의 문맥적 지식 또한 함께 설명해줘야 한다. 학생들은 중국어 어휘의 의미 뿐 아니라 그 어휘가 어떤 문맥에서 사용되는지도 알아야 한다. 특히 일부 다의어, 유의어와 허사들의 용법은 문맥 속에서 그 특징이 드러나게 되므로 지도 과정에서 교사는 충분히 그 문맥을 제공해 줘야 한다. 이렇게 함으로써 학생은 다의어, 유의어 및 허사의 의미와 용법을 더 분명히 이해하게 된다.

(二) 어휘의 소개

1. 어휘의 소개 순서

모든 과의 뒷부분에는 새 단어표가 있다. 일반적으로 이들 새 단어표 내의 단어들은 본문에 출현하는 순서에 의해 배열되어 있어 학생들이 찾거나 예습하기가 쉽다. 그러나 교사가 새 단어를 소개할 때에는 원래의 순서를 깨고 여러 가지 목적에 근거하여 새 단어표를 다시 가공해 새롭게 순서를 배열할 수 있다. 이렇게 하면 자신이 가르치기도 쉽고 학생들의 흥미도 증가시킬 수 있으며 학생들이 기억하기도 쉽다. 일반적인 배열 방식에는 다음과 같은 것이 있다.

(1) 다양한 화제에 근거하여 분류 배열하기

설명과 연습의 필요성에 근거하여 서로 관련이 있고 공통의 화제를 갖는 단어들끼리 묶어 화제를 중심으로 새 단어를 정리한다. 예를 들어 한 과의 새 단어들을 '여행', '물건사기', '날씨', '교통' 등의 여러 화제별로 그룹 짓는다.

그리고 화제에 따라 문맥을 설정하고 그 문맥 속에서 새 단어를 설명한다. 이렇게 하면 학생들 스스로 그 문맥 속에 들어가 새 단어의 용법을 이해할 수 있게 되고, 학생들의 흥미도 더 배가되어 학생들이 기억하기에 편리해진다. 이 밖에도 화제를 중심으로, 단어에서 문장으로, 다시 문장에서 문단 단위로 점점 더 확장하면서 새 단어를 설명하게 되면, 학생은 보다 입체적으로 단어를 장악할 수 있고 더 빠르게 응용할 수 있게 된다. 마지막으로 단어의 연습 또한 화제와 연결시킬 수 있는데, 그렇게 함으로써 연습의 난이도를 낮출 수 있고 학생의 자신감을 높일 수 있게 된다.

(2) 품사에 따라 분류하여 배열하기

중국어의 어휘는 형태표지가 없어 학생이 구분하기가 어렵다. 따라서 새 단어를 설명할 때 학생의 중국어 품사에 대한 인상을 의식적으로 강화시켜야 한다. 교사는 품사에 따라 새 단어를 분류하여, 예컨대 명사그룹, 동사그룹, 형용사그룹, 부사그룹, 전치사그룹, 접속사그룹, 조사그룹 등으로 나눈다. 동일한 품사는 상대적으로 유사한 어법 특징과 용법을 갖기 마련이므로, 이렇게 품사에 따라 그룹지어 설명하면 학생들이 각 품사의 기능 특징을 이해하기 쉬워지고 교사가 설명할 때에도 중복을 피해 효율성을 높일 수 있다.

2. 어휘의 소개 기술

(1) 보여주기식 방법

새 단어를 소개할 때, 방법이 간단하면 간단할수록 학생들이 더 쉽게 이해한다. 보여주기식 방법에는 '실물/사진 소개법'과 '동작 흉내법'이 있다.

A. 실물/사진 소개법

명사나 동사, 형용사 등의 실사들은 실물이나 사진을 가지고 보여줄 수가 있다. 이런 방법을 쓰면 학생들이 아주 일목요연하게 이해할 수 있게 되고 학습 시간도 절약할 수 있다. 그리고 이러한 단어를 설명할 때, 교사는 그 중점을 주로 발음 교정에 두면 되므로 지도의 효율성을 높일 수가 있다. 예를 들면 다음과 같다.

旗袍

购物

沼泽

B. 동작 흉내법

'拥抱', '招手', '游泳' 등의 일부 동작 동사들은 교사가 동작으로 보여줄 수가 있다. 이렇게 하면 많은 시간을 들이지 않고도 쉽게 이해시킬 수 있다. 한편으로 교사는 또 학생들에게 이 동사의 동작을 해보라고 함으로써 학생의 이해도를 측정할 수도 있다.

(2) 정보 제시법

A. 듣고 쓰기

듣고 쓰기는 학생이 새 단어를 얼마나 장악했는가를 파악할 수 있는 수단임과 동시에 일종의 어휘 제시 수단이기도 하다. 중국어의 어휘는 아래의 세 부분이 삼위일체로 이루어진 것이다.

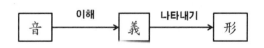

따라서 듣고 쓰기는 학생으로 하여금 중국어의 특징에 잘 익숙해지도록 하는 기능이 있으며 어휘의 입체적인 개념을 정립시킬 수 있다.

듣고 쓰기를 할 때, 교사는 중점적으로 제시하고자 하는 어휘에 대해 한두 명의 학생들을 골라 칠판 앞에 나아가 지정된 자리에서 쓰게 하고, 기타 학생들은 앉은 자리에서 쓰게 한다. 듣고 쓰기 이후 교사는 학생들이 제대로 듣고 썼는지 상황을 점검한다. 점검 방식은 교사가 직접 틀린 것을 지적해줄 수도 있고, 학생으로 하여금 고치게 할 수도 있다. 수정이 끝난 후, 교사는 학생들이 칠판에 쓴 중점 단어를 기타 학생들에게 제시해준다. 이러한 방법은 학생들에게 자연스럽게 어휘에 대한 깊은 인상을 줄 수 있다는 장점이 있다.

B. 낭독

낭독은 전통적인 교육방식이자 제시 방법이다. 이 방법은 중국어 교실에서 빠질 수 없는 부분으로 낭독을 통해 학생들은 '형음의(形音義)'의 관계를 정립하게 되고 더 깊게 기억하게 된다. 낭독은 '따라 읽기[领读]', '함께 읽기[齐读]', '혼자 읽기[点读]', '순서대로 읽기[轮读]', '확인 읽기[认读]'가 있다.

'따라 읽기'는 교사가 먼저 시범으로 읽고 학생이 따라 읽는 것이다. 이런 방법은 특히 초중급 수준의 학생들에게 매우 중요한데, 학생들은 교사의 발음을 모방하여 어휘의 정확한 발음과 어조를 습득할 수 있다.

'함께 읽기'는 학생들에게 함께 읽게 시키는 것이다. 이 방법은 시간을 절약할 수 있고, 학생들이 낭독을 하면서 서로 학습하고 조화를 이룰 수 있다. 그러나 교사가 개개인의 발음을 듣고 판단할 수 없다는 단점이 있다.

'혼자 읽기'는 교사가 어떤 한 학생을 지정해 혼자 읽게 하는 것으로 이렇게 하면 교사는 한 학생의 발음을 집중적으로 교정해 줄 수가 있다. 다만 모든 학생들이 다 읽으려면 시간이 많이 든다는 문제가 있다. 따라서 교사는 문제가 좀 두드러지거나 보편적인 문제가 있는 학생을 뽑아 읽게 하고 잘못된 부분을 교정해주면 된다.

'순서대로 읽기'는 학생들이 순서에 따라 각자 단어 하나 혹은 몇 개씩을 읽는 것이다. 이렇게 하면 반의 모든 학생들이 공평히 읽을 수 있으나 집중적으로 지도하기는 힘들다.

'확인 읽기'는 학생이 새 단어를 장악했는지 확인할 때 쓰인다. 교사는 판서를 하거나 단어카드를 써서 학생에게 이를 읽게 할 수 있다.

(三) 어휘의 설명

어휘의 설명은 어휘 지도의 핵심으로 일반적으로 어휘의 의미에 대한 설명과 용법에 대한 설명 두 가지 방면으로 구성된다. 어휘의 의미란 어휘의 '기본의미', '문맥의미', '어감' 등이 해당되며, 용법은 어휘의 '기본어법기능', '문장 중 항상 출현하는 위치', '어휘의 결합 규칙 및 습관', '어휘의 사용범위' 등이 해당한다.

어휘를 설명할 때는 정확하고 생동감 있는 말을 사용하여 학생들에게 해당 어휘를 설명해야만 학생들이 그 어휘의 기본 의미를 이해하고 정확한 용법을 장악할 수가 있다. 어휘를 설명할 때 사용할 수 있는 방법에는 아래의 몇 가지가 있다.

1. 형상 설명법

교실에서 새 단어를 설명할 때, 너무 많은 시간을 쓸 필요는 없으며 설명의 방법이 간단명료할수록 더 좋다.

(1) 직관법

실물, 카드, 동영상 등 구체적 형상화 수단을 이용하여 설명한다. 예를 들어 '龙眼'이란 과일을 설명한다고 할 때, 바로 이 과일의 실물이나 사진을 갖다가 보여주면 된다. 또 "微笑, 大笑, 狞笑, 奸笑, 傻笑" 등의 각종 웃

음들을 설명할 때에도 카드나 동영상 등으로 웃는 방법을 설명할 수 있다
이러한 방법은 일목요연하면서도 시간을 절약할 수 있는 장점이 있다.

(2) 시범법

일부 동사, 형용사, 명사들은 의미상 동작성을 함축하고 있어 단지 말로
만 설명하면 시간도 많이 들고 쉽게 이해시키지도 못하게 된다. 이때 교사
는 자신이나 학생의 시범을 통해 이러한 어휘를 설명할 수 있다. 예를 들
어, '蹒跚', '作揖' 등의 동사는 교사가 동작을 보여주면 학생이 보고 언어부
호와 의미를 연결시킬 수 있게 된다. 이러한 방법은 교실의 분위기를 활성
화시킬 수 있고 지도 효과도 높일 수 있다.

교사는 이런 어휘들의 의미를 동작으로 설명했기 때문에 상대적으로 시
간이 남게 되고, 이러한 시간을 이용하여 강의의 중점을 용법에 두고 설명
할 수 있다. 예컨대, '拥抱'는 뒤에 바로 목적어가 올 수도 있고("拥抱她")
동사 앞에 전치사를 써서 목적어를 이끌 수도 있다("跟/同她拥抱"). 그런데
'招手', '游泳' 등은 뒤에 바로 목적어를 쓸 수 없고, 반드시 전치사를 이용
해야만 한다("向……招手", "在……里游泳"). 이러한 동사들을 먼저 동작으
로 설명해주게 되면 남는 시간을 그들의 용법 설명에 할애할 수 있다.

2. 언어 설명법

(1) 어휘 교체법

학생들에게 모국어나 기존에 배웠던 다른 중국어 어휘를 가지고 새 단어
를 대체하게 한다. 이렇게 하면 새 단어의 뜻을 설명할 수 있다.

A. 한국어 교체법

새 단어를 바로 한국어로 번역하게 한다. 이런 방법은 특히 한자어를 설
명할 때 더 적합한데, 예를 들어 '故意'란 단어를 설명할 때는 바로 학생에

게 '고의로'라고 그 뜻을 알려주면 된다.

이런 방법은 간편하고 시간과 힘도 절약할 수 있는 장점이 있지만, 학생들이 모국어에 지나치게 의존하게 만들 수 있다는 문제점도 갖고 있다. 이 밖에 어떤 한자어는 한중간에 의미와 용법이 완전히 일치하지 않을 수 있어서 교사는 반드시 비교를 통해 그 차이점을 분명히 밝혀주어야 한다.

B. 이미 알고 있는 어휘로 새 어휘 설명하기

학생이 어느 정도는 언어능력이 있다는 전제하에서, 그 학생이 이미 배운 다른 단어로 새 단어를 설명하게 한다. 이 역시 상용되는 방법 중 하나이다. 예를 들어, '出发'로 '动身'을 설명하고, '参加工作'로 '就业'를 설명할 수 있다.

이렇게 이미 알고 있는 중국어 어휘로 새 어휘를 설명하는 방법은 학생들이 모국어 의존성을 탈피하게 할 수 있고 기존에 배웠던 어휘를 복습할 수 있는 기회도 된다.

C. 동의어로 교체하기

학생들이 배웠거나 알고 있는 동의어를 가지고 새 어휘를 설명한다. 이렇게 함으로써 새 어휘에 대한 이해도 도울 수 있지만 더 중요한 것은 학생이 자신의 어휘 체계를 더 풍부히 할 수 있도록 도와준다는 점이다.

예를 들어, '喜欢'을 가지고 '爱(爱打篮球)', '好', '爱好', '对……感兴趣' 등을 설명할 수 있다. 그런데 사실 엄격하게 말하면 의미와 용법이 완전히 동일한 동의어는 없다. 따라서 설명할 때 동의어 간의 차이점을 반드시 잘 설명해 주어야 하는데 만약 그렇지 않으면 학생이 오해할 가능성이 있다. 예를 들어, '喜欢' 뒤에는 '喜欢泡菜'처럼 명사성 성분이 목적어로 올 수도 있고, '喜欢吃泡菜'처럼 위사성 성분이 올 수도 있다. 그러나 '好' 뒤에는 '好吃泡菜'처럼 단지 위사성 성분만이 올 수 있다. 교사가 만일 이들 사이의 차이점을 분명히 밝혀주지 않는다면 학생은 분명 "我好泡菜."와 같은 잘못된 문장을 만들어 낼 수 있다.

D. 반의어로 교체하기

반의어의 비교를 통해 의미를 설명해줄 수 있는데 이것도 아주 좋은 방법이다. 예컨대,

讨厌(싫어하다) — 喜欢(좋아하다)

冷静(냉정) — 激动(격동)

经常(항상) — 偶尔(가끔)

그런데 일부 반의어는 완전히 대등하게 상반된 의미가 아닐 수 있다. 예를 들어, 위의 '讨厌'은 분명 '很不喜欢'의 의미로써 그냥 좋아하지 않는 정도가 아니라 '혐오'의 의미까지 담고 있다. 바로 이러한 점을 신경 써서 학생들에게 일깨워줘야 한다.

(2) 형태소 설명법

중국어의 복합어는 형태소들에 의해 일정한 조어법 규칙에 입각하여 형성된 것이다. 그렇기 때문에 그 형태소의 의미가 전체 복합어의 의미를 결정할 수 있고 그것에 중요한 영향을 끼칠 수도 있다. 그래서 어떤 경우엔 복합어 구성 성분들의 의미를 앎으로써 그 복합어의 의미까지 추론해낼 수가 있다. 예컨대,

惊喜 = 吃惊(놀라다)+高兴(기뻐하다)

缺德 = 没有(없다)+道德水平(도덕수준)

自费 = 自己(스스로)+付费(돈을 내다)

이렇게 형태소를 이용하여 단어의 뜻을 설명하는 방법은 학생들이 중국어 어휘의 형성 규칙을 잘 이해하고 그것에 익숙해질 수 있게 하고, 더 나아가

학생 스스로 공부할 수 있는 능력을 배양할 수 있게 한다는 장점이 있다.

그러나 주의해야 할 것은 모든 어휘가 다 이렇게 형태소들의 간단한 결합에 의해 구성된 것이 아니라는 사실이다. 예컨대,

反正(어쨌든) ≠ 反面(부정적인 면)＋正面(긍정적인 면)
再说(게다가) ≠ 再(다시)＋说话(말하다)

(3) 묘사법

학생들이 쉽게 이해할 수 있는 중국어 어구를 사용하여 새 단어의 의미를 설명할 수 있다. 예컨대,

区别 － 不一样的地方(다른 점)
就座 － 坐到座位上(자리에 앉다)

묘사법 사용 시 주의할 점은 오히려 더 어려운 어휘나 어구를 사용하여 설명하지는 말아야 한다는 것이다. 그렇지 않으면 학생은 오히려 더 큰 혼란에 빠지게 된다. 예를 들어 '毛衣'를 설명할 때, "毛衣是用动物的毛织成的衣服"라고 설명한다면 학생들은 여기서 '动物', '毛', '织' 등의 어휘를 모를 수가 있다. 그러면 교사는 다시 이 몇 개의 단어들을 또 설명해야 하는데, 이러다 보면 시간도 지체되고 수업 본래의 목표를 벗어나게 된다.

(4) 예시법

일부 의미가 추상적인 어휘들의 경우, 학생에게 예를 들어 주어 직접 깨닫게 한다. 예를 들어 '过分'이란 말을 설명할 때, 우리는 다음과 같은 예문을 들 수 있다.

① 明浩竟然打他的妈妈，太过分了。
   (명호는 뜻밖에도 그의 엄마를 때렸다. 정말 너무한다.)

② 美贞常常随便扔垃圾, 很过分。

(미정이는 항상 함부로 쓰레기를 버리는데 너무한다.)

③ 老师批评学生不交作业, 并不过分。

(선생님이 학생이 숙제를 안냈다고 꾸짖는 것은 결코 너무하는 게 아니다.)

학생들은 위의 이러한 예들을 통해서 '过分'의 의미가 "说话、做事超出一定 的标准和限度(말, 일 등에서 일정한 기준과 한계를 벗어나는 것)"이라는 사 실을 이해하게 된다.

(5) 문맥을 통해 설명

새 단어를 설명할 때 가장 좋은 것은 그 단어를 사용하는 문맥을 제시해 주는 것이다. 그것은 어휘의 의미가 항상 문맥 속에서 체현되어 나오기 때 문이다. 즉, 학생이 익숙하거나 직접 겪었던 언어 문맥을 설정하여 학생으 로 하여금 단어의 실제 운용 가운데서 그 단어의 의미를 체득하게 하는 것 이다. 이렇게 하면 학생 스스로 그 단어의 의미를 올바르게 이해하고 또 사용할 수 있게 된다. 예를 들어, '值得'라는 단어의 의미에 대해 학생에게 아래와 같은 몇 가지 문맥을 설정해 줄 수 있다.

④ 学汉语能帮助我找到好工作, 所以我们用很多时间学汉语 － <u>很值得</u>。

(중국어를 공부하게 되면 우리가 좋은 직업을 구할 수 있게 도와주므로, 우리가 많은 시간을 들여 중국어를 공부하는 것은 "가치가 있다.")

⑤ 你花了两千块钱买了一双鞋, 可是那双鞋质量、样子并不好, 我们 就可以说花两千块钱买那双鞋 － <u>不值得</u>。

(네가 2천 위안을 써서 신발 한 켤레를 샀는데 그 신발의 품질과 모양이 안 좋았다면, 우리는 2천 위안을 써서 그 신발을 사는 것이 "가치가 없다"고 말할 수 있다.)

문맥을 통한 설명은 근의사에도 적용된다. 예를 들어, 한국어에는 '了解'라
는 단어가 없고 '理解(이해)'가 중국어의 '了解'의 의미까지도 포함하고 있
다. 그래서 한국 학생들은 종종 본래 '了解'를 써야하는 상황임에도 여기에
理解'를 쓰기도 한다. 예를 들면,

⑥ ＊我和同屋一起住了半年，我很理解我的同屋。
（나는 룸메이트와 함께 반년을 살았다. 나는 나의 룸메이트를 잘
이해한다.）（여기서는 마땅히 '了解'를 써야 한다.）

⑦ ＊我不理解中国文化。
（나는 중국문화를 잘 이해하지 못한다.）（여기서는 마땅히 '了解'
를 써야 한다.）

중국어에서 '了解'와 '理解'는 모두 "知道(详细情况)、明白、懂得"라는 의미
를 갖고 있다. 그러나 이 중 '理解'는 이 외에 또 "经过深入思索懂得其中道
理和用意(깊은 사색을 통해 그 안의 도리와 뜻을 알다)" 및 "认为某种情况
不奇怪甚至是合情合理的(어떤 상황이 이상하지 않으며 심지어 이치에 맞
는다고 여기다)"의 의미까지 갖고 있다. 반면, '了解'는 "通过调查、询问而
知道(조사, 질문을 통해 알다)"의 의미를 갖고 있다.

이러한 차이는 교실에서 교사가 말로 다 묘사하기 힘든 면이 있다. 바로
이때 문맥을 설정하여 학생에게 이것을 직접 이해하게 한다면 훨씬 더 효
과적일 것이다. 예를 들어 교사는 학생과 함께 다음과 같은 대화를 진행할
수 있다.

师：你认识你的女朋友多长时间?(너 네 여자친구 안지 얼마나 됐니?)
生：两年多了。(2년 되었어요.)
师：你了解她吗?(너 그녀를 잘 아니?)
生：了解。(잘 압니다.)
师：你是怎么了解她的?(너는 어떻게 그녀를 잘 아니?)

生 : 我们是通过一起玩儿和聊天了解的。
　　(우리는 함께 놀고 이야기도 하고 그래서 알아요.)
师 : 如果你的女朋友跟别的男同学一起去旅行, 你能理解吗?
　　(만약 네 여자친구가 다른 남자 학생과 함께 여행을 간다면 너는
　　이해할 수 있니?)
生 : 不能理解。(이해할 수 없어요.)

3. 어휘를 설명할 때 주의해야 할 것

(1) 학생으로 하여금 충분히 참여하게 한다.

어휘를 설명할 때 교실 분위기는 보통 쉽게 가라앉는다. 따라서 교사는
혼자만 수업하지 말고 가능하면 학생이 말을 많이 하게하고 교사는 적게
말해야 한다. 이렇게 학생이 수업에 적극적으로 참여하게 만들어야 학생들
의 적극성을 유발하고 자신감을 배가시킬 수 있다. 이 외에도 학생들의 표
현 능력을 높일 수 있고 교실 분위기에 활력을 넣어줄 수도 있다. 그리고
교사가 말을 적게 해야 학생이 스스로 참여하고 연습할 수 있는 시간을 충
분히 갖게 된다. 예를 들어 새 단어를 설명할 때, 사진이나 동작을 이용해
최대한 간결하게 설명할 수 있다. 물론 이렇게 함으로써 말로 하는 설명을
최소화할 수 있다. 꼭 말을 써야 한다면 학생들 스스로 깨닫게 하는 계발식
이나 회화식을 이용하여 역시 학생 참여를 유도한다. 그래서 대화를 통해
학생에게 새 단어를 말하게 하고 학생이 그 단어로 문장 하나를 말해보게
하는 것이다. 특히 중고급 정도 수준의 학생이라면 그들에게 중국어로 그
단어를 해석하게 할 수도 있다. 중국어로 설명하게 할 때, 한 사람이 주된
설명을 하고나서 그 외 다른 학생들이 수정, 보충하게 하고 마지막에 교사
가 강평을 하면 된다.

(2) 많은 예문을 학생들에게 주어 이해시킨다.

새 단어를 설명할 때, 사전상의 해석 내용을 전부 학생에게 말해줄 필요
는 없다. 왜냐하면 중국 사전의 주석 내용은 일반적으로 원문 그대로 학생
들에게 강의하기엔 그다지 적합하지 않기 때문이다.

예를 들어, '其实'란 단어는 『现代汉语八百词』에 다음과 같이 설명이 되
어 있다.

> "表示所说的情况是真实的。用在动词前或主语前。 a)引出和上文相
> 反的意思, 有更正上文的作用。 b)表示对上文的修正或补充。"(말하는
> 상황이 진실임을 표시한다. 동사 앞 혹은 주어 앞에 쓰인다. a) 위문장
> 과 상반된 의미를 이끌어 내어 위문장을 수정하는 작용을 한다. b) 위
> 문장에 대한 수정 혹은 보충을 나타낸다.)

만약 이러한 내용을 그대로 학생들에 말해 준다면 아마도 학생들은 어리
둥절하여 당황할 것이다. 왜냐하면 일반적인 학생들의 중국어 수준에서
'引出, 上文, 作用, 表示, 修正, 补充" 등의 일부 어휘들은 사실 어떻게
보면 '其实'보다도 더 어렵기 때문이다. 게다가 교사가 이 어휘들을 다 설명
해줬다고 해도 학생들은 여전히 이를 어떻게 써야하는지를 모른다. 그렇기
때문에 문맥을 설정하고 예문을 만들어 주어 학생들에게 직접 깨닫게 하는
것이 가장 간결하면서도 효과적이다. 예컨대 다음과 같다.

⑧ 看起来她像韩国人, 其实她是中国人。
  (보기에 그녀는 한국인 같은데 사실 그녀는 중국인이다.)
⑨ 都知道她的汉语很好, 其实她的英语也很好。
  (그녀가 중국어를 잘한다고 다들 알고 있는데 사실 그녀는 영어도
  잘한다.)

따라서 중국어 어휘 교육에서 교사의 예문 시용은 매우 중요하다.

이때 반드시 주의해야 할 것은 예문이 반드시 적당해야 하고 일정 수준을 넘지 말아야 한다. 그래야만 학생들이 순조롭게 새 단어를 익힐 수가 있으며 만약 그렇지 않으면 단어 지도에 두서가 없어져 그 지도 효과가 떨어지게 된다.

4. 예문을 설정할 때 아래의 몇 가지를 유의해야 한다.

(1) 예문은 충분한 정보를 제공해야 한다.

예문의 정보가 충분하면 학생은 더 많은 문맥과 정보 속에서 이를 반복적으로 생각해 그 어휘의 의미를 이해하게 된다. 만약 예문의 정보가 적으면 학생은 충분하게 의미를 이해하기 어렵다. 예컨대, 교사가 '简直'란 어휘를 가르칠 때 아래와 같은 예문을 들 수 있다.

⑩ 这里的西瓜简直太便宜了。(이곳의 수박은 정말이지 너무 싸다.)
⑪ 这里简直住不下去了。(여기는 정말이지 더 이상 머물 수 없다.)
⑫ 我简直不知道他说什么。
(나는 정말이지 그가 무슨 말을 하는지 모르겠다.)

이러한 문장들은 문맥정보가 없어 학생은 이 예문들을 통해 '简直'의 의미와 용법을 충분히 이해하기가 힘들다. 이것은 마땅히 아래와 같이 고쳐야 한다.

⑬ 买一个西瓜只花３元钱，这里的西瓜简直太便宜了。
(수박 하나에 3위안 밖에 안하니 여기 수박은 정말이지 너무 싸다.)
⑭ 这里没暖气，房间白天只有２℃，太冷了，我简直住不下去了。
(여기는 난방기가 없어서 방안이 낮인데도 겨우 2도이다. 너무 추워서 나는 정말이지 더 이상 머물 수 없다.)

⑮ 我刚来中国时，出租汽车司机说话太快，我简直不知道他说什么。
(내가 중국에 막 왔을 때, 택시기사가 하는 말이 너무 빨랐다. 그래
서 난 정말이지 그가 무슨 말을 하는지 몰랐다.)

이러한 예문들을 통해 학생들은 '简直'의 용법이 "완전히 이와 같거나 혹은
거의 이와 같다는 것을 강조하고, 과장의 어기가 있음"을 생각해 낼 수 있
는 것이다.

(2) 예문의 문맥 정보는 학생들이 이해하기 쉬운 것이어야 한다.

교사는 예문을 설정할 때, 학생들이 그 문맥 정보를 쉽게 접수할 수 있는
지, 즉 그 접수 정도를 고려해야 한다. 그래서 가능하면 학생들의 중국어
수준과 비슷한 정도의 어구를 선택해야 하고, 학생들과 밀접하면서 학생들
의 문화와 이념에 부합하는 생활 배경을 선택해야 한다. 이렇게 해야만 학
생들의 이해 난이도를 낮출 수 있고, 학생들이 그 어휘를 이해하는데 주의
력을 집중하게 할 수 있다. 예컨대, 한 교사가 '居然'이란 어휘를 설명할 때
아래와 같은 예문을 쓸 수 있다.

⑯ 这里的麻辣烫店居然是东北人开的。
(이곳의 마라탕 가게는 놀랍게도 동북사람이 연 것이다.)
⑰ 爸爸居然一星期喝三次酒。
(아빠는 놀랍게도 일주일에 세 번이나 술을 드신다.)
⑱ 他居然跟女朋友住在一起。(그는 놀랍게도 여자친구와 함께 산다.)
⑲ 我去晋西南偏僻农村调研时，发现有的老太太居然还绑着小脚！
(내가 晋西南의 궁벽한 농촌에 조사를 갔을 때, 어떤 노부인이 놀랍
게도 아직도 전족을 하고 있는 것을 발견했다.)

제⑯의 경우 일부 한국인 학생, 특히 중국에 온 적이 없는 한국 학생들은
麻辣烫'이 무엇인지 잘 모른다. 그 뿐 아니라 '麻辣烫'과 '四川', '东北人'과

의 관계에 대해서도 당연히 모른다. 그렇기 때문에 그들은 이때의 '居然'의 의미를 제대로 파악하기 어렵게 된다. 예⑰의 경우 한국인들에게는 자주 심지어는 매일같이 저녁마다 술 마시고 친구를 만나는 것이 그다지 이상하게 느껴지지 않을 것이다. 예⑱의 경우 일부 젊은 청년에게는 여자 친구와 함께 사는 게 그다지 이상하게 느껴지지는 않을 것이므로, 이 문장으로는 역시 학생들이 '居然'의 의미를 정확히 파악할 수가 없다. 예⑲는 우선 예문이 너무 길고, 일부 어휘는 너무 어렵다. 그래서 학생들이 신속하게 문장의 의미를 이해하기 좀 곤란한 면이 있다. 게다가 문화 배경 측면에서도 한국 학생들이 이해하기 어려운 측면이 있다. 여기에 출현한 '绑小脚' 같은 어휘는 중국 과거의 한 풍속이다. 대부분의 한국 학생들은 이러한 중국 전통문화에 잘 익숙하지가 않아 이러한 문화 배경이 있는 예문은 학생들을 효과적으로 계발시킬 수 없고 도리어 이해 상의 장애만을 제공할 뿐이다.

(3) 예문은 집중적으로 어휘의 용법을 보여줘야 한다.

예문은 마땅히 해당 어휘의 의미와 용법을 중심으로 설정되어야 하고 특히 어법 정보를 반영해야 한다. 이렇게 해야만 교육 효과를 충분히 제고시킬 수 있다. 예를 들어, 어떤 신임 교사가 '毕业'란 단어를 설명할 때 다음과 같은 예문을 들었다고 가정해 보자.

⑳ 小王马上就要毕业了。(왕군이 곧 졸업을 한다.)

이 예문은 '毕业'란 단어에 대해 충분한 문맥 정보를 제공하지 못하고 있을 뿐 아니라 어법 정보 또한 충분히 제시하지 못하고 있다. 따라서 교사는 '毕业'의 어법 특징과 학생들의 습득 상황을 고려해 마땅히 아래와 같은 충분한 예문을 들어야 한다.

㉑ 小王大学四年级了，马上就要毕业了。

　　(왕군은 대학교 4학년이고 곧 졸업한다.)

㉒ 小王北京大学毕业。(왕군은 북경대학을 졸업했다.)

㉓ 小王毕业于北京大学。(왕군은 북경대학을 졸업했다.)

㉔ 小王大学毕业三年了。(왕군은 대학을 졸업한지 3년 되었다.)

㉕ 如果不好好学习，就毕不了业。

　　(만약 열심히 공부하지 않으면 졸업할 수 없다.)

㉖ 毕了业，小王就去工作。(졸업을 하고 나서 왕군은 일을 했다.)

예㉑에선 문맥 정보를 제시하고 있어 학생들이 '毕业'의 의미를 쉽게 이해할 수 있다. 예㉒, ㉓에선 '毕业'가 자동사라는 사실을 알려주고 있다. 즉, 학생들에게 '毕业'라는 동사와 '학교'라는 목적어의 결합 양상을 보여주고 있는데, 학생들이 항상 "我毕业大学。"라는 식의 틀린 표현을 쓰기 때문이다. 예㉔는 또 '毕业'와 시간사의 결합 양상을 보여준다. 역시 한국 학생들이 "我三年毕业了。"라는 식의 틀린 표현을 많이 쓰기 때문이다. 예㉕, ㉖에선 '毕业'의 이합사의 용법을 보여준다. 왜냐하면 학생들이 이합사의 특징을 잘 몰라 "我今年毕业不了。"식의 표현을 자주 쓰기 때문이다.

5. 새 단어의 설명은 담화 공간도 고려해야 한다.

수업 시간의 어휘 교육은 신축성이 있어야 한다. 설명시간이 너무 길어서도 안 되고 한 시간 내내 단어만 설명하고 있어도 안 된다.

(1) 새 단어의 설명은 과문, 연습 등과 교차하여 진행한다.

예를 들어 과문의 특성에 따라 새 단어를 몇 조로 나누어 설명한다. 그리고 한 조의 단어 설명이 끝나면 관련 과문 부분을 하고, 또 이어서 관련 연습을 한다. 이렇게 '단어 학습 - 과문 적용 - 연습'의 과정으로 진행하면 결국 단어와 과문, 연습을 동시에 끝낼 수가 있다. 이렇게 하면 학생들이 보다 쉽게 학습할 수 있고 수업 상황도 단조롭거나 지루하지 않게 된다.

(2) 새 단어는 적당한 양으로 설명한다.

새 단어에는 다의어도 있고 어떤 것은 또 용법이 다양한 것도 있다. 그래서 교사는 이러한 어휘를 설명할 때 적당히 내용을 확장하며 진행할 수 있다. 다만 주의해야 할 것은 어떤 어휘의 모든 의미, 모든 용법을 다 한꺼번에 학생들에게 내던지듯 설명하여 무한히 확장해서는 안 된다는 점이다. 이렇게 하면 학생들은 '소화불량' 상태가 되어 버린다.

새 단어를 설명할 때, 그 단어의 해당 과문 내에서의 의미와 용법에 초점을 맞춘다. 그런 다음 시간이 허락되면, 학생들의 수준과 요구에 따라 그 어휘의 기타 의항과 용법도 추가적으로 설명할 수 있다.

예를 들어 '打'란 어휘를 설명할 때, '打'는 용법이 매우 많기 때문에 학생들에게 기본적인 의미를 설명하고 나서 추가로 적당히 확장하여 '打电话', '打的', '打招呼' 등을 더 설명해 줄 수 있다. 그 외의 기타 의미나 용법은 역시 필요에 따라 연습 등의 항목에서 보충해 줄 수 있다.

또 '比'라는 어휘의 경우, 반드시 比자문을 설명해 줘야 한다. 그런데 이런 '比'를 이용한 比자구는 그 형식이 다양하므로 가능하면 과문과 관련이 있는 비교구문 형식을 중심으로 설명하고 연습하는 것이 좋다. 그 외로 상용되는 형식 한두 가지 정도를 더 확장하여 설명할 수 있지만 모든 형식을 한꺼번에 학생들에게 설명할 필요는 없음을 염두에 두어야 한다.

이렇게 하면 일차적으로 학생들의 이해 정도를 고려할 수 있고, 아울러 수업의 리듬을 컨트롤 할 수도 있다.

6. 학생들에게 새 단어를 이용하여 문장을 표현하게 한다.

새 단어를 학습하는 목적은 학생에게 그 단어의 의미를 이해하게 하는 것도 있지만 궁극적인 것은 바로 학생들이 이 어휘를 가지고 자신의 생각을 표현할 수 있게 하는 것이다. 표현의 기본 단위는 문장이다. 따라서 새 단어를 설명할 때, 반드시 학생이 하나의 문장을 말해내게끔 해야 한다.

(四) 어휘 연습

상술한 몇 가지 단계를 통해 학생들은 어휘의 의미와 기본적 용법들을 어느 정도 이해하게 된다. 이때 교사는 학생들에게 효과적인 연습을 시켜 배운 성과를 공고히 하게하고, 학생의 어감과 어휘 운용 능력을 배양해야 한다. 어휘 연습은 크게 '의미 연습', '용법 연습', '종합 연습'으로 진행된다.

1. 의미 연습

(1) 새 단어 읽기

새 단어를 읽으면 발음과 자형 측면에서 학생이 시각, 청각 상으로 정보 적 자극을 받게 된다. 이렇게 함으로써 학생들은 어휘의 형음의(形音義)간 의 관계를 정립하여 깊은 인상을 갖게 된다. 방법에는 아래와 같은 것들이 있다.

A. 새 단어 낭독하기
교사가 먼저 과문을 읽고 학생들에게 따라 읽게 하거나, 또는 학생들 스 스로 과문의 단어를 읽게 할 수 있다.

B. 단어 카드를 이용해 확인 읽기를 진행한다.
교사는 단어를 카드로 만들어 수업 시에 학생들에게 보여주고 읽게 한다.

C. 사신·실물로 확인 읽기 진행
교사가 학생에게 사진을 보여주고 학생으로 하여금 그 사진이 나타내는 단어가 무엇인지 추측하게 한다. 예를 들어 학생에게 '공원' 사진 한 장을 보여주고 그 사진에 있는 "草坪, 花卉, 游船, 恋人, 锻炼" 등의 어휘들을 말하게 한다.

교사는 사전에 실물을 준비하거나 교실 내의 물건을 이용하여 학생들의 연습을 기획할 수도 있다.

D. 동작으로 확인 읽기 진행

교사 혹은 학생이 몸동작으로 시범을 보이고 학생들에게 그것이 나타내는 어휘를 말하게 한다. 예를 들어 "端, 戴, 哭鼻子, 打盹儿, 叹气, 照相" 등의 어휘들을 해 볼 수 있다.

(2) 단어를 변별해서 쓰기

어휘를 학습하기 전이나 학습한 후에, 듣고 쓰기의 방법으로 학생이 자형·발음·의미 간의 확실한 관계를 정립했는지 확인할 수가 있다. 특히 이 방법은 학생들이 한자 자형을 잘 장악했는지 확인하기에 좋다.

또는 한어병음을 보고 그에 맞는 단어 쓰기를 할 수도 있다.

① 来中国以前，爸爸妈妈　gǔ lì(　　　)我在中国好好学习汉语。
② 这部电影介绍的是一个　làng màn(　　　)的爱情故事。
③ 小王考上了最好的大学，朋友们都很　xiàn mù(　　　)他。
④ 他的工作得到了老板的　chéng rèn(　　)。
⑤ 孙中山从小就很　cōng ming(　　　)，非常喜欢买书、读书。

(3) 의사소통 연습

교사는 학생들과 문답형식으로 새 단어를 연습할 수 있다. 교사가 질문을 하고 학생으로 하여금 새로 배운 단어를 활용하여 대답하게 한다. 이렇게 하면서 동시에 학생이 대답하는 과정에서 발생한 오류들을 교정해준다.

예를 들어 교사와 학생이 '嫌'이란 단어를 가지고 아래와 같이 대화를 할 수 있다.

㉗ 你怎么和你的男朋友吹了?(너는 어째서 네 남자친구랑 틀어졌니?)
　　– 我嫌他没有能力。(나는 그가 능력이 없는 게 싫어.)
㉘ 你为什么不去王府井买东西?(너는 왜 왕푸징에 물건 사러 안 가니?)
　　– 我嫌王府井的东西太贵了。(나는 왕푸징 물건이 너무 비싸서 싫어.)
㉙ 你为什么不自己做饭?(너는 왜 직접 밥을 안 하니?)
　　– 我嫌麻烦。(나는 귀찮은 게 싫어.)

또는 몇 개의 단어들을 함께 이용하여 종합적인 연습을 할 수 있다. 예컨대 '从小, 味道, 相当, 拿手, 从来" 등의 단어를 이용하여 아래와 같은 방식으로 의사소통 연습을 진행할 수 있다.

師 : 妈妈做的饭怎么样?(엄마가 해준 밥이 어때?)
生 : 味道相当不错。(맛이 상당히 좋아.)
師 : 你妈妈做得最好的菜是什么?(너희 엄마가 가장 잘 만드시는 음식
　　이 뭐니?)
生 : 她的拿手菜是泡菜。(우리 엄마의 가장 잘 하는 요리는 김치야.)
師 : 你从什么时候开始喜欢吃泡菜?(너는 언제부터 김치 먹기를 좋아했니?)
生 : 我从小就喜欢吃泡菜。(나는 어려서부터 김치 먹는 걸 좋아했어.)
師 : 你喜欢吃狗肉吗?(너는 개고기도 좋아하니?)
生 : 我从来不吃狗肉。(나는 지금껏 개고기를 먹어본 적이 없다.)

또 새 단어를 다 배운 다음에는 학생들에게 팀을 나누어 서로 새 단어를 이용해 문답회화를 진행해 보도록 할 수 있다. 이때 교사는 이를 관찰하면서 지도해준다.

(4) 묘사 설명 후 단어 맞히기

난이도를 더 높여 경쟁적인 시스템을 설정해 학생들이 단어를 추측해 알
아맞히게 할 수 있다. 이때 교사는 언어를 이용해(도구나 동작을 활용할 수
도 있다) 의미나 상황을 묘사하고 학생은 그 단어를 추측해 맞힌다. 예를
들어 '一流', '模糊', '浪费' 등의 어휘를 교사가 문장을 이용해 묘사하면 학
생이 이것을 맞히게 된다.

⑳ 师：北京大学在中国是最好的大学。这个句子我们不用'最好'，还可
　　以说 ――
　　生：北京大学在中国是一流的大学。
㉛ 师：她照的相片有点不清楚。
　　生：她照的相片有点模糊。
㉜ 师：饭馆里两个人点了十个菜，吃不了，太 ――
　　生：太浪费了。

한편, 학생들이 이러한 연습에 익숙해졌다면 한 학생을 앞으로 나오게 해
어떤 단어를 묘사하게하고 기타 학생들이 알아맞히게 할 수도 있다. 학생
들의 학습 의욕을 더 고취시키기 위해 팀을 나누어 경쟁하는 방식으로 수
업을 진행할 수도 있으며, 빨리 많이 맞힌 팀이 우승하게 된다.

(5) 연상 확장 연습

A. 동의어, 반의어 연습

교사가 몇 개의 새 단어들을 지정해주고 학생으로 하여금 자신이 알고
있는 동의어나 반의어를 떠올려보게 한다. 이렇게 하면 학생이 의미를 통
한 어휘 연상 능력을 배양하고 어휘에 대한 기억력도 강화시킬 수 있으며
자신의 어휘 체계를 풍부히 할 수 있다.

B. 상황별 분류 연습

교사는 하나의 범위 혹은 상황을 설정해 주고 학생으로 하여금 새 단어 및 알고 있는 단어, 구 등을 이용해 이를 묘사하게 한다.

예를 들어 '교통'이라 한다면, 학생들은 아래와 같은 연관 단어들을 연상할 수 있다.

: 汽车, 公共汽车, 地铁, 出租车, 飞机, 轮船, 火车, 自行车, 摩托车, 公路, 高速公路……

또 성격과 관련한 단어를 익힌 다음, 교사는 학생에게 형용사나 구를 이용해 한국인의 특징을 묘사하도록 시킬 수 있다. 이때 학생은 다음과 같이 말할 수 있다.

: 热情, 友好, 大方, 直率, 有礼貌, 努力, 着急……

그리고 만약 음식과 관련한 과문을 배웠다면 학생에게 중국 음식점을 묘사하게 할 수도 있다. 이때 학생은 다음과 같은 단어를 말할 수 있다.

: 菜单, 点菜, 热闹, 可口, 油腻, 麻婆豆腐……

이 외에도 교사는 필요에 따라 '运动(운동)', '旅行(여행)', '购物(쇼핑)', '交友(교우)', '风俗(풍속)', '学习(공부)' 등의 상황을 설정할 수 있다. 이러한 방법을 통해, 학생들은 의미상 밀접한 관련이 있는 어휘들에 대해 귀납을 진행하여 사고를 촉진시킬 수 있으며, 학생들이 기억을 공고히 하는 데에도 도움이 된다. 뿐만 아니라 어휘량을 늘릴 수 있고 학생의 적극성도 유도할 수 있다.

C. 형태소를 이용한 귀납

한 어휘를 배운 다음 교사는 학생에게 그와 동일한 형태소를 갖는 단어를 연상하게 한다. 예를 들어 '气愤'을 배웠다면, 학생에게 다음과 같은 어휘들을 연상시킬 수 있다.

: 生气, 气氛, 泄气, 气质, 气功, 气流, 大气, 空气, 气象 등

'好吃'를 배운 다음에는 학생들이 아래와 같이 연상해보도록 할 수 있다.

好 － 好喝，好听，好看，好学，好拿，好走，好用……
↓
难 － 难喝，难听，难看，难学，难拿，难走，难用……

이렇게 교사가 학생으로 하여금 동일한 형태소의 단어를 연상해보게 하는 것은 학생의 형태소 관념을 강화시켜주고 형태소의 의미를 파악하게끔 도와주며, 되도록 빠른 시일 내에 중국어의 조어 규칙에 적응하고 어휘량도 늘릴 수 있게 해준다.

2. 용법의 연습

어휘의 연습은 학생들이 새 단어의 기본의미, 문맥의미, 어감 등을 파악하게끔 도와준다. 그러나 이보다 더 중요한 것은 바로 학생이 이것을 가지고 정확하게 운용할 수 있게 해주는 것이다.

(1) 품사 분류 연습

한국어의 품사는 형태표지가 발달해 있다. 그래서 명사에 동사 표지를 첨가하면 동사로 변한다. 그러나 중국어는 형태표지가 잘 발달되어 있지 않으며 품사 분류도 비교적 복잡한 편이다. 게다가 일부 한자어는 한국어와 중국어에서의 품사 분류 상황이 다르다. 이런 이유로 한국 학생들은 작문을 할 때 품사 상의 오류를 자주 범하곤 한다. 따라서 한국 학생들에게 있어 어휘의 품사 분류와 그 연습이 매우 필요한 실정이다.

연습 시에 학생에게 어떤 어휘의 품사가 무엇인지 분류하는 훈련을 시키고, 그 학생이 그 품사의 규칙과 용법을 이해하도록 연습을 시킨다. 예를 들어 형용사의 용법에 대해 "중국어에서 형용사는 '是'가 붙을 필요 없이 단독으로 서술어가 될 수 있고, 대조 등의 특수한 상황에서가 아니면 일반적으로 단독으로 쓰이지 않는다."라고 말할 수 있는데, 한국학생들은 이러한 내용을 비교적 생소하게 느끼기 때문에 쉽게 오류를 범하게 된다. 그래서 한국 학생들은 "有的中国菜是很油腻", "我的女朋友忙" 등으로 말하곤 한다. 교사는 이러한 한국 학생들의 오류 특징에 근거하여 연습을 설계할 수 있다.

동일한 품사라 해도 그 내부는 차이가 존재한다. 예컨대, 동사는 다양한 기준에 의하여 '행위동사', '심리인지동사'로도 분류 가능하고, '體賓동사', '謂賓동사'로도 분류할 수 있다. 또는 '자동사', '타동사'도 가능하고, '離合詞', '非離合詞'도 가능하다. 이러한 특징에 의거하여 교사는 어떤 어휘의 세세한 특징까지도 설명할 수 있는데, 예를 들어 "심리인지동사 중 어떤 것은 그 앞에 정도부사가 수식할 수 있고, 어떤 것은 수식할 수 없다."라든지, "어떤 동사는 뒤에 위사성 목적어가 올 수 있고, 어떤 것은 체사성 목적어가 올 수 있으며, 어떤 것은 체사성 목적어와 위사성 목적어가 다 올 수 있다." 등으로 설명이 가능하다. 즉, 다음과 같다.

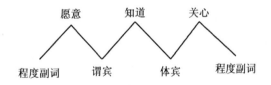

학생들에게 새 단어의 어법기능을 분명히 이해시킴으로써, 학생들이 더욱 더 정확하고 익숙하게 이를 운용할 수 있게 된다.

(2) 결합 연습

A. 실사 결합

동사마다 그것이 결합하는 명사 목적어가 다르다. 예를 들어,

保护 － 财物，环境，大自然，文化遗产，利益……
保留 － 照片，衣服，意见，权利，实力……

명사들도 각각 결합하는 동사가 다를 수 있다. 예를 들어,

汽车，公共汽车，出租车，飞机，轮船，火车 - 坐，开
自行车，摩托车 - 骑

형용사들도 각각 결합하는 명사, 동사가 다를 수 있다. 예를 들어:

严重 - 问题，性质，错误，灾害，病情……
严格 - 纪律，训练，作风，要求……

어떤 경우엔 한중 결합 습관이 다르므로 교사는 학생이 쉽게 틀릴 수 있는 어휘를 중심으로 집중적인 결합 훈련을 시켜야 한다. 이렇게 함으로써 학생은 상용되는 관습적 결합 상황을 기억할 수 있고 일정한 어감을 배양시킬 수 있으며 어휘의 정확한 운용 정도도 제고시킬 수 있다.

예를 들어, 교사는 학생들이 아래의 괄호 안에 적당한 어휘를 넣도록 연습시킬 수 있다.

高级(	)	整个(	)
业余(	)	相当(	)
热爱(	)	享受(	)
放弃(	)	优美的(	)

B. 허사 결합

실사 외에도, 교사는 학생이 '确实', '实在' 등 일부 허사들의 결합 상황을 이해하도록 신경 써야 한다. '确实'는 긍정적인 의미를 나타내는 형용사, 부정적인 의미를 나타내는 형용사 모두와 결합 가능하다. 그러나 '实在'는 주로 부정적 의미를 나타내는 형용사와만 결합한다. 한국어에는 '一点儿'과 대응하는 어휘가 있지만 '有点儿'과 대응하는 어휘는 없다. 그래서 학생들

은 항상 '有点儿'이나 '一点儿'이 형용사와 결합할 때 오류를 범하곤 한다. 예를 들어 "今天一点儿冷"이나 "这件衣服有点儿好看" 등과 같은 것들이 나타나는데, 이때 교사는 이 두 어휘의 결합규칙에 대해 다음과 같은 표로 알려줄 수 있다.

표12 '一点儿'과 '有点儿'의 용법 비교

	형용사 위치	결합하는 형용사	형식의 의미	예문
一点儿	형용사 +一点儿	부정, 긍정적인 것 모두 결합	비교를 나타냄	这个不好，那个好一点儿。
有点儿	有点儿+ 형용사	부정적 의미와 결합	부정적인 감정색채를 나타냄	这件衣服样子有点儿过时。

C. 양사의 결합

한국어에도 다량의 양사가 있으며 그중 '层', '次', '双' 등은 중국어의 용법과 같거나 비슷하다. 그리고 어떤 것은 중국어의 용법과 다른데, 예를 들어 중국어 양사 '小时'는 한국어의 '時間'에 해당되는 것이다. 이 외에도 중국어의 '第一届', '一封信'에 있는 양사 '届', '封'은 각각 한국어의 '回', '桶'에 해당된다.

중국어의 양사들이 명사 및 동사와 결합하는 상황에 대해 현재로선 그 근거를 말로 쉽게 설명할 수가 없다. 그래서 양사 결합은 반드시 반복된 훈련을 통해 내재화해야 하는데 교사는 학생의 상황에 따라 관련 연습을 설정할 수 있다. 예를 들어, 교사가 일부 명사 혹은 동사를 제시하고 학생에게 이것과 결합하는 양사를 말하게 하는 것이다. 반대로 교사가 양사를 제시하고 학생이 그와 결합하는 명사나 동사를 말할 수도 있다.

즉, 아래와 같은 연습을 설정한다.

【빈칸에 적당한 양사나 명사를 쓰시오.】

①　孙中山是一＿＿＿伟大的政治家。

②　如果你喜欢这张＿＿＿，我就送给你。

③　她长着一＿＿＿漂亮的黑发。

④　我给妈妈写了一＿＿＿信。

⑤　给妈妈发E-mail是我每个星期都要做的一件＿＿＿。

⑥　你家有几＿＿＿房子?

⑦　每天睡觉前，我总喜欢放一＿＿＿音乐。

⑧　她的姐姐会说四＿＿＿语言。

특히 중고급 수준의 학생에게는 교사가 '양사–동사', '양사–명사' 간의 복잡한 관계를 제시할 수도 있다. 그래서 매 양사마다 그 양사가 다수의 명사 또는 동사와 결합할 수 있는 상황, 반대로 명사 또는 동사마다 그 명사 혹은 동사가 다수의 양사와 결합할 수 있는 상황을 제시한다. 예를 들면 아래와 같다.

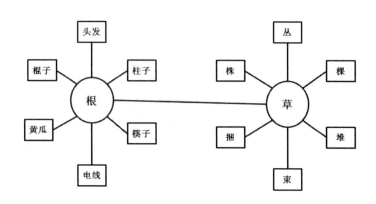

(3) 이합사 연습

중국어의 어휘 가운데에는 '이합사'라고 하는 특수한 유형이 있다. 이 어휘의 두 형태소는 보통 '술목'의 관계를 나타내며 두 형태소가 떨어질 수도 있고 결합할 수도 있는데, 함께 결합할 경우 하나의 동사가 되며 분리될 경우 중간에 동태조사, 수량사, 명사, 형용사 등의 성분이 삽입되어 통사층 위의 구조가 된다.

각 이합사마다 확장 형식이 다 같지는 않다. 따라서 각 이합사마다 어떠한 확장 형식이 가능한지, 그리고 어떤 것이 주요한 확장 형식인지에 대해 교사가 먼저 파악한 후, 학생들을 대상으로 집중적인 훈련을 진행한다. 예컨대 다음과 같다.

睡觉 － 睡不着 / 得着觉, 睡不好觉, 睡不了觉, 睡大觉, 睡了觉,
　　　　睡了一个小时的觉, 睡了个囫囵觉, 睡一觉, 睡过觉
吃亏 － 吃了亏, 吃大亏, 吃过亏, 一点儿亏不吃, 吃价格的亏, 吃
　　　　了不懂法律的亏

교사는 아래와 같은 연습을 설정하여 학생들을 훈련시킬 수 있다.

【주어진 어휘가 들어갈 적합한 위치를 고르시오.】
① 吃完 A 饭 B 我睡了 C 觉 D。　　　　　　　　　　　（一会儿）
② 我让孩子们洗 A 澡 B 就去休 C 息 D。　　　　　　　（完）
③ 我抬 A 头一看, 只见她唱 B 歌 C 走 D 过来。　　　　（着）
④ 我们明天还要再 A 见 B 面 C, 到时候再 D 告诉他吧。（一次）
⑤ 他们是去年 A 十月份在三里屯的一个舞会上见 B 面 C,
　　从那以后他们就一直没有联系 D。　　　　　　　　　（的）
⑥ 许多想结 A 婚的年轻人不能结 B 婚,
　　因为他们没有房子, 即使结 C 婚 D 也没有地方住。　（了）

이러한 연습 외에도 학생들에게 이합사를 이용하여 문장을 만들거나 짧은 글을 쓰게 할 수도 있다.

3. 종합 연습

학생들이 어휘의 의미와 용법을 충분히 장악하고 난 후에 어휘의 종합적인 연습을 진행하는데 일반적으로 아래와 같은 방법이 있다.

(1) 선택 판단하기

중국어의 단어는 대부분 다의어인데다가 용법도 복잡하다. 교사는 학생에게 독해를 하는 과정에서 문장 속의 한 어휘가 어떤 의미와 용법으로 쓰이고 있는지를 판단하여 그와 같은 의미나 용법을 가진 적합한 답을 선택하게 할 수 있다. 예를 들면 다음과 같다.

> ① 不少科学家打小儿就表现出与其他人不同的兴趣倾向。
> 　　A. 从　　B. 临　　C. 在　　D. 当
> ② 他该我一百块钱都快一年了，到现在还没还。
> 　　A. 欠　　B. 应该　C. 活该　D. 借给
> ③ 他这人说话很干脆。
> 　　A. 痛快　B. 啰嗦　C. 动听　D. 响亮

이러한 연습은 학생으로 하여금 어휘의 문맥적 의미에 대한 이해능력을 훈련시킬 수 있을 뿐 아니라 단어의 용법을 변별하는 능력을 측정할 수 있다. 그리고 더 나아가 학생의 독해능력을 단련시킬 수 있다.

(2) 선택하여 채우기

교사가 연습을 설정하여 학생들이 어떤 단어 하나를 기타 단어들과 구별할 수 있는지 점검을 하는 것이다. 이 구별은 의미로 할 수도 있고 용법으로 할 수도 있으며, 자형으로도 할 수 있다. 예를 들어 단어 한 세트를 뽑아내어 학생에게 그 가운데 가장 적합한 것을 골라 해당 위치에 채워 넣게한다. 이 한 세트의 단어들은 의미상 서로 비슷할 수도 있고 반대가 될 수도 있으며 또 의미상 완전히 관련이 없는 것일 수도 있다. 이 방법을 통해 학생들이 어휘의 특징을 변별해 낼 수 있는 능력을 훈련시키게 된다. 예를 들어 다음과 같다.

【선택하여 채우기】

| 快乐 | 乐观 | 冷静 | 独立 | 积极 | 外向 | 内向 | 聪明 |

① 毛毛的性格比较＿＿＿，上课的时候老师不问他，他就不说话。
② 他的脑子很＿＿＿，不管学什么都很快就能学会。
③ 朋友希望我在中国每天的生活都很＿＿＿。
④ 比赛的时候，他有点不＿＿＿，和对方的球员吵了起来。
⑤ 越来越多的父母希望自己的孩子能早点＿＿＿生活。
⑥ 小王工作很＿＿＿，从来不要老板告诉他应该干什么。

중고급 수준의 학생들에게는 종합적인 채우기 문제를 설정하여 학생의 어휘에 대한 종합적인 판단능력을 훈련시킬 수 있다. 예를 들어 다음과 같다.

都说女人爱假设，男人撒谎。更要命的是，女人偏偏爱听男人的 ＿＿①＿＿，我也不例外。刚结婚那会儿，我也拿那个老掉牙的题目考先生：假如你母亲、妻子一同掉进河里，你要先救谁？我知道我先生是个大孝子，这问题对他而言残酷。我＿②＿听到一个美丽的谎言："我当然先救你这个娇妻了！"但＿③＿我的意料之外，他狡猾地说："先救 ＿④＿再跳下河与你共赴黄泉！"我仍然感动，不是因为他的机智，而是因为他的悲壮。

① A. 建议　B. 假设　C. 谎言　D. 好话
② A. 不想　B. 只想　C. 担心　D. 结果
③ A. 不出　B. 出手　C. 果然　D. 果真
④ A. 母亲　B. 妻子　C. 自己　D. 你们

(3) 문장 만들기

문장 만들기는 학생의 어휘 장악 능력을 점검하는 가장 간단하고 실용적인 방법으로, 만약 학생이 정확한 문장을 만들어낸다면 이는 곧 그 학생이 이미 배운 어휘의 의미와 용법을 어느 정도 장악했음을 의미한다.

【모방하여 문장 만들기】

교사가 학생에게 예문을 제시하고 주어진 어휘를 이용하여 예문을 모방하게 한다.

① 不管：不管明天是否下雨，我们都去。

_____(不管　考试)

② 严重：这个地方的污染很严重，不治理就会影响人们的健康。

_____(严重　病情　治疗)

또는 어휘를 지정해 주고 학생에게 문제에 답하거나 문장을 완성하게 할 수도 있다.

① 考试以前，_____。(千万)

② _____，我们就不等你了。(如果)

③ _____，都应该入乡随俗。(任何)

④ 今天我们班只来了5名同学，_____。(其他)

(4) 짧은 글짓기

문단 중에서의 어휘 운용 능력을 훈련시키기 위해 학생에게 지정된 어휘를 이용하여 짧은 글을 짓게 할 수 있다.

예제) 아래의 어휘를 이용하여 짧은 글을 지으시오.(적어도 6개를 이용할 것)

愿望　感兴趣　平时　之后　从此　比较　从来　根本　方面　起来

(5) 잘못된 부분 고치기

교사는 학생들의 어휘 장악 과정에서 드러나는 문제점을 근거로 하여 잘못된 문장을 설정하고, 학생에게 이를 판단하고 수정하게 한다. 다음과 같다.

예제) 아래 문장의 정오(正誤)를 판단하여 정확한 문장에는 '√'표시를 하고, 틀린 문장에는 '✕'표시를 한 후 수정하라.

① 我爸爸以前建筑的工作。(　)
　　────────────────

② 我觉得他的性格软，他不喝酒，也不抽烟。(　)
　　────────────────

③ 高考马上开始了，这是一个严峻的时刻。(　)
　　────────────────

이 방법을 통해 어휘의 의미와 용법에 대한 변별 능력을 훈련시킬 수 있다.

(6) 종합 이해 훈련

어휘를 학습하는 목적은 학생이 그 어휘의 의미와 용법을 장악함은 물론 어감도 길러서 전에 본 적이 없는 어휘에 대해서도 판단하고 감지할 수 있는 능력을 가지도록 훈련시키기 위한 것이다. 이것은 특히 중고급 수준의 학생들에게 있어 매우 중요하다. 교사는 독해단문을 설정하여 학생이 문맥에 의거, 단문 속의 내용과 그 지정된 단어의 뜻을 판단하고 이해하게 한다. 다음과 같은 예가 있다.[30]

听说欧洲有个文学家，他有个**古怪**的习惯，就是写文章从来不坐着。别人同他不坐着写的**缘故**，他回答说：“坐着写太舒服，文章一写就长。站着写容易腿疼，所以肯定写得短。为了写得短一点，所以站

---

30) 아래는 북경대학 대외한어교육대학의 중국어 시험 문제이다.

着写。"现在许多人喜欢写长文章，报纸上三番五次地提出要少写"繁文"。现在"繁文"还是这么多，难道都是因为坐着写的缘故？

　　文章的长短和坐着写或站着写当然关系不大。最近读《费尔巴哈哲学著作选集》，有一段谈写文章的话，讲得很好，也帮我们找到了一些人好写长文章的原因。他说："人们不是为自己，而是为别人写作，至少我自己肯定不会给自己写东西。所以我尽量写得明白简洁，我不愿给别人增加麻烦。"

　　写作是为了别人，这并不是什么高深难懂的道理，可是我们常常忘掉这一点，所以"明白简洁"就离我们而去，"繁词冗语"自然就从笔下流出，这就给别人带来了许多的麻烦。

① 欧洲的那个文学家（　　　　　　　　　　　）

　　A. 长得非常奇怪　　　　B. 腿有点儿问题

　　C. 喜欢写长文章　　　　D. 总是站着写作

② 根据上下文判断，"繁文"的意思大概是＿＿＿＿＿＿＿＿＿＿。

③ 下面左边是一组词语，右边是对这些词语的解释，请将词语和它
　　的正确解释连接起来：

<table>
<tr><td>缘故</td><td>尽最大的努力</td></tr>
<tr><td>尽量</td><td>很多遍</td></tr>
<tr><td>古怪</td><td>非常复杂，不容易明白</td></tr>
<tr><td>三番五次</td><td>原因</td></tr>
<tr><td>高深难懂</td><td>跟一般情况不同，很特别</td></tr>
</table>

참고문헌

[1] 崔永模. 2002. 韩、汉语构词法的异同[J]. 山东教育学院学报(1).

[2] 杜艳青. 2006. 韩国学生汉语词语偏误分析[J]. 安阳师范学院学报(1).

[3] 甘瑞瑗. 2002. 韩中同形异义汉字合成词的对比分析[J]. 广东社会科学(4).

[4] 贺国伟. 1998. 韩国语中的汉字源词及对韩汉语的词语教学[J]. 华东师范大学学报(哲学社会科学版)(2).

[5] 李大农. 2000. 韩国学生"文化词"学习特点探析 -兼论对韩国留学生的汉语词汇教学[J]. 汉语学习(6).

[6] 连晓霞. 2001. 初级汉语词义教学的扩展法[J]. 天津外国语学院学报(3).

[7] 刘红英. 2004. 韩国学生汉语词汇使用偏误分析[J]. 沈阳师范大学学报(社会科学版)(3).

[8] 柳智恩. 2007. 汉韩汉字词的比较研究[D]. 长春：东北师范大学硕士学位论文.

[9] 马洪海. 2004. 摸清规律有的放矢[J]. 天津外国语学院学报(2).

[10] 孟柱亿. 2004. 韩国人汉语词语偏误分析[A]. //第七届国际汉语教学讨论会论文选[C]. 北京：北京大学出版社.

[11] 奇化龙. 2000. 中韩同形词正负迁移初探[J]. 汉语学习(1).

[12] 全香兰. 2004. 汉韩同形词偏误分析[J]. 汉语学习(3).

[13] 王庆云. 2002. 韩国语中的汉源词汇与对韩汉语教学[J]. 语言教学与研究(5).

[14] 徐茗. 2009. 对外汉语词汇教学中的例句设计[J]. 安徽师范大学学报(人文社会科学版)(4).

[15] 赵金铭. 2006. 对外汉语词汇及词汇学研究[M]. 北京：商务印书馆.

[16] WILKINS D A. 1972. Linguistics in Language Teaching [M]. London: Edward Arnold.

제4장
한자교육의 기술과 방법

한자, 사성(四聲), 허사(虛詞)는 바로 외국인이 중국어를 학습할 때 나타나는 3대 난점들이다. 일반적으로 한국은 한자문화권에 속해 한국 학생들이 한자의 습득에 대해 선천적으로 유리하다고 생각한다. 이 때문에 많은 중국어 교사들은 한국 학생들의 한자 교육을 등한시하는 경향이 있다. 그러나 실제 교육 과정에서 한자의 "難認, 難寫, 難用(알기 어렵고, 쓰기 어렵고, 사용하기 어렵다)"의 특징은 한국의 중국어 학습자, 특히 초학자들이 가장 골치 아파하는 문제이기도 한다. 한국 학생들의 한자 학습 효율을 제고시키는 방법, 그리고 한자 학습을 통해 중국어를 더 잘 장악할 수 있게 하는 것은 바로 한국인을 위한 중국어 교육에서 주목해야 할 문제이다.

一. 한중 한자 비교

한자와 한글은 서로 다른 문자 계통에 속한다. 따라서 우선적으로 그들의 차이점과 유사점을 비교하면 우리는 한자 및 중국어의 특징에 대해 더 잘 이해할 수 있게 되고 보다 효과적으로 중국어 교육을 진행할 수 있게 된다.

(一) 서사 형식의 비교

서사 형식 차원에서 볼 때 한자는 '필획(筆劃)'에서 시작하여 '부건(部件)'까지, 그리고 다시 최종적인 '한자'까지 2차원 평면상에서 실현되고 있다. 한자의 필획에는 점획(點劃), 직필(直筆), 곡필(曲筆), 돈각(頓角), 첨봉(尖鋒) 등의 형식이 있고 이러한 필획들 간에 상리(相離), 상접(相接), 상교(相交) 등의 관계로 구성된다. 그리고 횡향(橫向), 종향(縱向), 사향(斜向), 변향(變向) 등의 방향으로 전개된다. 이렇게 하여 부건이 형성된 후에 부건은 다시 상하(上下), 좌우(左右), 포위(包圍) 등의 방식으로 펼쳐져서 "攀, 爨, 鑲, 瓣, 麝, 圈" 등과 같은 하나의 '네모난 글자[方塊兒字]'가 이루어지게 된다.

한글은 표음문자이나 그 서사형식은 한자와 유사한 점도 있다. 한글 자모의 선 또한 '조', '국', '다', '의', '한'처럼 점획, 직필, 곡필 등의 형식이 있고 자모 자체 또한 상하, 좌우, 포위 등의 방식으로 배열되고 있다. 그러나 한글 자모는 그 수가 적은데다가 서사 필획도 한자만큼 그리 복잡하지는 않다.

二) 형음의(形音義) 관계 비교

조자(造字) 원칙으로 볼 때, 한자는 '音'과 '義'의 2차원적인 문자여서 의미와의 연계에서는 특정성을 갖고 있으나 발음과의 연계에서는 특정성을 갖고 있지 않다. 한자는 상형(象形), 지사(指事), 회의(會意) 등의 방법을 조자 기초로 하고 있고 매 자형(字形)마다 한 음절씩 기록할 수 있게 되어 있다. 그리고 한 음절은 바로 하나의 의미를 대표하게 되는데, 예컨대 '菜'란 한자는 "橫, 堅, 撇, 捺, 點" 등의 필획 형식으로 구성된 것이며 "卄, 爫, 木"의 부건들이 상하 구조로 구성된 형체이다. 이것은 'cài'라는 음절을 기록하며 "채소, 부식품으로 공급되는 식물"이란 의미를 나타낸다. 비록 한자 중에 다량의 형성자(形聲字)가 존재하나 많은 한자들의 성방(聲旁)이 역사적 변천에 따라 더 이상 정확하게 그 글자의 독음을 반영할 수 없게 되었다. 예를 들어, '怡, 移'의 성방은 각각 '台, 多'이지만 그 발음과 전체 한자의 발음이 완전히 다르다. 그리고 어떤 한자의 성방은 비록 그 독음을 어느 정도 반영하고 있으나(예를 들어, 위의 '菜'의 성방 '采' 등), 그 성방 역시 표의(表意)적인 부호에서 기원한 것이다. 따라서 한자와 의미의 연계는 직접적이나 발음과의 연계는 여전히 간접적이라 할 수 있다.

한글은 형음(形音)의 2차원적인 문자이다. 음소간의 결합 또는 음절 결합을 통해서 일정한 의미를 나타낼 수 있다. 한국어에는 40개의 자모가 있고 그중 모음(중국어 음절 중의 운모와 유사)은 21개, 자음(중국어 음절 중의 성모와 유사)은 19개이며 이들 모음과 자음이 서로 결합하여 모든 한국어 글자를 만들어 낼 수 있다. 한국어는 일반적으로 모음과 자음이 결합하여 하나의 음절을 형성하나 모음 하나로도 한 음절이 이루어질 수 있다. 전반적으로 말하자면 발음의 기록은 직접적으로 할 수 있으며 그것의 조자 원칙은 '記音(발음의 표기)'을 통해 '表義(의미를 표시함)'할 수 있게 되는 것이므로, 이렇게 볼 때 한글의 '표의'는 곧 간접적인 성격을 띤다.

한글, 한자와 그 '형음의(形音義)'와의 관계를 각각 도식화해보면 아래와 같다(여기서 실선은 직접관계를 나타내고, 점선은 간접관계를 나타낸다.).

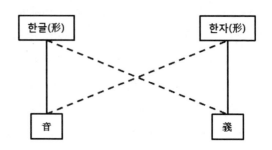

절대다수의 한자는 중국어의 표형(表形) 부호 즉 '字'임과 동시에 표음(表音) 단위인 '음절'이자 표의(表義) 단위인 '형태소'이다. 그렇기 때문에 이들 한자들은 단독으로 사용될 수도 있고, 직접적으로 '構詞(단어 형성)'와 '造句(문장 형성)'에 참여하게 된다. 한국어를 학습할 때는 단지 40개의 자모 혹은 일부 간단한 음절만을 안다고 끝나는 게 아니고 그 외에 대량의 단어들도 따로 외워야 한다. 반면, 중국어를 배울 땐 일부 한자들만 알 수 있으면 이를 기초로 하는 다른 단어들도 알 수 있게 된다. 예를 들어 "人, 目, 手, 足, 天, 日, 月, 木, 水, 火, 土, 山, 石" 등의 한자를 앎으로써 이를 기반으로 한 다른 단어들도 어느 정도 장악할 수 있다.

(三) 복잡 정도의 차이

한자의 자수는 엄청 많다. 심지어 한자가 얼마나 있는지 그 정확한 수를 말하기도 힘들 정도이다. 『강희자전(康熙字典)』에 수록된 해서체(楷書體) 한자는 47,035개이고, 『설문해자(說文解字)』에 수록된 한자는 9,353자이다. 자료 통계에 따르면 현대 중국어에서 사용하는 글자는 약 10,000개 정도라고 한다. 그리고 현재 중국 정부에서 공포한 『현대한어통용자표(現代漢語

通用字表)』에는 7,000개의 한자가 수록되어 있고,『현대한어상용자표(現代

漢語常用字表)』에는 3,500개의 한자가 수록되어 있다.

한자는 한글에 비해 구조가 매우 복잡하다. 이는 다음과 같은 차원에서

말할 수 있다.

(1) 한자의 필획이 많다. 7,000개의 통용 한자를 예로 들면, 그 중 9획의

한자가 가장 많고 그 다음은 10획, 11획이다. 그리고 필획이 7획~15획인 한

자가 5,000개 이상이다. 현행 한자 중 필획이 가장 많은 한자는 '齉(nàng)'

으로 총획이 36획이나 된다.

(2) 한자의 형체가 복잡하다. 한자의 필획과 부건의 형식이 다양한데, 필

획의 조합이 복잡하기도 하고 부건의 배열이 다양하기도 하며, 쓰는 방향

도 다양하다. 그래서 한자를 배울 때, 단지 필획과 부건만을 배워서는 안

되고 한자의 구조 방식도 알아야 한다. 예를 들어, '部' - '陪', '杳' - '杲'는

각각 부건이 같으나 배열 방식이 다른 예이다.

(3) 일부는 필획의 구분이 어렵다. 예를 들어 '鼠'는 아래엔 두 개의 '竪鉤'

와 하나의 '斜鉤'가 있다. 어떤 것은 필획의 구분이 아주 작은 것도 있다.

다음과 같은 예들이 있다. "橫折斜鉤"('风'의 제2筆), "橫折彎鉤"('九'의 제2

筆)와 "橫折彎"('朵'의 제2筆), "橫折折撇"('及'의 제2筆)과 "橫折折折鉤"('乃'

의 제1筆), "竪折撇"('专'의 제3筆), "竪折折"('鼎'의 제6筆)과 "竪折折鉤"('马'

의 제2筆) 등.

(4) 形近字(모양이 비슷한 글자)가 많다. 학생들이 주의하지 않으면 바로

틀릴 수 있다.

人－入	几－儿	士－土	天－夭	夭－夫
失－矢	未－末	升－开	风－冈	可－司
右－石	瓜－爪	史－吏	历－厉	挽－换
扰－扰	署－署	找－我	延－廷	幻－幼
矛－予－子	己－已－巳	戊－戌－戍	刀－力－九	

(5) 한자의 '형음의' 관계가 복잡하다. 한자는 "一字(形) 多音" 또는 "一字(形) 多義"의 상황이 보편적이다. 또한 한자 하나는 여러 개의 형태소를 대표할 수 있는데, 예컨대 "白布"의 '白', "白来了"의 '白', "说白了"의 '白'가 다 다르다. 그리고 어떤 한자 하나는 여러 개의 음절을 나타낼 수도 있다. 예를 들어, '蒙'자는 'mēng', 'méng', 'měng'의 세 가지 발음이 있다. 이 외에도 하나의 음절이 여러 개의 뜻이 다른 한자로 표현되기도 한다. 예컨대, 'lì'라는 발음을 가진 한자는 "力, 立, 沥, 呖, 例, 利, 粒, 励, 笠, 历, 莉, 荔, 栗, 丽, 隶……" 등 그 수가 매우 많다.

이에 비해 한글은 그 자모 수량, 필획 형태의 복잡 정도, 형음의의 관계가 매우 간단하다.

(四) 문자 이론성 비교

대부분 한자의 구성은 그 이론적 근거가 있어 '口', '川', '炎', '众', '泪', '休', '凹', '凸' 등은 딱 봐도 그 뜻을 금방 알 수 있을 정도이다. 그리고 어떤 한자들은 딱 보면 그들의 유형을 알 수가 있는데, 예를 들어 '江', '河', '湖', '池', '沟', '海', '洋' 등은 이 글자들이 대표하는 의미가 '水[물]'와 관련이 있음을 알 수 있다. 또 '蚊', '蚁', '虻', '蜂', '螨', '蟑', '蝇' 등은 이 글자들이 '곤충'과 관련이 있음을 알 수 있다. 한편, 어떤 한자들은 딱 보면 그 발음을 어느 정도 유추해 낼 수 있다. 예를 들어 일부 형성자들은 그들의 성방을 통해 그 독음을 유추할 수 있는데, 위의 '湖', '洋', '蚊', '蟑' 등이 그렇다. 또 위의

江', '河', '虹' 등은 정확하진 않지만 그 대체적인 독음을 유추할 수 있다. 당연히 어떤 한자들은 시간의 흐름에 따라 '形' '音' 간의 관련성을 잃어 그 이론적 근거를 쉽게 찾기 어려운 것도 있다. 바로 위의 '池', '海' 등이 그렇다.

이렇게 한자는 일정한 이론성을 갖추고 있어서 우리는 한자를 통해 그 가운데 함축되어 있는 문화적 정보도 볼 수가 있다. 예를 들어 '杯'자를 통해 우리는 최초의 잔이 유리나 금속이 아닌 나무로 되어 있었음을 알 수 있는데, 이는 곧 중국 고대의 생산기술 수준이 이 글자 안에 반영되어 있는 것이다. 그 외에도 '思', '想', '慮', '情', '恨' 등은 '忄', '心'을 부수로 삼고 있는데 이 또한 중국 고대인들의 사상과 인식 수준을 반영하고 있다.

한편, 한글 또한 일정한 이론성을 갖추고 있으며 이것은 한자의 그것과 다르다. 한글의 이론성은 "見形知音(형태를 보면 바로 그 소리를 알 수 있음)"이다. 다시 말해, 자모가 일정한 규칙적 조합에 따라 글자의 발음을 표시해 낼 수가 있다.

五) 서사의 연속성 상황 비교

한자는 중국어를 기록하는 문자로 한 글자 한 글자씩 이어져서 배열되어 있고 단어 사이를 띄어 쓰지 않고 모두 이어서 쓴다. 그러나 한글은 단어 사이를 띄어 쓰게 되어 있어 단어와 단어 사이에 공간이 있을 수 있다. 예를 들어:

나는 어제 도서관에 갔다. (我昨天去图书馆了。)

그렇기 때문에 한국 학생들은 중국어로 된 문장을 읽을 때 적응을 잘 하지 못하여, 단어나 구의 띄어 읽기에서 오류를 범하곤 한다.

(六) 문자와 언어의 관계 상황 비교

중국어의 음절 구조는 비교적 간단하다. 성모와 운모의 결합을 통해 모두 400여 개의 음절이 만들어질 수 있고 성조를 추가해도 약 1200여 개의 음절만이 존재한다. 중국어의 단어 형태는 주로 2음절을 위주로 하며 단음절 어휘도 많다. 따라서 중국어의 단어 형태는 비교적 간략하면서도 짧은 편이다. 바로 이렇게 적은 수의 음절을 가지고 표현이 풍부한 중국어를 기록하다보니 당연히 대량의 동음사(형태소)들이 출현하게 된다. 예컨대 다음과 같다.

> yì - 义, 益, 议, 忆, 疫, 毅, 裔, 驿, 意, 艺, 易, 翼, 异, 奕,
>   翳, 亿, 抑, 屹, 役, 逸, 肄, 臆, 谊, 溢, 熠……
> shì - 是, 氏, 士, 饰, 释, 市, 式, 事, 示, 视, 世, 势, 适,
>   试, 室, 誓, 逝, 柿, 嗜, 仕, 侍, 拭, 弑……
> gōng shì - 公式, 公事, 攻势, 宫室, 工事
> xíng shì - 形式, 形势, 行事
> guó shì - 国是, 国事, 国势
> qī zhōng - 期中, 期终

그러나 한자의 형태가 다 달라서 발음이 같은 동음사라 해도 충분히 구별할 수가 있다. 특히 성씨를 구별하는 방법으로 "我姓zhāng, 立早章", "我姓 zhāng, 弓长张"과 같이 말하기도 하는데, 이는 같은 발음이지만 모양이 다른 한자에 대해 설명하는 방법이며 이로써 두 개의 동음사를 구별하고 있다.

중국의 저명한 언어학자인 赵元任 선생이 일찍이『施氏食狮史』란 고사를 지은 적이 있다. 여기에서 그는 한자의 아주 강한 구별 기능에 대해 보여주고 있다.

> 石室诗士施氏，嗜狮，誓食十狮。氏时时适市视狮。十时，适十狮
> 适市。是时，适施氏适市。氏视是十狮，恃矢势，使是十狮逝世。氏

拾是十狮尸，适石室。石室湿，氏使侍拭石室。石室拭，氏始试食是
十狮尸。食时，始识是十狮尸，实十石狮尸。试释是事。

(석실에 사는 시인 선비 施씨는 사자를 좋아해 꼭 열 마리 사자를
먹겠다고 맹세했다. 그는 때때로 시장에 가서 사자를 찾았다. 열흘 째
되었을 때, 마침 사자 열 마리가 시장에 나왔다. 이때 마침 시씨는 시장
으로 갔고 그는 이 열 마리 사자를 보고 화살을 쏘아 열 마리 사자가
죽었다. 그는 이 열 마리 시체를 주워 석실로 갔다. 석실이 습해서 그는
석실을 닦았다. 석실을 닦고서 그는 비로소 이 열 마리 사자 시체를
시식하려고 했는데, 먹을 때 비로소 이 열 마리 사자 시체가 사실은
열 개의 돌사자 시체인 것을 알았고 이 일을 해석하려고 했다.)

한글은 표음문자로 표현에 있어서 독보적인 우세함을 갖고 있다. 그러나
한국어 어휘 중에는 다수의 한자어가 있고 만약 이를 모두 한글로 바꾸어
쓰게 되면 그 표의성(表義性)을 잃게 되어 동음사들이 대거 출현하게 되고
의미상의 혼란이 발생하게 된다. 한국 국립국어원의 『표준국어대사전』에
는 '사기'라고 발음하는 한자어에 대응하는 어휘가 무려 27개나 수록되어
있다. 그 중에는 "士氣, 詐欺, 沙器, 史記, 社旗……" 등이 포함되어 있다.
그리고 한국의 학자들은 표의적인 한자가 표음적인 한글보다 훨씬 더 많은
정보처리 능력을 가지고 있다고 말한다. 그리하여 한자를 사용함으로써 신
조어를 만들어 내고, 보다 더 정확하게 복잡한 사물을 표현할 수 있다고
본다(曹秀玲, 2008). 또한 한국의 주류 매체인 '조선일보'는 2010년 1월 30
일 사설에서 "만약 한자를 모르면 어휘와 국어 능력을 제고시키기 어렵다."
라고 논평한 사실도 있다.

二. 한국 학생에게서 자주 나타나는 한자 오류

한국에서는 많은 지명과 인명을 한자로 표시하곤 하므로 한국 학생들에게 한자는 그다지 낯설지가 않다. 그리고 한국의 중고교에서 개설한 한문 수업에서는 한국 교육부에서 공포한 1,800개의 한자를 가르치고 있기 때문에 대부분의 한국 학생들은 어느 정도 한자의 기초를 갖고 있다.

그러나 한국의 중고교 한문 과목은 최근 선택 과목으로 바뀌었고, 한문을 선택하는 학생 수도 그다지 많지 않아 겨우 30% 정도에 이른다. '조선일보'는 사설에서 "공공교육에서 한자 교육은 그 설 자리를 잃었다. 초등학교 교과서에서 한자가 사라진지는 이미 40여 년이 넘었고, 중고교에서도 한문은 선택과목에 들어가 대입시험에서 단지 17%의 학생들만이 한문을 선택하고 있다."라고 평한 바 있다(2010년 1월 31일자 중문판).

그리고 설사 한문을 선택해서 공부한 학생이라 해도 대부분은 한자가 쓰기 어렵고 외우기도 어렵다고 꺼려하며, 보통 한글독음을 함께 써서 읽고 있고 한자어의 한자를 잘 연습하지 않는다(朴興洙, 2006). 한편, 한국 교육부에서 공포한 교육용 한자는 중국 '国家汉办'에서 공포한 "汉语水平词汇与汉字等级大纲"중의 2,905개 한자들과 수량이나 쓰기법 등의 측면에서 상당한 차이를 보이고 있다. 그렇기 때문에 전체적으로 볼 때 한국 학생들의 한자 능력은 생각하는 것만큼 그리 좋은 상황은 아니며, 이러한 현상은 곧 그들이 한자를 쓸 때 발생하는 오류의 증가로 반영되어 나타나고 있다.

(一) 필획 오류

일반적으로 '起筆(첫 획)'부터 '止筆(마지막 획)'까지를 하나의 필획이라 하며, 필획은 한자 구성의 가장 작은 서사 단위이자 최소의 인지 단위이다 따라서 이러한 필획을 잘 장악하는 것이 바로 한자를 잘 쓰는 전제이자 기초가 된다. 한국 학생 특히 중국어를 처음 배우는 학생들은 한자를 쓸 때 항상 필획 상의 오류를 범하곤 한다.

1. 필획을 잘못 첨가하는 경우

① 我的汉语进步了很多。(*步 → 步, 점이 하나 많다.)
② 我的家族有很多人。(*家 → 家, 점이 하나 많다.)
③ 我的中国朋友是晓敏。(*晓 → 晓, 점이 하나 많다.)
④ 我同屋的专业是历史系。(*吏 → 史, 橫이 하나 더 많다.)
⑤ 今天不可以去学校。(*司 → 可, 橫이 하나 더 많다.)
⑥ 这个情况是我不知道。(*况 → 况, 점이 하나 많다.)

2. 필획을 빠뜨린 경우

⑦ 这件衣服真漂亮。(*真 → 真, 3橫에서 하나가 빠짐)
⑧ 你到底去不去? (*底 → 底, 점이 하나 부족함)
⑨ 这些天, 我收获很大。(*获 → 获, 점이 하나 부족함)
⑩ 突然下雨了。(*突 → 突, 점이 하나 부족함)
⑪ 我不熟悉中国文化。(*熟 → 熟, 점이 하나 부족함)
⑫ 找的哥哥。(*找 → 我, 撇(삐침)이 하나 부족함)

3. 필획 자체를 잘못 쓴 경우

⑬ 往石走 (*石 → 右, 撇이 위로 나오지 않음)
⑭ 今天不可以去学校。(*天 → 天, 橫을 撇로 씀)
⑮ 我矢败了考试。(*矢 → 失, 撇이 위로 나오지 않음)
⑯ 我太银行挽了钱。(*挽 → 换, 捺를 竪彎鉤로 씀)
⑰ 我上午练习跆拳道。(*练 → 练, 橫折鉤를 竪鉤로 씀)

⑱ 老板孤我来学汉语。(＊孤 → 派)
⑲ 我在兆京大学学汉语。(＊兆 → 北)

4. 필획의 서사가 규범적이지 못한 경우

일부 한국 한자의 필획 쓰기는 중국 한자와 약간 다르다. 학생들은 한국
식 한자 쓰기법의 영향을 받아 서사가 규범적이지 않는 경우가 있다.

⑳ 刚来的时候, 我的汉语水平很低。(＊低 → 低 점을 橫으로 쓴 경우)
㉑ 考试非常难。(＊考 → 考, 橫을 撇로 쓴 경우; ＊非 → 非, 竪를
竪撇로 쓴 경우)
㉒ 昨天我八点才起床了。(＊才 → 才, 撇이 약간 밖으로 나옴)
㉓ 我买了羽绒服。(＊羽 → 羽, 점과 提寫를 撇로 씀)
㉔ 我沒去过那个地方。(＊沒 → 没, 橫折彎寫를 橫折鉤로 씀;
＊那 → 那, 橫이 밖으로 나옴)
㉕ 北京的污染很大。(＊污 → 污, 竪折折鉤가 밖으로 나옴)
㉖ 学校食堂的红烧排骨很好吃。(＊骨 → 骨, 橫切의 잘못)

(二) 部件 오류

부건(部件)은 복합구조와 합체자에서 필획보다 큰 구조단위이다. 한국
학생들은 한자의 구성 부건에 대해 잘 장악하지 못하거나 한국 한자의 영
향을 받아 오류를 범하곤 한다.

㉗ 结果, 他被老师发现。(＊被 → 被)
㉘ 妈妈含着泪说了。(＊含 → 含)
㉙ 晚上我们见面。(＊晚 → 晚)
㉚ 考试的顺序。(＊序 → 序)
㉛ 既然那样的话, 我就没说了。(＊既 → 既)

㉜ 同屋很廋。(* 廋 → 瘦)

㉝ 疲气污染也很严重。(* 疲 → 废)

㉞ 这学期收扶很大。(* 扶 → 获)

㉟ 名种菜都好吃。(* 名 → 各)

㊱ 最近很忙。(* 近 → 近)

三) 구조 오류

구조유형이란 합체자 중 부건들의 위치관계 유형을 말하는데 한자의 구조유형을 아래와 같이 분류할 수 있다. '상하구조'(笔, 家, 望, 亲, 森) ; 상중하구조'(荞, 冀, 意, 器) ; '좌우구조'(姓, 对, 他, 刚, 楼, 明, 慢) ; 좌중우구조'(激, 搬, 树, 健) ; '포위구조'(周, 网, 问, 风, 甩, 贝, 凶, 医, 习, 司, 寸, 适, 这, 迎, 迅, 厕, 历, 厚, 国, 圆) ; '종합구조'('歃'은 좌우구조 속에 상하구조, 좌우구조를 포함; '赢'은 상중하구조 속에 좌중우구조를 포함; '爨'은 상중하구조 속에 좌우, 상하, 포위 등 구조 포함). 그리고 상하, 좌우, 내외, 종합의 방법으로 도저히 분석할 수 없는 특수구조도 있는데 '里', '我' 등이 있다(呂必松, 2007).

한국 학생들은 이러한 한자의 구조 유형을 잘 장악하지 못해 부건을 잘못 놓거나 배치가 조화롭지 못한 오류를 범하곤 한다.

1. 부건 잘못 놓기

바로 부건을 잘못된 위치에 놓는 것이다. 다음과 같은 예가 있다.

㊲ 我部妈妈去秀水。(* 部 → 陪)

㊳ 我陼不知道。(* 陼 → 都)

㊴ 周末我杏在家里。(* 杏 → 呆)

㊵ 我吥朋友常常见面。(* 吥 → 和)

2. 부건 배치가 조화롭지 못한 경우

한자의 부건 배치가 규범적이지 못하다. 다음과 같은 예가 있다.

㊶ 这些问题很大。(＊题 → 题)
㊷ 中国不是落后。(＊落 → 落)
㊸ 这学期收获很大。(＊获 → 获)
㊹ 来了我们的临时老师。(＊监 → 临)
㊺ 爸爸您好。(＊您 → 您)

(四) 한자 잘못 쓰기

어떤 경우 학생들은 한자를 완전히 장악하지 못하거나 소홀히 하여 모양이 비슷한 다른 한자로 잘못 쓰기도 한다. 주로 형태가 잘못되거나 발음이 잘못된 두 가지로 나뉜다.

1. 형태가 잘못된 것

즉, 쓸 때 모양이 비슷한 한자로 잘못 쓰는 것을 말한다. 아래의 세 가지가 있다.

(1) 부건이 빠지는 경우

㊻ 她长得很票亮。(＊票 → 漂)
㊼ 我刻骨名心对他的教训, 一定要成为对社会贡献的人。(＊名 → 铭)
㊽ 现在扩张成了大的饭官。(＊官 → 馆)
㊾ 他不气妥, 契而不舍。(＊妥 → 馁, ＊契 － 锲)
㊿ 一下子面对不可踏越的啬。(＊啬 → 墙)
(51) 两年的时间是有介值的。(＊介 → 价)

(2) 부건을 다른 것으로 잘못 쓴 경우

③ 直到现在那我父亲做好<u>傍</u>样，从来没有动<u>遥</u>过。

    (* 傍 → 榜, * 遥 → 摇)

④ 随着高科<u>枝</u>的发展…… (* 枝 → 技)

⑤ 两代人关系的<u>适</u>题不同。(* 适 → 话)

⑥ 从前天开始在健身房里<u>远</u>动。(* 远 → 运)

⑦ 我的父亲是一个<u>沈</u>默寡言的人。(* 沈 → 沉)

⑧ 我们生活在<u>遭</u>杂的环境中。(* 遭 → 嘈)

(3) 모양이 잘못된 경우

⑨ 我还会让你们因为我而自<u>亳</u>。(* 亳 → 豪)

⑩ 但我<u>做</u>为汉学研究家，我尊敬他。(* 做 → 作)

⑪ 她不是腰缠万贯的巨<u>享</u>。(* 享 → 亨)

⑫ 队里的纪律太严了，<u>上年</u>练习跆拳道。(* 年 → 午)

⑬ 我永远忘不了我入队的时候<u>着</u>爸爸妈妈背影的眼睛。(* 着 → 看)

⑭ 用人类的智<u>替</u>在发展中改善环境。(* 替 → 慧)

⑮ 警<u>蔡</u>车发出的只是普通的自然之声的话。(* 蔡 → 察)

⑯ 大丘是个<u>贫</u>地。(* 贫 → 盆)

2. 발음이 잘못된 것

즉, 글자를 쓸 때 발음이 같거나 비슷한 글자로 잘못 쓰는 경우이다.

⑰ 我母亲跟他劝告，"你应该随<u>合</u>一点。"(* 合 → 和)

⑱ 把安全铃<u>安</u>了，但出来的声音只是平凡的自然声的话…… (* 安 → 按)

⑲ 父亲突然去<u>逝</u>了。(* 逝 → 世)

⑳ 她不仅不是我的好朋友，同时是我的<u>心里</u>医生。(* 里 → 理)

⑴ 以比较轻的法律<u>结</u>决此事。(* 结 → 解)

⑵ 努力解<u>出</u>病人的痛苦。(* 出 → 除)

⑫ 要不然，不但不方便，而且引起分列。(* 列　→　裂)

⑬ 整天呆在家里。(* 带　→　呆)

⑭ 一旦发现有几个人帮住自己…… (* 住　→　助)

⑮ 年进二十的和尚很专心地读经。(* 进　→　近)

⑯ 需要互相构通意见。(* 构　→　沟)

⑰ 在草平上做了一会儿…… (* 平　→　坪, * 做　→　坐)

⑱ 我们有自己的位值。(* 值　→　置)

⑲ 我们一起玩得很通快。(* 通　→　痛)

⑳ 我认为从事金融业不需要高及的汉语。(* 及　→　级)

㉑ 我人为这事有意义。(* 人　→　认)

㉒ 直接或简接地了解长辈的愿望。(* 简　→　间)

㉓ 这样一来健康也有好展了。(* 展　→　转)

㉔ 堵车的时候发啤气的时候…… (* 啤　→　脾)

㉕ 我希望人们仔细深刻地考律我的意见。(* 律　→　虑)

이 외에 아래와 같은 단어들은 쓰다가 쉽게 틀릴 수 있다.

* 怀包 → 怀抱　* 建康 → 健康　* 年青人 → 年轻人　* 想向 → 想象

* 严励 → 严厉　* 敬告 → 警告　* 助成 → 组成　　* 回复 → 恢复

* 抒远 → 疏远　* 美力 → 美丽　* 睡面 → 睡眠　　* 怛心 → 担心

* 缘固 → 缘故　* 列子 → 例子　* 祈望 → 期望　　* 陪养 → 培养

* 报达 → 报答

(五) 자체(字體)의 오류

일부 한국 한자와 중국 한자는 자체가 다른데, 상당수의 한국 학생들은
한국 한자의 영향을 받기 때문에 종종 현대 한자를 번체자나 이체자로 쓸
때가 있다. 다음과 같은 예가 있다.

(86) 我是韓國外大畢業的。[31)] (＊韓國 → 韩国, *畢業 → 毕业)

(87) 我做夢想到。(＊夢 → 梦)

(88) 作爲一個韓國人。(*爲 → 为, ＊個 → 个)

(89) 中國的萬里長城。(*萬 → 万, ＊長 → 长)

(90) 紫禁城表現了中國的皇朝中心。(＊現 → 现)

(91) 雖然他得了不治之症, 但他很堅强。(＊雖 → 虽, ＊堅强 → 坚强)

(92) 這種努力精神很寶貴。(＊這種 → 这种, ＊寶貴 → 宝贵)

(93) 我堅決反對安樂死的實行。

(＊堅決 → 坚决, ＊對 → 对, ＊樂 → 乐, ＊實 → 实)

(94) 這種情況下無意義。(＊況 → 况, ＊無 → 无, ＊義 → 义)

(95) 吃饭后我们去化粧室。(＊粧 → 妆)

(96) 我们去上海旅遊。(＊遊 → 游)

(97) 车上写"谨弔"字。(＊弔 → 吊)

(98) 我买了红豆氷。(＊氷 → 冰)

(99) 我跟朋友吃了兎肉。(＊兎 → 兔)

1) 예문 중 이미 교정한 번체자, 이체자들은 뒤의 예에서 밑줄만 긋고 다시 교정하지 않는다.

三. 한국 학생의 한문 기초와 한자 교육

한국의 문교부는 1972년 "교육용기초한자표"를 발표하였는데, 그 표에는 1,800개의 한자가 수록되어 있으며 중학교와 고등학교에서 각각 900자씩 가르치게 하였다. 현재 한국에는 한자능력검정시험(한국 한자능력감정회), 대한민국 한자 기술자격 감정시험(대한감정회), 한자기술 자격감정(대한민국 한자교육 연구회 대한감정회), 한자자격시험(한자교육진흥회), 실용한자(한국외국어평가원) 등 모두 5가지 한자 등급시험이 있으며, 이들 모두 한국 사람들의 한자에 대한 학습을 독려하고 있다.

그런데 한국의 한자는 중국의 현행 한자와 같은 것도 있고 다른 것도 있어서 중국어를 배우는 한국 학생들이 한자를 배우는 과정에서 모종의 영향을 받게 된다. Kellerman은 제2언어 습득을 연구하면서 다음과 같이 결론하였다. "두 언어의 차이가 크면, 즉 관련이 적으면 학습 속도는 느리지만 비교적 정확하게 학습이 이루어진다. 그러나 두 언어의 차이가 적어 서로 관련이 있는 언어라면 학습은 빠르나 정확하지가 않다(金基石, 2010에서 재인용)." 그렇기 때문에 중국어 교사가 한중 현행 한자의 동이(同異)를 파악하게 되면 학생의 한자 오류 비율을 감소시킬 수 있고 한자 교육의 효율을 제고시킬 수 있다.

한국의 현행 1,800개의 한자 가운데 '畓(답: 논)'이란 글자는 한국이 스스로 만든 한자이고, 나머지는 모두 중국의 한자와 동일한 것이다(즉, 총 1,799개).

(一) 한국과 중국의 자형이 완전히 같은 한자

"교육용기초한자표" 1,799개의 한자 중 660개는 자형이 중국의 현행 한자와 완전히 같다. 그 비율은 37%이다.[32] 아래와 같다.

중학교용:

佳	街	可	加	假	各	干	看	渴	甘	感	甲	江	强	更	居	建
犬	敬	古	故	固	苦	告	谷	曲	困	坤	工	功	共	果	科	光
口	求	救	句	君	郡	弓	勤	金	禁	己	其	期	基	技	吉	南
男	乃	女	年	怒	多	丹	但	短	答	堂	大	代	待	度	德	刀
徒	洞	冬	同	斗	豆	得	等	登	落	量	力	列	烈	例	路	老
料	律	里	理	利	林	莫	晚	末	每	妹	免	勉	面	名	明	母
毛	暮	木	目	戊	茂	武	墨	勿	物	米	未	味	美	尾	杯	白
百	番	伐	凡	兵	保	伏	服	夫	扶	北	不	佛	朋	巳	士	仕
寺	使	史	舍	死	思	事	散	算	三	常	上	相	霜	想	色	生
石	夕	昔	惜	先	仙	善	姓	性	成	城	盛	星	世	洗	小	所
笑	俗	水	手	受	授	首	愁	秀	叔	淑	戌	拾	乘	承	示	是
式	身	申	失	心	十	我	也	野	若	羊	洋	余	如	汝	易	然
炎	永	英	五	吾	悟	午	玉	曰	王	往	要	欲	浴	用	勇	于
右	牛	友	雨	又	尤	元	原	月	危	威	由	油	有	柔	肉	恩
乙	邑	二	已	耳	而	移	人	引	仁	忍	一	日	壹	壬	子	作
昨	材	在	栽	再	哉	田	典	前	的	赤	丁	弟	第	井	正	政
兆	早	朝	助	足	存	左	坐	主	注	住	朱	走	竹	中	重	只
支	枝	止	知	地	指	志	持	且	次	此	借	昌	唱	菜	妻	尺
千	天	川	泉	招	寸	村	最	秋	出	忠	取	吹	特	破	波	七
快	他	打	土	下	夏	何	河	合	片	便	布	抱	暴	品	皮	彼

---

[32] 본절의 수치는 朴點玉(1999)을 참고한 것이다.

恒 海 行 幸 向 香 血 兄 刑 形 惠 乎 呼 好 湖 或 火
患 皇 回 孝 厚 休 凶 黑 胸 希 喜……

고등학교용:

架 暇 刊 介 件 健 憩 格 缺 硬 戒 械 桂 枯 姑 鼓 哭
供 恭 攻 恐 戈 冠 怪 具 俱 苟 拘 丘 球 狗 菊 局 群
屈 厥 菌 克 斤 禽 琴 肯 忌 旗 欺 奇 寄 器 娘 奈 耐
奴 努 泥 茶 旦 檀 淡 潭 踏 挑 桃 跳 陶 洛 略 梁 了
漏 栗 隆 梨 李 吏 履 幕 漠 慢 漫 梅 埋 媒 孟 猛 盟
模 矛 貌 募 慕 某 牧 沐 睦 苗 墓 默 眉 敏 泊 拍 朴
博 薄 班 背 伯 犯 碧 普 腹 封 蜂 卜 付 符 附 崩 卑
婢 碑 妃 肥 司 斯 朔 森 桑 徐 恕 析 舌 需 殊 睡 旬
殉 盾 循 升 矢 侍 息 伸 阿 岳 岸 央 殃 涯 厄 御 焉
予 役 域 燃 燕 染 泳 映 梧 腰 愚 偶 源 胃 委 慰 儒
疑 刃 姻 任 刺 葬 掌 笛 燥 操 照 拙 佐 周 株 州 洲
柱 蒸 智 池 珍 秩 彩 策 斥 拓 戚 哲 替 超 促 臭 趣
漆 沈 枕 妥 托 塔 吐 痛 板 版 播 荷 旱 汗 割 票 漂
爆 幅 包 胞 浦 捕 肺 巷 港 互 胡 浩 惑 忽 洪 禾 丸
灰 悔 侯 候 喉 稀 熙……

이들 한자는 중국이나 한국 모두 자형이 똑같아 일부 쓰기 어려운 게 있
있다 해도 한국 학생들은 대부분 배운 적이 있거나 익숙한 것들이다. 연구
에 따르면 학생들이 이런 유형의 한자를 습득하는 것이 상호간 자형이 다
른 한자를 익힐 때보다 오류 비율이 현저히 적다고 한다(金秀貞, 2000). 그
렇기 때문에 가르칠 때 그만큼 시간을 절약할 수 있다.

二) 한국과 중국의 자형이 다른 한자

1. 한중간 자형이 기본적으로 같으나 필획에 차이가 있는 한자

총 506개가 있으며 기초한자 중 28%를 차지한다. 이런 한자들 중 어떤
것은 필획 하나 차이가 있기도 하고 어떤 것은 둘 또는 둘 이상의 필획 차
이를 보이기도 한다.

표13 한중 한자 자형 차이 비교

部件差異		韓国汉文字例	中国汉字字例
韩国	中国		
ㅗ	ㅗ	疲 被 避 割 核 享 抗 航 亨 毫 豪 京 景 音 泣 意 字 章 官 交 校 度 童 流 六 立 亡 忙 忘 文 密 防 放 富 部 序 席 守 宿 辛 室 安 案 暗 哀 夜 亦 完 容 宇 位 育 店 定 庭 帝 族 卒 宗 之 初 就 宅 亥 效 刻 康 竟 境 稿 寡 郭 郊 禽 旗 娘 檀 唐 糖 渡 敦 掠 廉 鹿 裏 麻 磨 盲 蜜 芳 傍 妨 倍 培 壁 辨 府 腐 床 塞 宣 庶 疏 蔬 衰 埶 熟 疫 演 庸 院 宜 障 寂 症 疾 妾 痛 荒 噫	疲 被 避 割 核 享 抗 航 亨 毫 豪 京 景 音 泣 意 字 章 官 交 校 度 童 流 六 立 亡 忙 忘 文 密 防 放 富 部 序 席 守 宿 辛 室 安 案 暗 哀 夜 亦 完 容 宇 位 育 店 定 庭 帝 族 卒 宗 之 初 就 宅 亥 效 刻 康 竟 境 稿 寡 郭 郊 禽 旗 娘 檀 唐 糖 渡 敦 掠 廉 鹿 里 麻 磨 盲 蜜 芳 傍 妨 倍 培 壁 辨 府 腐 床 塞 宣 庶 疏 蔬 衰 埶 熟 疫 演 庸 院 宜 障 寂 症 疾 妾 痛 荒 噫

部件差异		韩国汉文字例	中国汉字字例
韩国	中国		
辶	辶	道 逢 送 迎 逆 近 遇 遊 追 通 退 逌 逸 途 遍 遣 透 返 迷 逃 逐 迫 追 迎 道 逆 近 遇 造 通 退	道 逢 送 迎 逆 近 遇 游 追 通 退 述 逸 途 遍 遣 透 返 迷 逃 逐 迫 追 迎 道 逆 近 遇 造 通 退
ㆍ	丶	言 信 今 琴 念 含 吟 警 令 領 冷 底 抵	言 信 今 琴 念 含 吟 警 令 领 冷 底 抵
㇄	㇄	氏 瓦 收 仰 浪 郎 良 衣 依 低 紙 瓜 派 似 恨 限 裳 派 裂 表 退 食 似 比 衰	氏 瓦 收 仰 浪 郎 良 衣 依 低 纸 瓜 派 似 恨 限 裳 派 裂 表 退 食 似 比 衰
八	㇀	曾 送 增 脫 兼 遂 稅 悅 益 僧 尊	曾 送 增 脱 兼 遂 税 悦 益 僧 尊
靑	青	靑 精 情 清 晴 請 静	青 精 情 清 晴 请 静
ㆍㆍ	㇀ㆍ	肖 半 消 尚 券 叛 判 拳 卷 弊 幣 蔽 平	肖 半 消 尚 券 叛 判 拳 卷 弊 幣 蔽 平
ㅋ	彐	雪 侵 浸 寢 急 慧	雪 侵 浸 寝 急 慧
儿	八	空 究 商 俊 酸 深 甚 探 突 陵	空 究 商 俊 酸 深 甚 探 突 陵
冫	冫	決 涼 況 盜	决 凉 况 盗
皀	皀	卽 既 慨 槪	即 既 慨 概
戶	户	戶 房	户 房
爫	爫	稻 溪 奚 援	稻 溪 奚 援
爫	ㄅ	靜 淨	静 净
羽	羽	翁 羽 翼 弱 濯	翁 羽 翼 弱 濯
匕	匕	化 花 貨	化 花 货
廿	艹	黃 橫	黄 横
夫	夫	春 泰	春 泰
牙	牙	牙 芽 雅	牙 芽 雅
爿	丬	將 壯 狀 寢	将 壮 状 寝

部件差异 韩国	部件差异 中国	韩国汉文字例	中国汉字字例
玄	玄	玄 畜 蓄 效 奚 弦	玄 畜 蓄 兹 奚 弦
八	八	八 分 穴	八 分 穴
示	礻	祈 祝 福 社 祀 祥 神 祖	祈 祝 福 社 祀 祥 神 祖
厶	厶	統 充	统 充
糸	纟	素 紫 系 累 縮 編 級 紀 索 統	素 紫 系 累 缩 编 级 纪 索 统
丿	丨	非 悲 排 輩 罪	非 悲 排 辈 罪
者	者	者 都 著 署 暑	者 都 著 署 暑
阝	阝	朗 廊	朗 廊
二	冫	姿 恣	姿 恣
角	角	角 解	角 解
乚	ㄥ	改 切	改 切
芏	芏	着 差	着 差
豕	豕	象 像 豚	象 像 豚
少	少	少 劣 尖 省 妙 抄 沙 步 涉	少 劣 尖 省 妙 抄 沙 步 涉
害	害	害 割	害 割
直	直	直 值 植 置	直 值 植 置
其它		汎 全 內 寒 虎 骨 才 換 拔 那 丑 宮 陷 屛 硏 帶 炭 兎 栢 虛 市 氷 溫 臥 外 入 亞 沿 沒 汚 娛 傲 弔 舟 添 新 冊	泛 全 内 寒 虎 骨 才 换 拔 那 丑 宫 陷 屛 硏 带 炭 兔 柏 虚 市 冰 温 卧 外 入 亚 沿 没 污 娱 傲 吊 舟 添 新 册

상술한 한자들의 한중 간 자형 차이는 그다지 크지 않기 때문에 학생들이 잘못 쓰기가 아주 쉽다. 중국어 교사는 학생들에게 한중 간 한자의 차이점에 대해 정확히 설명해주어야 한다.

2. 자체(字體)의 번간(繁簡) 혹은 이체(異體)의 차이가 있는 한자

중국어의 현행 한자는 간체자로 되어 있는데 이에 상응하는 한국의 한자가 번체자나 이체자로 되어 있는 것이 633개가 있다. 전체 기초한자의 35%를 차지한다.

표 14 한중 간 繁(異), 簡 한자 비교

	한국기초한자	중국현행한자
중학교	價 間 敢 減 個 開 車 擧 乾 見 堅 結 潔 輕 經 驚 慶 競 鷄 穀 課 過 觀 關 廣 橋 敎 舊 國 軍 權 勸 貴 歸 極 給 氣 幾 難 農 單 達 當 對 島 圖 獨 東 動 頭 燈 樂 來 兩 歷 連 練 禮 勞 綠 論 陸 倫 馬 萬 滿 買 賣 麥 命 鳴 務 無 舞 門 問 聞 飯 發 訪 變 報 福 復 婦 飛 備 貧 細 勢 歲 師 絲 産 殺 賞 傷 喪 書 線 鮮 選 說 設 誠 聖 聲 續 孫 誰 須 雖 樹 壽 數 純 順 習 勝 視 試 時 詩 植 識 實 兒 惡 巖 顔 愛 約 藥 養 揚 陽 讓 魚 漁 於 億 憶 嚴 業 餘 與 煙 硯 熱 葉 榮 藝 烏 講 計 談 記 讀 謝 語 誤 議 憂 雲 運 願 遠 園 圓 醫 應 義 異 爲 偉 遺 飮 陰 戰 電 錢 傳 節 絶 適 敵 爭 貯 貳 長 場 財 題 頂 貞 諸 製 鳥 調 種 鐘 終 從 晝 卽 眞 進 盡 質 執 參 採 責 處 淺 鐵 聽 體 蟲 齒 親 閉 風 楓 豐 學 韓 漢 筆 鄕 賢 協 號 畵 華 歡 會 後 訓 興	价 间 敢 减 个 开 车 举 干 见 坚 结 洁 轻 经 惊 庆 竞 鸡 谷 课 过 观 关 广 桥 教 旧 国 军 权 劝 贵 归 极 给 气 几 难 农 单 达 当 对 岛 图 独 东 动 头 灯 乐 来 两 历 连 练 礼 劳 绿 论 陆 伦 马 万 满 买 卖 麦 命 鸣 务 无 舞 门 问 闻 饭 发 访 变 报 福 复 妇 飞 备 贫 细 势 岁 师 丝 产 杀 赏 伤 丧 书 线 鲜 选 说 设 诚 圣 声 续 孙 谁 须 虽 树 寿 数 纯 顺 习 胜 视 试 时 诗 植 识 实 儿 恶 岩 颜 爱 约 药 养 扬 阳 让 鱼 渔 于 亿 忆 严 业 余 与 烟 砚 热 叶 荣 艺 乌 讲 计 谈 记 读 谢 语 误 议 忧 云 运 愿 远 园 圆 医 应 义 异 为 伟 遗 饮 阴 战 电 钱 传 节 绝 适 敌 争 贮 贰 长 场 财 题 顶 贞 诸 制 鸟 调 种 钟 终 从 昼 即 真 进 尽 质 执 参 采 责 处 浅 铁 听 体 虫 齿 亲 闭 风 枫 丰 学 韩 汉 笔 乡 贤 协 号 画 华 欢 会 后 训 兴
고등학교	閣 簡 覺 幹 姦 懇 監 鑑 剛 鋼 綱 慨 槪 蓋 據 傑 儉 劍 檢 擊 徑 卿 係 繼 啓 階 庫 顧 誇 館 寬 鑛 塊 壞 矯 區 驅 鷗 懼 龜 構 窮 劇 僅 斷 團 擔 黨 臺 隊 導 凍 羅 亂 蘭 欄 爛 覽 藍 濫 糧 麗 慮 勵 曆 鍊 燐 聯 戀 蓮 嶺 靈 爐 祿 錄 龍 屢	阁 觉 干 简 奸 恳 监 鉴 刚 钢 纲 慨 概 盖 据 杰 俭 剑 检 击 径 卿 系 继 启 阶 库 顾 夸 馆 宽 矿 块 坏 矫 区 驱 鸥 惧 龟 构 穷 剧 仅 断 团 担 党 台 队 导 冻 罗 乱 兰 栏 烂 览 蓝 滥 粮 丽 虑 励 历 炼 怜 联 恋 莲 岭 灵 炉 禄 录 龙 屡

樓	淚	類	輪	離	隣	臨	蠻	滅	夢	廟	楼	泪	类	轮	离	邻	临	蛮	灭	梦	庙
霧	盤	髮	倣	饢	邊	補	寶	複	鳳	膚	雾	盘	发	仿	翻	边	补	宝	复	凤	肤
奮	賓	捨	寫	辭	嘗	償	雙	敍	釋	禪	奋	宾	舍	写	辞	尝	偿	双	叙	释	禅
蘇	騷	燒	掃	屬	輸	獸	脣	肅	濕	襲	苏	骚	烧	扫	属	输	兽	唇	肃	湿	袭
昇	愼	飾	尋	審	壓	樣	楊	興	譯	驛	升	慎	饰	寻	审	压	样	杨	舆	译	驿
軟	鹽	營	譽	慾	郵	優	違	僞	圍	緯	软	盐	营	誉	欲	邮	优	违	伪	围	纬
衛	隱	儀	殘	潛	蠶	暫	雜	莊	裝	獎	卫	隐	仅	残	潜	蚕	暂	杂	庄	装	奖
墻	粧	臟	災	跡	蹟	積	績	專	點	際	墙	妆	脏	灾	迹	迹	积	绩	专	点	际
齊	濟	條	縱	準	遵	憎	贈	誌	遲	職	齐	济	条	纵	准	遵	憎	赠	志	迟	职
織	徵	懲	讚	慙	遷	薦	徹	廳	礎	銃	织	征	惩	赞	惭	迁	荐	彻	厅	础	铳
總	聰	醜	築	衝	層	恥	稱	墮	歎	彈	总	聪	丑	筑	冲	层	耻	称	堕	叹	弹
奪	態	罷	廢	畢	標	響	憲	獻	縣	懸	夺	态	罢	废	毕	标	响	宪	献	县	悬
顯	脅	護	禍	確	穫	擴	懷	獲	劃	戲	显	胁	护	祸	确	获	扩	怀	获	划	戏
掛	壇	篤	賴	絹	謙	詳	鏡	頃	傾	貢	挂	坛	笃	赖	绢	谦	详	镜	顷	倾	贡
貫	慣	較	規	圍	謹	錦	諾	納	貸	銅	贯	惯	较	规	围	谨	锦	诺	纳	贷	铜
鈍	絡	綿	銘	謀	貿	憫	煩	繁	罰	範	钝	络	绵	铭	谋	贸	悯	烦	繁	罚	范
辯	譜	峯	負	紛	墳	憤	祕	費	頻	詞	辩	谱	峰	负	纷	坟	愤	秘	费	频	词
賜	詐	社	祀	祥	削	緒	訴	損	頌	訟	赐	诈	社	祀	祥	削	绪	诉	损	颂	讼
誦	鎖	帥	隨	術	餓	謁	額	鉛	詠	銳	诵	锁	帅	随	术	饿	谒	额	铅	咏	锐
鳴	獄	緩	搖	遙	謠	韻	員	謂	閏	潤	鸣	狱	缓	摇	遥	谣	韵	员	谓	闰	润
維	誘	愈	賃	資	贊	張	帳	載	腸	賊	维	诱	愈	赁	资	赞	张	帐	载	肠	贼
訂	漸	轉	組	鎭	陣	陳	姪	錯	慘	倉	订	渐	转	组	镇	阵	陈	侄	错	惨	仓
創	蒼	滄	暢	債	賤	踐	燭	觸	濁	値	创	苍	沧	畅	债	贱	践	烛	触	浊	值
置	側	測	貪	澤	擇	討	湯	頗	販	評	置	侧	测	贪	泽	择	讨	汤	颇	贩	评
鶴	飽	項	該	軒	險	驗	絃	鴻	環	還	鹤	饱	项	该	轩	险	验	弦	鸿	环	还
				曉	揮	輝									晓	挥	辉				

위에서 보듯이 이런 유형의 한자들의 수가 많아 한국 학생들이 번간(繁簡) 전환 시에 어려움을 느끼는 경우가 많다. 그러나 어떤 한자들은 번간 전환에 일정한 규칙성이 있기 때문에 교사가 가르칠 때 한중간 번간 부건을 귀납해서 학생들이 그 규칙을 쉽게 장악할 수 있도록 신경 써 준다면 학습 효과를 충분히 제고시킬 수 있을 것이다. 다음과 같은 규칙을 제시할 수 있다.

표 15 繁/簡 한자 전환 규율 예

번체자 부건	간체자 부건	번체자 예	간체자 예
門	门	門 閣 簡 閨 潤 憫 閻 問 聞 閉	门 阁 简 闺 润 悯 阎 问 闻 闭
車	车	車 揮 輝 軒 陣 陳 漸 載 輪 庫 軍	车 挥 辉 轩 阵 陈 渐 载 轮 库 军
貝	贝	貝 貪 債 資 損 負 憤 貿 貸 貢 貫 慣 側 測 贊 費 績 賤 責 貴 遺 貳	贝 贪 债 资 损 负 愤 贸 贷 贡 贯 惯 侧 测 赞 费 绩 贱 责 贵 遗 贰
頁	页	頁 項 頻 頌 額 頃 傾 顧 顏 題 頂	页 项 频 颂 额 顷 倾 顾 颜 题 顶
言	讠	謙 詳 諾 訴 訟 誦 謁 謂 獄 訂 討 評 該 訓 講 計 談 記 讀 謝 語 誤 議 調	谦 详 诺 诉 讼 诵 谒 谓 狱 订 讨 评 该 训 讲 计 谈 记 读 谢 语 误 议 调
金	钅	鉛 銳 錦 鏡 鎮 鐘 錢	铅 锐 锦 镜 镇 钟 钱
示	礻	社 祀 祥 禍 祿 禮	社 祀 祥 祸 禄 礼
戠	只	識 職 織	识 职 织
區	区	區 驅 鷗	区 驱 鸥
蜀	虫	燭 觸 濁 獨	烛 触 浊 独

소결 : 지금까지는 한국 기초 한자에 대한 분석으로, 이 분석을 통해 한중 간 다량의 한자들이 그 모양이 유사함을 발견할 수 있다. 그리고 일부 한자는 비록 번간의 차이가 있긴 하지만 그 사이에 일정한 규칙성을 발견할 수 있다. 상술한 내용을 아래와 같이 그래프로 표현할 수 있다.

한중간 한자의 자체 비교

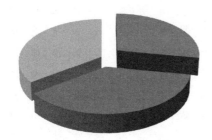

■ 기본적으로 같으나
　차이가 있는 한자 28%
■ 완전히 같은 한자 37%

▨ 韓繁/漢簡의 한자 35%

金秀貞(2000)은 코퍼스를 기반한 대량의 통계분석을 통해, 한중 간 자형이 같은 한자의 오류 비율이 한중 간 자형이 다른 한자의 오류 비율보다 낮다고 보았다. 아울러 그는 또 한국 학생들이 익히기 쉬운 한자 200개와 익히기 어려운 한자 200개를 찾아내기도 하였는데 아래와 같다.

[한국 학생들이 익히기 가장 좋은 한자 200개]

一 七 九 又 二 十 了 人 几 力 川 士 土 三 工 上 山
下 也 大 丈 小 子 千 与 升 井 巴 仁 木 丰 双 区 元
引 王 中 月 天 文 父 日 午 五 什 火 水 太 六 不 友
令 犯 皮 申 仙 扔 布 示 玉 田 术 台 立 目 市 主 史
去 打 生 正 他 业 加 冬 且 石 用 由 四 伙 竹 血 阴
众 企 杂 守 曲 寺 吐 冰 朴 爷 存 米 江 件 行 而 如
吗 有 全 老 在 军 自 早 同 华 因 此 弄 孝 陈 含 吴
材 呆 均 坚 辛 寿 居 足 阿 弟 作 床 抽 败 势 尚 阜
杭 例 油 松 泪 郑 味 府 林 朋 怕 性 命 京 非 呢 和
知 物 挣 尝 映 退 侵 甚 指 架 帝 保 星 南 音 政 品
美 素 埋 破 哲 班 竟 悉 盛 售 麻 累 船 康 票 湿 硬
搓 曾 括 雄 悲 湖 街 愚 摆 楚 端 察 撞

[한국 학생들이 익히기 가장 나쁜 한자 200개]

亡 已 马 专 云 内 书 长 躺 尔 半 瓜 鸟 厉 灭 议 幼
阶 纪 托 亚 毕 州 庄 决 压 异 份 附 连 进 坏 即 迎
佛 饭 报 邻 初 词 弃 判 丽 汽 张 沉 低 状 忍 纸 岛
规 或 经 武 狗 质 念 顶 泡 态 具 货 征 择 呼 怜 泳
直 虎 者 贫 练 爬 孤 药 宫 虽 屋 染 统 济 咱 派 皇
类 钟 贸 绝 轻 标 临 炼 览 迹 既 逃 须 挤 洲 祥 预
谈 哥 逛 朗 座 谊 虑 获 旅 键 射 疼 赶 础 租 请 烧
谅 郭 陵 值 桌 弱 晓 真 换 诸 教 偶 黄 营 虚 辅 野
著 敢 祭 随 惯 象 雪 绿 聊 袋 望 梁 奥 鲁 越 惠 尊
游 慌 窗 赏 痛 装 遍 舒 署 晴 将 腿 像 睡 龄 搬 满
暖 概 嫁 韩 解 置 殿 鲜 貌 锻 静 遭 算 愿 聚 熊 增
题 趣 播 篇 懂 德 聪 醒 餐 嘴 器 默 魔

위의 자료는 중국어 교사들이 한중 한자의 관계를 파악하고 특히 학생들의 습득 상황을 이해하는데 매우 좋은 참고 자료를 제공하고 있다고 본다.

四. 한자 교육의 원칙과 방법

일부 한국 학생들은 한자를 배워서 익숙하기도 하겠지만, 여전히 한자를 배우지 않은 학생들도 있기 마련이다. 그런가 하면 어떤 학생들은 한자를 배웠다 하더라도 한중간 한자 교육의 목적과 방법이 다르고 또 한중간 한자의 형태가 달라, 한자를 학습하는 과정에서 많은 곤란과 오류를 경험하게 된다. 따라서 중국어 교사가 적당한 교육 원칙과 방법을 준수하는 일이 한국인을 대상으로 하는 한자 교육에서 매우 중요한 요소가 될 것이다.

一) 한자 교육의 원칙

1. 필획을 기초로 하고, 부건을 핵심으로 한다.

필획은 한자 서사의 기초이고 부건은 한자 구성의 관건이다. 그리고 하나의 완전한 한자는 중국어 기록의 사용 단위가 된다. 한자 교육은 바로 이 세 가지 층위에 주의해야 한다.

(1) 필획은 한자 서사의 기초이다.

필획은 최소의 한자 서사 단위이자 최소의 인지 단위이므로 한자 학습에 필획부터 시작해야 한다.

1) 필획 서사 자체를 충실히 해야 한다. 필획 서사는 학생의 한자에 대한 기본기를 반영하는 것으로 필획 서사가 충실해야 부건 규범을 보장할 수 있고 자형도 정확하게 된다. 한자 필획에서 "橫平竪直, 點鉤撇捺适度(橫은 수평으로 바르고, 竪는 수직으로 곧고, 點과 鉤, 撇, 捺는 적당해야 한다)"를 추구하므로 교사가 직접 시범을 보여서 학생이 이를 모방하여 반복 연

습하게 해야 한다.

2) 교사가 필획 지도를 할 때, 쉽게 헛갈리는 필획에 대한 구별과 쓰기 방법에 대해 적시에 설명해 주어야 한다. 다음과 같은 것이 있다.

표16 혼동하기 쉬운 필획 비교

명칭	필획	예	명칭	필획	예	명칭	필획	예
橫撇彎钩	ㄅ	那	竖弯钩	ㄴ	屯	橫折	ㄱ	口
橫折折撇	ㄅ	建	卧钩	㇃	心	竖折	ㄴ	山
橫折折折钩	ㄋ	乃	斜钩	㇂	淺	撇折	ㄥ	云

3) 필획들의 서사 규칙을 소개해 준다. 필획들 마다 쓰는 법이 다른데 예를 들어 '犭' 가운데에는 '撇, 撇, 彎鉤'가 있는 것이고, '扌' 가운데에는 '橫, 提, 竪鉤'가 있어 비슷하게 생겼지만 사실 다르다. 그리고 서로 같은 필획이라 해도 다른 한자 속에서 배열 위치가 다르기도 한데, '举'자의 두 點은 서로 평행하게 배열된 것인 반면, '头'자의 두 點은 상하로 배열되어 있다. 그리고 일부 필획은 한자 중 출현하는 위치가 규칙적이다. 그중 '平撇'은 "采, 乎, 壬, 手, 夭" 등과 같이 대개 한자의 가장 윗부분에 출현한다. 학생들이 필획기초를 연습할 때, 적당한 때마다 필획 규칙 지도를 진행하여 학생들이 가능한 빨리 한자의 서사 기술을 장악하고 오류를 범하지 않게끔 해야 한다.

4) 서사의 순서를 지도한다. 한자의 필순은 일반적으로 다음과 같다.

先橫后竪(橫을 먼저 쓰고, 竪를 나중에 쓰기 / 十, 干, 丰)
先撇后捺(撇을 먼저 쓰고, 捺를 나중에 쓰기 / 八, 人, 入)
先上后下(위를 먼저 쓰고 아래는 나중에 쓰기 / 三, 杏, 高)
先左后右(왼쪽을 먼저 쓰고 오른쪽은 나중에 쓰기 / 川, 行, 做)

> 先外后内(바깥을 먼저 쓰고 안쪽을 나중에 쓰기 / 月, 勺, 同)
> 先中间后两边(가운데를 먼저 쓰고 양쪽을 나중에 쓰기 / 小, 水, 办)
> 先进屋后关门(안으로 들어간 다음 문 닫기 / 囚, 回, 因)

이러한 필순은 학생들의 한자 서사규범의 기초가 된다.

(2) 부건은 한자 교육의 핵심이다.

학생들이 한자 필획의 서사 기능을 어느 정도 장악한 후에는 한자교육의 중심을 부건 지도로 옮긴다. 만약 모든 한자를 한 획씩 가르친다면 너무나 번거롭고 체계적이지 못하게 될 것이다. 부건을 단위로 지도를 하면 "간단한 것을 가지고 충분히 번잡한 것을 이끌 수 있고, 어려운 것을 쉬운 것으로 바꿀 수 있으며, 얕은 것에서 깊은 것으로 서서히 나아갈 수 있다." 그렇게 되면 학생은 한자 쓰기와 기억의 부담을 어느 정도 덜 수 있고 한자 습득 규칙에도 부합하는 일이 된다.

한자는 부건으로 구성되는데 한자가 아무리 많아도 부건에는 한계가 있기 마련이다. 통계에 따르면 한자의 부건은 대략 640여 개에 이르지만 상용되는 부건은 단지 300여 개에 지나지 않는다. 3,500개의 현행 상용 한자들은 총 384개의 부건으로 되어 있고, 1,000개의 상용 한자 중에는 344개의 부건이 있다. 그 중 '완전한 한 글자로 된 부건(成字部件)'은 212개이고 '하나의 글자가 되지 못하는 것(不成字部件)'은 132개이다. 아래는 가장 상용되는 118개의 '成字部件'이다.

一 二 十 厂 七 八 人 入 几 九 儿 刀 力 又 了 于 才
也 女 子 丰 天 专 五 车 比 日 中 内 见 手 毛 长 为
心 巴 以 书 水 世 东 北 目 且 田 由 电 史 央 四 永
乐 必 司 民 出 皮 发 母 耳 西 而 虫 年 农 争 更 求
里 我 身 局 其 事 雨 非 革 面 重 象 黑 乙 丁 卜 乜

巾 川 丸 井 韋 牙 爪 氏 子 戈 甘 申 皿 乍 斥 弗 舟
亥 甫 酉 家 灸 免 咼 史 禹 曾 及 片 乎 兩 戈 吏

상용되는 '不成字部件'은 아래와 같다.

冫 氵 忄 亻 讠 扌 礻 衤 纟 阝 辶 攵 饣 牜 钅 疒
广 罒 犭 刂 虍 灬 艹 宀 冖 覀 西 耂 戕

학생들이 상용되는 한자 부건을 장악했다면 부건을 중심으로 비교적 복잡
한 한자를 읽고 쓰게 할 수 있다. 예를 들어, 비교적 복잡한 한자인 '攀'을
아래와 같이 분해할 수 있다.

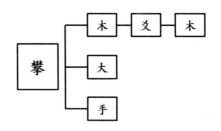

이렇게 하면 번거로운 것을 간단하게 처리하여 학습의 난이도도 낮출 수
있게 된다. 뿐만 아니라 학생들의 읽고 쓰기 수준도 향상시킬 수 있다.
  부건을 핵심으로 하여 지도를 할 때 아래와 같은 몇 가지 방면의 문제들
에 주의할 필요가 있다.
  1) 이미 알고 있는 부건이 포함된 새로운 한자의 경우, 교사는 한자 내
부건들 간의 정확한 위치와 배치에 주의하여 제시함으로써 한자 서사의 규
범을 지키게 해야 한다. 예컨대, '姿'자는 "次上+女下"의 구조이지 "冫左+[欠上
女下]"의 구조가 아니다. 이렇게 하면 *姿가 된다. 마찬가지로 願자의 경우
반포괄구조이지 "原上+心下"의 상하구조가 아니다. 이렇게 하면 *願이 된다
  2) 새 부건이 포함된 한자의 경우, 부건의 배치를 제시해야 할 뿐 아니라

새 부건의 필획, 필순 및 필획 간의 관계에 대해서도 설명해야 한다. 이렇게 해야만 새로 배우는 한자 서사의 정확도를 기할 수 있다.

3) 한자 부건의 비교 분석을 강화해야 한다. 교사는 지도 과정에서 그때그때 관련된 부건에 대해 총결성의 비교를 하여 학생들의 부건에 대한 인지를 증가시킨다. 예를 들어 '原'자를 강의한다면 부건 '厂'과 유사 부건인 '厂', '厂', '疒'에 대해 다음과 같이 비교를 진행할 수 있다.

표17 유사 부건의 비교

부건	厂	厂	广	疒
예	原	反, 后, 质, 斤	床, 应, 店, 底	病, 痛, 疼, 瘦

그리고 상황에 따라 부건이 같은 한자들을 연결하여 제시할 수 있다. 예컨대, 厂 - 原, 厅, 厉, 压, 厌, 愿…… 등. 또한 부건 위치를 비교 제시할 수 있다. 예를 들어, '部-陪', '呆-杏', '兌-況' 등.

그밖에 일부 부건의 배치 규칙도 소개한다. 예를 들어, "氵, 冫, 讠, 亻, 忄, 扌, 木, 犭, 礻, 衤, 阝" 등은 대개 글자의 왼쪽에 출현하고, "卩, 刂" 등은 오른쪽에, "夂, 宀, 冖, 艹, 耂, 癶, 竹, 罒" 등은 글자의 위쪽, "灬, 皿" 등은 글자의 아래쪽에 출현한다.

2. 쉬운 것을 먼저 하고 어려운 것을 나중에 하여 순서에 따라 점진적으로 한다.

일부 복잡한 한자는 몇 개의 부건으로 구성되기도 하고, 어떤 부건은 필획 하나로 구성된 독체자인 경우도 있다. 예를 들면 다음과 같다.

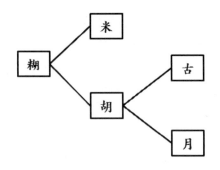

　한자 교육은 먼저 필획이 적은 것부터 하고 나서 필획이 많은 것을 해야하고, 구조가 간단한 것을 먼저 하고 구조가 복잡한 것을 나중에 해야 한다. 또 독체자(獨體字)를 먼저 하고 합체자(合體字)를 나중에 해야 한다. 이런 지도는 한자 형체의 구조규칙에도 부합하는 것이고, 이후의 합체자 지도를 위한 인지적 기초를 다지게 되어 합체자 지도 시 보다 쉽게 진행할 수 있다. 그리고 이렇게 쉬운 것부터 하고 어려운 것을 나중에 하는 방식은 바로 학생의 인지 규칙에도 부합한다.

　중국어에는 많은 독체자들이 있다. 한자등급대강(漢字等級大綱)의 甲級字에는 아래와 같은 독체자들이 있다.

白	百	半	办	包	本	必	不	布	才	长	厂	丁	车	成	大
单	当	刀	电	东	儿	二	发	反	方	飞	丰	夫	干	个	工
广	互	户	几	己	见	斤	火	九	开	口	乐	立	力	了	六
录	写	买	毛	么	门	米	母	内	年	牛	农	女	片	平	七
其	气	千	目	求	去	人	日	三	色	上	少	声	生	十	史
示	事	手	术	束	水	四	太	无	头	万	为	文	五	午	西
习	系	下	先	小	辛	羊	也	页	业	一	衣	已	以	义	永
尤	有	友	右	鱼	元	月	云	再	在	占	正	之	中	主	子
自	走	足	左												

이러한 독체자들은 그 사용 빈도가 높고 구자(構字) 능력 또한 강한 편이다. 학생들이 만약 일정 수량의 간단자(簡單字 혹은 부건)를 장악한다면 보다 익숙하게, 간편하면서도 빠르게 대량의 합체자들을 익힐 수 있다. 한자의 자수는 매우 많다. 그리고 자형도 복잡하여 이른바 "難認(알기 어렵고), 難記(기억하기 어렵고), 難寫(쓰기 어렵다)"의 국면이 발생할 수 있다. 교사들이 한자를 지도하면서 한자의 구성 규칙을 따르지 않고 또 학생들의 인지 규율을 지키지 않으면 바로 위와 같은 국면이 발생하게 된다.

3. 한자의 서사 훈련과 한자 이론 설명을 결합한다.

한자는 이론적 근거가 있는 것이다. 따라서 지도 과정에서 학생들이 정확하게 쓸 수 있도록 훈련시켜야하며, 또 한자의 분석적 특징과 부건의 형·음·의 특징을 충분히 이용하여 학생들에게 왜 이렇게 써야 하는지를 설명해 주어야 한다. 이렇게 함으로써 한자의 오류를 줄일 수 있고 한자의 수준을 향상시킬 수 있으며 학생들의 한자문화 이해도를 심화시킬 수 있다.

(1) '形 – 義' 이론 분석

한자나 부건들은 각기 다른 의미 혹은 의미 유형을 반영한다. 그래서 어떤 경우엔 다양한 자형(字形) 혹은 부건을 통해 그 의미 또는 의미 유형을 유추할 수 있다. 예를 들어, "休, 泪, 众, 川, 槲(떡갈나무), 鰣(준치)" 등이 그렇다. 그리고 한자의 '形義' 관계를 이용하여 한자를 구분하면 학생의 한자 이해도를 심화시킬 수 있고 오류 비율을 감소시킬 수 있다. 예를 들어 "辮, 辯, 辨" 세 글자는 혼용하기 쉬운데, 형성자의 형방(形旁)으로 이들을 구분할 수 있다.

표 18 한자 形義 관계 비교

한자	辮	辯	辨
부건의 구별	纟	讠	刂(刀)
의미 유형	丝线(실)	言论(말)	用刀分开(칼로 나누다)
예	辫子, 发辫	辩论, 争辩	分辨, 辨别

이것과 유사한 것에는 "梨－犁, 扬－杨, 籍－藉, 募－幕, 栗－粟, 眨－贬, 没－设, 挡－档" 등이 있다.

(2) '形 – 音' 이론 분석

일부 형성자의 성방(聲旁)은 한자의 독음을 대체로 나타낼 수 있어서 한자의 '形音' 관계를 통해 한자를 변별할 수 있다. 이렇게 함으로써 학생의 서사 오류를 감소시킬 수 있다.

예컨대, '沧'과 '沦'자는 모양이 서로 비슷하고 의미 유형도 같아 학생들이 혼동하기 쉬운데, 이때 성방을 가지고 구분하면 된다.

표19 한자 形音 관계의 비교

한자	沧	沦
부건의 구별	仓	仑
발음 유형	cang	lun
동류의 예	苍, 舱, 沧, 鸧	论, 轮, 伦, 抢, 纶, 囵

유사한 예로는 "蹈, 稻, 滔－陷, 阎, 焰" 등이 있다.

(3) 形辨

어떤 한자들은 음의(音義)를 가지고 구분하기 어려운데, 예를 들어 '见－贝', '圆－园', '享－亨', '兔－免', '士－土', '看－着', '己－已－巳' 등이 있

다. 이때 교사는 글자의 기원을 가지고 이들을 구분할 수도 있는데, 예를 들어 '见'과 '贝'의 원시 형태를 보여주면 학생들이 보다 깊은 인상을 갖게 된다. 또 어휘를 가지고 구분할 수도 있는데, 예를 들어 "圆-圆球", "园-公园·花园·园林······" 등으로 할 수 있다. 한편, 한자에 대해 '민간적인 해석(俗解)'을 가할 수도 있다. 예를 들어 '看'은 손을 눈(目)에 대고 멀리 보는 모습이고, '着'은 '看'의 머리 위에 점 두 개를 찍은 것이다. 그리고 '己'는 입을 벌린 것, '已'는 반쯤 벌린 것, '巳'는 입을 벌리지 않은 것으로 설명할 수도 있다. 또 '哭'은 사람(大)의 위에 '울어서 부운 두 눈'이 있고, 그 아래는 눈물 한 방울(丶)이 있는 모습이다. '早'는 태양(日)이 교회 꼭대기 십자가(十) 위에 떠 있는 아침을 의미하고 있다. 이러한 '민간적인 해석(俗解)'은 학생들을 쉽게 이해시킬 수 있는 장점이 있으나, 이러한 방법엔 일정한 한계가 있어 학생들을 잘못 이끌 가능성이 있으므로 신중히 사용해야 한다.

(二) 한자 교육의 방법과 기술

1. 한자를 제시하는 기술

교사는 한자를 지도할 때, 먼저 학생에게 한자 하나의 전체적인 인상을 준 다음 여러 층위에서 한자에 대한 분석을 진행해야 한다. 먼저 그 한자가 합체자인지 독체자인지를 알려주고, 만약 합체자라면 그 한자가 어떤 부건으로 구성되는지, 부건의 배치 방식은 어떠한지를 설명해주어야 한다. 그리고 학생들이 익숙하지 않은 부건이 나올 경우 그것의 필획, 필순을 제시하여 학생들이 모방하게 한다. 독체자인 경우에는, 그 한자의 필획·필순·필획 간의 관계(連接, 交叉, 相離) 등을 설명한다.

상용되는 한자 제시 방법에는 아래의 몇 가지가 있다.

(1) 판서

교사가 한자를 직접 칠판에 쓴다. 이것은 전통적인 방법이나 매우 실용적인 방법이다. 학생은 한자를 쓰는 전 과정을 볼 수가 있고, 필획의 순서와 부건의 배치 및 전체 글자의 구조를 파악할 수 있다. 교사가 글자를 쓸 때는 가능한 천천히, 크게, 분명하게 쓴다. 교사가 쓰면서 동시에 학생에게 따라서 써 보게 하는데 학생에게 손을 내밀어 허공에 써보게 하면 된다. 이때 교사는 글자를 쓰면서 학생에게 필획의 명칭을 말하게 하며, 수시로 학생이 주의해야 할 필획, 필순, 부건 배치 등을 일깨워 준다.

(2) 카드 제시법

한자를 카드에 쓰고 동시에 발음도 써서 한 장 씩 학생에게 보여주며 읽게 한다.

(3) 듣고 쓰기

학생에게 칠판에 한자를 쓰게 하고 교사와 학생이 함께 보면서 교정해 준다.

(4) 매체 시연법

PPT나 동영상 등 현대적인 교육 설비를 이용할 수도 있다. 이 방법을 사용하면 이미지가 생동적이어서 학생에게 매우 깊은 인상을 줄 수가 있다.

(5) 옛 것으로 새 것을 이끌어 내기

이미 배운 한자나 부건으로 새 한자를 이끌어 낸다. 예컨대, 학생이 이미 배운 '木'자를 가지고 '本, 末, 未' 등을 이끌어 낼 수 있다. 또 '式'자를 가지고 이를 성방으로 하는 '试, 拭, 弑' 등을 이끌어 낼 수 있고, '身'자를 가지고 이것을 형방으로 하는 '躺, 躲, 躬, 躯' 등의 한자를 이끌어 낼 수 있다. 또한 '呆'를 배운 후 교사는 부건의 배치를 교환하여 '杏'을 이끌어 낼 수 있다. 이러한 방법은 이른바 '溫故知新'의 방법으로 비교적 자연스럽고 재미가 있어 학생들이 쉽게 받아들일 수 있다.

2. 한자를 설명하는 기술

한자는 표의(表意)적 특징을 갖는 글자로 그 '形·音·義' 간에 일정한 관계가 존재한다. 중국어 교사는 이 점을 근거로 '형·음·의' 세 방면에서 분석과 설명을 진행한다.

(1) 모양의 설명[形釋]

현대 한자는 고대 한자로부터 발전해 내려온 것이므로 많은 한자들이 조자(造字)의 원리를 계속 보존하고 있다. 이러한 한자의 형성 원리 및 변화과정을 근거로 이에 대한 해석을 진행한다. 예컨대, "目, 耳, 足, 手, 口" 등의 경우, 아래의 그림처럼 할 수 있다.

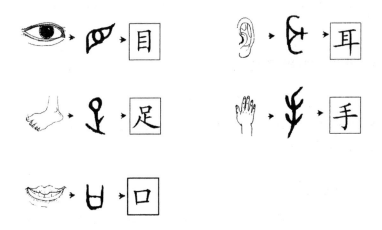

(2) 발음의 설명[音釋]

한자 가운데에는 다수의 형성자가 있다. 이러한 형성자의 성방을 통해 성방과 그 한자의 발음의 연관성을 찾아 낼 수 있다. 예를 들어, "底, 低,

抵, 邸, 诋, 砥, 祇, 柢, 骶, 坻……" 등은 '氐'가 발음을 대표하는 성방이다. 교사가 이러한 방식으로 설명을 해주면 학생은 매우 빠르게 이해하고 장악할 수 있다.

(3) 의미의 설명[義釋]

교사가 한자의 표의적 특징을 이용하여 한자의 의미를 설명한다. 한자 가운데는 회의자(會意字)나 지사자(指事字)가 있는데, 교사는 이들을 이용해 부건들 간의 관계를 분석하여 한자를 설명할 수 있다. 예컨대, '森'은 모양 그대로 "나무가 많은 것"으로 '삼림(森林)'의 뜻이다. 또, '掰'는 두 '手(손)'으로 '分(나누다)'하는 의미이다.

교사는 또 한자의 형성자 형방을 가지고 한자의 의미를 설명할 수 있다. 예를 들어, "提, 捏, 摸, 扣, 抠, 摁, 抓, 扯, 挠" 등에는 '扌(手)'가 있어, 이 글자들의 의미가 모두 '손'과 관련이 있음을 알 수 있다. 또 "腿, 脚, 脖, 胫, 胸, 脸, 胳, 膊, 胖" 등의 글자들은 모두 '月(肉)'旁이 있어 사람 또는 동물의 신체 기관과 관련된 글자들임을 알 수 있다.

3. 한자 연습의 기술

한자를 제시하고 설명해줌으로써 학생들이 한자에 대해 전체적인 이해를 하였다면 그 다음에는 연습을 통해서 학생들이 한자를 더 잘 장악할 수 있게 해주어야 한다.

(1) 읽기 연습

A. 새로운 한자 카드를 꺼내 보여주어 학생에게 그 발음을 읽게 한다.
B. 한자와 병음을 서로 바꿔가면서 한다. 예컨대,

【병음과 한자를 연결하기】

功 　　　　 jié

劝 　　　　 gōng

动 　　　　 quàn

劫 　　　　 dòng

【병음에 근거하여 선을 연결하여 단어 만들기】

yóu piào　　sù shè　　shùn lì　　xué xiào

邮　　　宿　　　顺　　　学

校　　　票　　　舍　　　利

【병음에 근거하여 주어진 한자를 가지고 문장 만들기】

① Néng pián yi yī diǎnr ma ?
(一　宜　能　吗　便　点　儿)

_____

② zhù nǐ shēng rì kuài lè !
(日　祝　快　你　生　乐)

_____

(2) 쓰기 연습

【손가락으로 허공에 쓰기】

교실에서 교사가 학생들을 리드하여 필획이나 부건 명칭을 말하면서 동시에 공중에 한자를 쓴다.

【모사하기】

학생으로 하여금 한자를 모방하여 정확한 필획 순서에 따라 쓰게 한다.

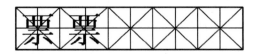

【듣고 쓰기】

듣고 쓰기는 청각적 측면에서 하는 것으로 학생이 발음을 들은 후에 한자를 연상하여 최종적으로 정확한 한자를 쓰는 능력을 기르는 것이다. 가장 좋은 방법은 한 두 명의 학생에게 칠판 앞에 나가서 시범을 보이게 하는 것인데, 이렇게 하면 학생의 필획 순서와 부건 배치, 자형의 서사가 정확한지를 검사할 수도 있다.

【繁簡 전환 연습】

아래의 번체자에 대응하는 간체자를 쓴다.

舊____ 國____ 軍____ 權____ 貴____

歸____ 極____ 氣____ 幾____ 難____

【컴퓨터에 타자하기】

컴퓨터를 이용한 한자 타자법을 소개하는 것으로, 학생이 정확한 한자 쓰기를 할 수 있게 된 다음에 컴퓨터를 이용해 타자할 수 있게 한다.

(3) 필획, 부건 연습

【필획에 근거하여 필획이 적은 것에서 많은 순으로 한자 배열하기】

学　汉　语　有　意　义

◯ → ◯ → ◯ → ◯ → ◯ → ◯

【필획 가감 연습】

① 看一看在 "日" 上加一笔能变成多少汉字?

('日'에 한 획을 첨가하면 몇 개의 한자를 만들 수 있을까요?)

② 试一试 "正" 依次减一笔，能变成多少汉字?

('正'을 순서대로 한 획씩 빼면 몇 개의 한자가 만들어질까요?)

【서로 같은 부건 찾기】

아래의 한자들이 어떠한 공통점이 있는지 말해보고 이런 공통부분을
갖는 한자를 더 써보시오:

① 草、花：都有＿＿＿，这样的汉字还有（　）（　）（　）（　）

② 看、睁：都有＿＿＿，这样的汉字还有（　）（　）（　）（　）

【부건(필획)을 이용하여 한자 조합하기】

아래의 부건(필획)들을 이용하여 한자를 만들어 보시오(많을수록 좋음):

日　　十　　口　　一　　丨

【제시된 부건이 포함된 한자 쓰기】

① 口 :(吵)（　　）（　　）（　　）（　　）（　　）

② 工 :(功)（　　）（　　）（　　）（　　）（　　）

③ 甬 :(通)（　　）（　　）（　　）（　　）（　　）

④ 木 :(极)（　　）（　　）（　　）（　　）（　　）

⑤ 头 :(续)（　　）（　　）（　　）（　　）（　　）

(4) 응용 연습

【단어 골라 넣기】

　　① 学校餐＿＿＿的饭菜很便宜。

　　　　a. 反　　b. 斤　　c. 厅　　d. 厌

　　② 我最喜欢吃＿＿＿子。

　　　　a. 较　　b. 郊　　c. 饺　　d. 交

【문장에 근거하여 한자 쓰기】

　　① 祝你生日快(　　　)。

　　② 姐姐对音乐感兴(　　　)。

　　③ 中午没有时间，我只好吃方(　　　)面。

　　④ 母亲发(　　　)两个孩子的性格有很多相同的地方。

【틀린 것 고치기 연습】

　　① 周末我跟朋友贝面聊天。

　　② 银行在哪儿? 我要挽人民币。

4. 한자와 관련된 게임

　한자 학습은 비교적 단조롭고 재미가 없어 약간의 한자 게임을 이용해 학생들의 적극성을 유발할 수 있고 한자 익히기의 재미와 실효성을 증가시킬 수 있다.

　아래에서 한자 게임 몇 종류를 소개한다.

【한자 맞히기】

　　교사가 3~5장의 글자 카드를 꺼내고 학생들에게 그 중 한 글자를 지적하여 맞히게 한다. 누구든 그 글자를 알아맞히면 그 카드는 그 학생 것이다. 마지막에 손에 가장 많은 카드를 갖고 있는 친구가 승리한다. 이 게임은 또 학생들이 돌아가면서 교사가 되어 진행할 수도 있다.

【한자 꺼내어 맞히기】
　　주머니나 상자 안에 글자 카드 몇 장을 넣어 두고, 학생들이 돌아가
며 글자 카드 한 장씩 꺼내어 읽고 맞히게 하며 맞힌 학생은 그 카드를
갖고 간다. 만약 틀리면 카드를 다시 제자리에 넣는다. 누구든 손에 가
장 많은 카드를 가진 학생이 우승이다.

【어떤 것이 없을까요?】
　　슬라이드 등으로 한자들을 몇 초간 보여준다. 그런 다음 학생들에게
눈을 감게 한 뒤 그 중 한자 하나를 다른 곳으로 옮기고 남은 한자는
다시 배열한다. 그런 다음 학생들에게 눈을 뜨고 어떤 한자가 없는지
말하게 한다. 먼저 말하는 자가 승리다. 이 게임은 점점 더 어렵게 하여
더 많은 한자를 보여준 후 알아맞히게 할 수도 있는데, 이때는 한 번에
두세 개의 한자를 옮긴다.

【글자 수수께끼】
　①　天没有，地有；
　　　河没有，池有；
　　　你没有，他有。(打一字)
　②　一口咬掉牛尾巴。(打一字)
　③　走在上面，坐在下面。(打一字)

게임 활동은 교실 분위기를 활발하게 만들 수 있고 학생들의 각종 감각
능을 자극해 한자에 대한 인상을 깊게 만들 수 있다. 따라서 한자의 제시
설명, 복습 응용 등의 각 단계에 모두 이것을 이용할 수도 있다.

부록 1

汉字基本笔画名称表

笔画	名称	例字	笔画	名称	例字
丶	点	广	㇖	横钩	写
一	横	王	㇆	横折钩	月
丨	竖	巾	㇈	横折弯钩	九
丿	撇	白	㇌	横撇弯钩	那
㇏	捺	八	㇡	横折折折钩	奶
㇀	提	打	㇉	竖折折钩	与
㇛	撇点	巡	㇄	竖弯	四
㇙	竖提	农	㇍	横折弯	沿
㇊	横折提	论	㇕	横折	口
㇁	弯钩	承	㇗	竖折	山
亅	竖钩	小	㇜	撇折	云
㇟	竖弯钩	屯	㇇	横撇	水
㇂	斜钩	浅	㇋	横折折撇	建
㇃	卧钩	心	㇞	竖折 撇	专

常用汉字偏旁汇总①

偏 旁	名 称	例 字
冫	两点水儿（liǎngdiǎnshuǐr）	次 冷 准
冖	秃宝盖儿（tūbǎogàir）	写 军 冠
讠	言字旁儿（yánzìpángr）	计 论 识
厂	偏厂儿（piānchǎngr）	斤 历 厚
匚	三匡栏儿（sānkuānglánr）	区 匠 匣
刂	立刀旁儿（lìdāopángr）	列 别 剑
冂	同字匡儿（tóngzìkuāngr）	冈 网 周
亻	单人旁儿（dānrénpángr）	仁 位 你
勹	包字头儿（bāozìtóur）	勺 勾 旬
厶	私字儿（sīzìr）	允 去 矣
廴	建之旁儿（jiànzhīpángr）	廷 延 建
卩	单耳旁儿（dān'ěrpángr）	印 却
阝	双耳旁儿（shuāng'ěrpángr） 双耳刀儿（shuāng'ěrdāor） 左耳刀儿（zuǒ'ěrdāor）（在左） 右耳刀儿（yòu'ěrdāor）（在右）	防 阻 院 邦 那 郊
氵	三点水儿（sāndiǎnshuǐr）	江 汪 活
爿（丬）	将字旁儿（jiàngzìpángr）	壮 状 将
忄	竖心旁儿（shùxīnpángr）	性 情 怀
宀	宝盖儿（bǎogàir）	宇 定 宾
广	广字旁儿（guǎngzìpángr）	庄 店 席
辶	走之儿（zǒuzhīr）	过 还 送
扌	提土旁儿（títǔpángr）	地 场 城

---

① 引自 http：//blog.sina.com.cn/s/blog_4a76e53101008rtw.html ～ type=v5_one&label=rela_next articke，
2010.1.12.

偏 旁	名 称	例 字
艹	草字头儿（cǎozìtóur） 草头儿（cǎotóur）	艾 花 英
廾	弄字底儿（nòngzìdǐr）	开 弁 异
尤	尤字旁儿（yóuzìpángr）	尤 龙 尥
扌	提手旁儿（tíshǒupángr）	扛 担 摘
口	方匡儿（fāngkuāngr）	因 国 图
彳	双人旁儿（shuāngrénpángr） 双立人儿（shuānglìrénr）	行 征 徒
彡	三撇儿（sānpiěr）	形 参 须
夊	折文儿（zhéwénr）	冬 处 夏
犭	反犬旁儿（fǎnquǎnpángr） 犬犹儿（quǎnyóur）	狂 独 狠
饣	食字旁儿（shízìpángr）	饮 饲 饰
孑	子字旁儿（zǐzìpángr）	孔 孙 孩
纟	绞丝旁儿（jiǎosīpángr） 乱绞丝儿（luànjiǎosīr）	红 约 纯
巛	三拐儿（sānguǎir）	甾 邕 巢
灬	四点儿（sìdiǎnr）	杰 点 热
火	火字旁儿（huǒzìpángr）	灯 灿 烛
礻	示字旁儿（shìzìpángr） 示补儿（shìbǔr）	礼 社 祖
王	王字旁儿（wángzìpángr） 斜玉旁儿（xiéyùpángr）	玩 珍 班
木	木字旁儿（mùzìpángr）	朴 杜 栋
牜	牛字旁儿（niúzìpángr）	牡 物 牲
攵	反文旁儿（fǎnwénpángr） 反文儿（fǎnwénr）	收 政 教
疒	病字旁儿（bìngzìpángr） 病旁儿（bìngpángr）	症 疼 痕

偏 旁	名 称	例 字
衤	衣字旁儿（yīzìpángr） 衣补儿（yībǔr）	初　袖　被
夫	春字头儿（chūnzìtóur）	奉　奏　秦
罒	四字头儿（sìzìtóur）	罗　罢　罪
皿	皿字底儿（mǐnzìdǐr） 皿墩儿（mǐndūnr）	盂　益　盎
钅	金字旁儿（jīnzìpángr）	钢　钦　铃
禾	禾木旁儿（hémùpángr）	和　秋　种
癶	登字头儿（dēngzìtóur）	癸　登　凳
米	米字旁儿（mǐzìpángr）	粉　料　粮
虍	虎字头儿（hǔzìtóur）	虏　虑　虚
竹	竹字头儿（zhúzìtóur）	笑　笔　笛
𧾷	足字旁儿（zúzìpángr）	跃　距　蹄

韩国基础汉字 1,800字 (한국 기초한자 1,800자)

음 (音)	중학교용 (初中) 900자	고교용 (高中) 900자
가	家佳街可歌 加價假	架暇
각	各角脚	閣却覺刻
간	干間看	刊肝幹簡姦懇
갈	渴	
감	甘減感敢	監鑑
갑	甲	
강	江降講强	康剛鋼綱
개	改皆個開	介慨槪蓋
객	客	
갱	更	
거	去巨居車擧	距拒據
건	建乾	件健
걸		傑
검		儉劍檢
겁		
게		憩
격		格擊激
견	犬見堅	肩絹遣
결	決結潔	缺
겸		兼謙
경	京景輕經庚 耕敬驚慶競	竟境鏡頃傾 硬警徑卿
계	癸季界計溪 鷄	系係戒械繼 契桂啓階
고	古故固苦考 高告	枯姑庫孤鼓 稿顧

음 (音)	중학교용 (初中) 900자	고교용 (高中) 900자
곡	谷曲穀	哭
곤	困坤	
골	骨	
공	工功空共公	孔供恭攻恐貢
과	果課科過	戈瓜誇寡
곽		郭
관	官觀關	館管貫慣冠寬
광	光廣	鑛
괘		掛
괴		塊愧怪壞
교	交校橋教	郊較巧矯
구	九口求教究 久句舊	具俱區驅鷗苟拘丘懼龜構 球狗
국	國	菊局
군	君郡軍	群
굴		屈
궁	弓	宮窮
권	卷權勸	券拳
궐		厥
궤		
귀	貴歸	鬼
규		叫規閨
균	均	菌
극	極	克劇
근	近勤根	斤僅謹
금	金今禁	錦禽琴
급	及給急	級
긍		肯

음(音)	중학교용(初中) 900자	고교용(高中) 900자
기	己 記 起 其 期 基 氣 技 幾 既	紀 忌 旗 欺 奇 騎 寄 豈 棄 祈 企 畿 飢 器 機
긴		緊
길	吉	
나		那
나		諾
난	暖 難	
남	南 男	
납		納
낭		娘
내	內 乃	奈 耐
녀	女	
년	年	
념	念	
녕		寧
노	怒	奴 努
농	農	濃
뇌		腦 惱
눌		
능	能	
니		泥
닉		
다	多	茶
단	丹 但 單 短 端	旦 段 壇 檀 斷 團
달	達	
담	談	淡 潭 擔
답	答	畓 踏
당	堂 當	唐 糖 黨

음 (音)	중학교용 (初中) 900 자	고교용 (高中) 900 자
대	大 代 待 對	帶 臺 貸 隊
덕	德	
도	刀 到 度 道 島 徒 都 圖	倒 挑 桃 跳 逃 渡 陶 途 稻 導 盜
독	讀 獨	毒 督 篤
돈		豚 敦
돌		突
동	同 洞 童 冬 東 動	銅 桐 凍
두	斗 豆 頭	
둔		鈍
득	得	
등	等 登 燈	
라		羅
락	落 樂	洛 絡
란	卵	亂 蘭 欄 爛
람		覽 藍 濫
랑	浪 郎	朗 廊
래	來	
랭	冷	
략		略 掠
량	良 兩 量 涼	梁 糧 諒
려	旅	麗 慮 勵
력	力 歷	曆
련	連 練	鍊 憐 聯 戀 蓮
렬	列 烈	裂 劣
렴		廉
렵		
령	令 領	嶺 零 靈

음 (音)	중학교용 (初中) 900 자	고교용 (高中) 900 자
례	例禮	
로	路露老勞	爐
록	綠	祿錄鹿
론	論	
롱		弄
뢰		雷賴
료	料	了
룡		龍
루		屢樓累淚漏
류	柳留流	類
륙	六陸	
륜	倫	輪
률	律	栗率
륭		隆
릉		陵
리	里理利	梨李吏離裏履
린		隣
림	林	臨
립	立	
마	馬	麻磨
막	莫	幕漠
만	萬晩滿	慢漫蠻
말	末	
망	亡忙忘望	茫妄罔
매	每買賣妹	梅埋媒
맥	麥	脈
맹		孟猛盟盲
면	免勉面眠	綿
멸		滅
명	名命明鳴	銘冥
모	母毛暮	某謀模矛貌募慕
목	木目	牧沐睦

음 (音)	중학교용 (初中) 900자	고교용 (高中) 900자
몰		沒
몽		夢 蒙
묘	卯 妙	苗 廟 墓
무	戊 茂 武 務 無 舞	貿 霧
묵	墨	默
문	門 問 聞 文	
물	勿 物	
미	米 未 味 美 尾	迷 微 眉
민	民	敏 憫
밀	密	蜜
박		泊 拍 迫 朴 博 薄
반	反 飯 半	般 盤 班 返 叛
발	發	拔 髮
방	方 房 防 放 訪	芳 傍 妨 倣 邦
배	拜 杯	倍 培 配 排 輩 背
백	白 百	伯 栢
번	番	煩 繁 飜
벌	伐	罰
범	凡	犯 範 汎
법	法	
벽		壁 碧
변	變	辯 辨 邊
별	別	
병	丙 病 兵	竝 屛
보	保 步 報	普 譜 補 寶
복	福 伏 服 復	腹 複 卜
본	本	
봉	奉 逢	峯 蜂 封 鳳
부	夫 扶 父 富 部 婦 否 浮	付 符 附 府 腐 負 副 簿 膚 赴 賦
북	北	
분	分	紛 粉 奔 墳 憤 奮

음 (音)	중학교용 (初中) 900 자	고교용 (高中) 900 자
불	不 佛	弗 拂
붕	朋	崩
비	比 非 悲 飛 鼻 備	批 卑 婢 碑 妃 肥 祕 費
빈	貧	賓 頻
빙	氷	聘
사	四 巳 士 仕 寺 使 史 舍 射 謝 師 死 私 絲 思 事	司 詞 蛇 捨 邪 賜 斜 詐 社 沙 似 査 寫 辭 斯 祀
삭		削 朔
산	山 産 散 算	酸
살	殺	
삼	三	森
삽		
상	上 尙 常 賞 商 相 霜 想 傷 喪	嘗 裳 詳 祥 床 象 像 桑 狀 償
쌍		雙
새		塞
색	色	索
생	生	
서	西 序 書 暑	敍 徐 庶 恕 署 緖
석	石 夕 昔 惜 席	析 釋
선	先 仙 線 鮮 善 船 選	宣 旋 禪
설	雪 說 設	舌
섬		
섭		涉
성	姓 性 成 城 誠 盛 省 星 聖 聲	
세	世 洗 稅 細 勢 歲	
소	小 少 所 消 素 笑	召 昭 蘇 騷 燒 訴 掃 疏 蔬
속	俗 速 續	束 粟 屬

음 (音)	중학교용 (初中) 900 자	고교용 (高中) 900 자
손	孫	損
송	松 送	頌 訟 誦
쇄		刷 鎖
쇠		衰
수	水 手 受 授 首 守 收 誰 須 雖 愁 樹 壽 數 修 秀	囚 需 帥 殊 隨 輸 獸 睡 遂
숙	叔 淑 宿	孰 熟 肅
순	順 純	旬 殉 盾 循 脣 瞬 巡
술	戌	述 術
숭	崇	
습	習 拾	濕 襲
승	乘 承 勝	升 昇 僧
시	市 示 是 時 詩 視 施 試 始	矢 侍
씨	氏	
식	食 式 植 識	息 飾
신	身 申 神 臣 信 辛 新	伸 晨 愼
실	失 室 實	
심	心 甚 深	尋 審
십	十	
아	兒 我	牙 芽 雅 亞 阿 餓
악	惡	岳
안	安 案 顔 眼	岸 雁
알		謁
암	暗 巖	
압		壓
앙	仰	央 殃
애	愛 哀	涯
액		厄 額

음 (音)	중학교용 (初中) 900자	고교용 (高中) 900자
야	也 夜 野	耶
약	弱 若 約 藥	
양	羊 洋 養 揚 陽 讓	壤 樣 楊
어	魚 漁 於 語	御
억	億 憶	抑
언	言	焉
엄	嚴	
업	業	
여	余 餘 如 汝 與	予 輿
역	亦 易 逆	譯 驛 役 疫 域
연	然 煙 硏 硯	延 燃 燕 沿 鉛 宴 軟 演 緣
열	熱 悅	
염	炎	染 鹽
엽	葉	
영	永 英 迎 榮	泳 詠 營 影 映
예	藝	豫 譽 銳
오	五 吾 悟 午 誤 烏	汚 嗚 娛 梧 傲
옥	玉 屋	獄
온	溫	
옹		翁
와	瓦 臥	
완	完	緩
왈	曰	
왕	王 往	
왜		
외	外	畏
요	要	腰 搖 遙 謠
욕	欲 浴	慾 辱
용	用 勇 容	庸
우	于 宇 右 牛 友	雨 憂 又 尤 遇 羽 郵 愚 偶 優

음 (音)	중학교용 (初中) 900 자	고교용 (高中) 900 자
운	云 雲 運	韻
울		
웅	雄	
원	元 原 願 遠 園 怨 圓	員 源 援 院
월	月	越
위	位 危 爲 偉 威	胃 謂 圍 緯 衛 違 委 慰 僞
유	由 油 酉 有 猶 唯 遊 柔 遺 幼	幽 惟 維 乳 儒 裕 誘 愈 悠
육	肉 育	
윤		閏 潤
융		
은	恩 銀	隱
을	乙	
음	音 吟 飮 陰	淫
읍	邑 泣	
응	應	
의	衣 依 義 議 矣 醫 意	宜 儀 疑
이	二 貳 以 已 耳 而 異 移	夷
익	益	翼
인	人 引 仁 因 忍 認 寅 印	刃 姻
일	一 日 壹	逸
임	壬	任 賃
입	入	
잉		
자	子 字 自 者 姉 慈	妓 雌 紫 資 姿 恣 刺
작	作 昨	酌 爵
잔		殘

음 (音)	중학교용 (初中) 900 자	고교용 (高中) 900 자
잠		潛蠶暫
잡		雜
장	長章場將壯	丈張帳莊裝獎墻葬粧 掌藏臟障腸
재	才材財在栽 再哉	災裁載
쟁	爭	
저	著貯低	底抵
적	的赤適敵	笛滴摘寂籍 賊跡蹟積績
전	田全典前展 戰電錢傳	專轉
절	節絕	切折
점	店	占點漸
접	接	蝶
정	丁頂停井正政定貞精 情靜淨庭	亭訂廷程征 整
제	弟第祭帝題 除諸製	提堤制際齊 濟
조	兆早造鳥調 朝助組	弔燥操照條 潮租組
족	足族	
존	存尊	
졸	卒	拙
종	宗種鐘終從	縱
좌	左坐	佐座
죄	罪	
주	主注住朱宙 走酒晝	舟周株州洲柱
죽	竹	
준		準俊遵
중		

음 (音)	중학교용 (初中) 900 자	고교용 (高中) 900 자
중	中 重 衆	仲
즉	卽	
증	曾 增 證	憎 贈 症 蒸
지	只 支 枝 止 之 知 地 指 志 至 紙 持	池 誌 智 遲
직	直	職 織
진	辰 眞 進 盡	振 鎭 陣 陳 珍
질	質	秩 疾 姪
집	集 執	
징		徵 懲
차	且 次 此 借	差
착	着	錯 捉
찬		贊 讚
찰	察	
참	參	慘 慙
창	昌 唱 窓	倉 創 蒼 滄 暢
채	菜 採	彩 債
책	責 冊	策
처	妻 處	悽
척	尺	斥 拓 戚
천	千 天 川 泉 淺	賤 踐 遷 薦
철	鐵	哲 徹
첨		尖 添
첩		妾
청	靑 淸 晴 請 聽	廳
체	體	替
초	初 草 招	肖 超 抄 礎
촉		促 燭 觸
촌	寸 村	
총		銃 總 聰
최	最	催
추	秋 追 推	抽 醜

음 (音)	중학교용 (初中) 900 자	고교용 (高中) 900 자
축	丑祝	畜蓄築逐縮
춘	春	
출	出	
충	充忠蟲	衝
취	取吹就	臭醉趣
측		側測
층		層
치	治致齒	值置恥稚
칙	則	
친	親	
칠	七	漆
침	針	侵浸寢沈枕
칭		稱
쾌	快	
타	他打	妥墮
탁		濁托濯琢
탄		炭歎彈
탈	脫	奪
탐	探	貪
탑		塔
탕		湯
태	太泰	怠殆態
택	宅	澤擇
토	土	吐兎討
통	通統	痛
퇴	退	
투	投	透鬪
특	特	
파	破波	派播罷頗
판	判	板販版
팔	八	
패	貝敗	

음 (音)	중학교용 (初中) 900 자	고교용 (高中) 900 자
편	片 便 篇	編 遍
폄		
평	平	評
폐	閉	肺 廢 弊 蔽 幣
포	布 抱	包 胞 飽 浦 捕
폭	暴	爆 幅
표	表	票 標 漂
품	品	
풍	風 楓 豐	
피	皮 彼	疲 被 避
필	必 匹 筆	畢
핍		
하	下 夏 賀 何 河	荷
학	學	鶴
한	閑 寒 恨 限 韓 漢	旱 汗
할		割
함		咸 含 陷
합	合	
항	恒	巷 港 項 抗 航
해	害 海 亥 解	奚 該
핵		核
행	行 幸	
향	向 香 鄕	響 享
허	虛 許	
헌		軒 憲 獻
험		險 驗
혁		革
현	現 賢	玄 弦 絃 縣 懸 顯
혈	血	穴
혐		
협	協	脅
형	兄 刑 形	亨 螢

음 (音)	중학교용 (初中) 900자	고교용 (高中) 900자
혜	惠	慧兮
호	戶乎呼好虎號湖	互胡浩毫豪護
혹	或	惑
혼	婚混	昏魂
홀		忽
홍	紅	洪弘鴻
화	火化花貨和話畫華	禾禍
확		確穫擴
환	歡患	丸換環還
활	活	
황	黃皇	況荒
회	回會	灰悔懷
획		獲劃
횡		橫
효	孝效	曉
후	後厚	侯候喉
훈	訓	
훼		毁
휘		揮輝
휴	休	携
휼		
흉	凶胸	
흑	黑	
흔		
흘		
흡		吸
흥	興	
희	希喜	稀戲噫熙

참고문헌

1] 卞觉非. 1999. 汉字教学：教什么?怎么教?[J]. 语言文字应用(1).

2] 曹秀玲. 2008. 东北亚汉语教学的历史与现状综观[J]. 世界汉语教学(3).

3] 陈荣岚. 2008. 略论对外汉字教学的原则与方法[A]. "汉语与汉字关系"国际学术研讨会论文集[C].

4] 金基石. 中韩语言对比的理论与实践, http://wenku.baidu.com/view/95fc 6681e53a580216fcfee7.html.2010.5.26.

5] 金秀贞. 2000. 关于韩国学习者掌握汉字情况的分析[D]. 北京语言大学硕士学位论文.

6] 刘社会. 2002. 对外汉字教学十八法[A]. 汉语口语与书面语教学－2002年国际汉语教学学术研讨会论文集[C].

7] 刘晓艳, 陈淑梅. 2009. 汉字构形学说与韩国留学生汉字字形偏误[J]. 牡丹江教育学院学报(2).

8] 吕必松. 2007. 汉语和汉语作为第二语言教学[M]. 北京：北京大学出版社.

9] 潘先军. 2004. 汉字基础在韩国留学生汉语学习中的负迁移[J]. 辽宁教育行政学院学报(3).

10] 朴兴洙. 2006. 韩国汉字识字教学现况[A]. 第二届识字教育国际研讨会论文集[C].

11] 朴点玉. 1999. 韩国和中国现行汉字比较[D]. 中国社会科学院研究生院硕士学位论文.

12] 全香兰. 2003. 针对韩国人的汉语教学－"文字代沟"对对外汉语教学的启示[J]. 汉语学习(3).

13] 施正宇. 1999. 外国留学生形符书写偏误[J]. 北京大学学报(4).

14] 肖奚强. 2002. 外国学生汉字偏误分析[J]. 世界汉语教学(2).

15] 徐黄荣. 2010. 汉字部件在对外汉字教学中的地位和作用. http://www/qiji.cn/eprint/abs/3699.html.2010.1.12.

16] 赵允敬. 2009. 韩国的汉字和汉字教学探究[J]. 复旦外国语言文学论丛(春季号).

17] 周健. 1998. 留学生汉字教学的新思路[J]. 暨南学报(哲学社会科学)(2).

한국인을 위한 중국어 교육법 - 언어요소편
≪国别化:对韩汉语教学法(上)—语言要素教学篇≫

초판 1쇄 발행 2012년 11월 2일 | 초판 2쇄 발행 2019년 11월 15일
지은이 王海峰 | 옮긴이 최우석 · 박원기 | 펴낸이 박찬익 | 책임편집 김민영
펴낸곳 (주) **박이정** | 주소 서울시 동대문구 천호대로 16가길 4
전화 02) 922-1192~3 | 전송 02) 928-4683 | 홈페이지 www.pjbook.com
이메일 pijbook@naver.com | 등록 1991년 3월 12일 제1-1182호
ISBN 978-89-6292-327-8 (93370)

* 책값은 뒤표지에 있습니다.